民國歷史與文化研究

初 編

第21冊

中國八年抗戰參戰各軍傳略（上）

張在廬 主編／張良策、李戌聲、張依馨 編著

花木蘭文化出版社

國家圖書館出版品預行編目資料

中國八年抗戰參戰各軍傳略（上）／張在廬 主編 張良策、李
成聲、張依磬 編著 -- 初版 -- 新北市：花木蘭文化出版社，
2015〔民 104〕
序 2+ 目 8+184 面；19×26 公分
（民國歷史與文化研究 初編：第 21 冊）
ISBN 978-986-404-157-2（精裝）
1. 中日戰爭 2. 軍隊
628.08   103027671

ISBN-978-986-404-157-2

9 789864 041572

民國歷史與文化研究
初　編　第二一冊   ISBN：978-986-404-157-2

中國八年抗戰參戰各軍傳略（上）

作　　者　張在廬 主編／張良策、李成聲、張依磬 編著
總 編 輯　杜潔祥
副總編輯　楊嘉樂
編　　輯　許郁翎
出　　版　花木蘭文化出版社
社　　長　高小娟
聯絡地址　235 新北市中和區中安街七二號十三樓
　　　　　電話：02-2923-1455／傳眞：02-2923-1452
網　　址　http://www.huamulan.tw 信箱 hml 810518@gmail.com
印　　刷　普羅文化出版廣告事業
初　　版　2015 年 3 月
定　　價　初編 32 冊（精裝）台幣 56,000 元

中國八年抗戰參戰各軍傳略（上）

張在廬　主編／張良策、李戍聲、張依磐　編著

作者簡介

《中國八年抗日參戰各軍傳略》的主編爲張在廬，天津市寧河縣人，生於 1929 年，早年曾經在河南省內的研究所和大學從事經濟歷史研究與教學工作，擔任過教授和研究員職務。現已退出崗位，在鄉自選課題項目，進行有關抗日戰爭等方面的歷史知識普及和學術探討，並參加關愛抗戰老兵活動。編著本書的合作者均仍在學界，企業界工作或學習。

提　　要

　　自盧溝橋事變開始，中國進入全面地全民族抗日戰爭階段。本書爲抗日戰爭普民知識，介紹了在八年來參戰的各軍的情況。屬於國民政府直接領導的有：按照番號編排的國民革命軍一百個軍。另有新編、暫編的幾個軍，以及敵後的遊擊部隊。屬於共產黨領導的有國民革命軍第十八集團軍和新編第四軍以及各抗日縱隊。對其成立時間、編制、參加的戰役、戰果、以及其結局都做了介紹。其目的是：讓現代青年記住這段歷史，還原歷史的眞貌。昔日參加抗日的軍民，是爲戰爭而生的一代人，是爲民族赴難的一代人。在被日寇鐵蹄踐踏的國土上，他們在烽火中出沒，在戰場中堅撐，無論他們背景如何，都是民族英雄，應該受後人敬重。

序 言

　　蘆溝橋事變是中華民族百年來最危險的時候，東北國土已經淪喪，日寇鐵蹄逐步踐踏到內地，亡國就在眼前。八年來，爲了拯救危亡的國家，全國人民付出重大代價，經過堅苦的的鬥爭，終於打敗了日本侵略者，一雪百年喪權辱國之恥，壯大了國威。在抗戰當中，將士們在裝備、訓練較差的條件下，流血犧牲，勝利來之不易，這是中國有史以來少有的壯舉。古來的愛國將領岳飛、文天祥、瞿式耜、史可法、袁崇煥、張煌言等，結局都是悲壯的。這次抗日戰爭我們勝利了，沒有留下像陸放翁詩中所云：「死後原知萬事空，但悲不見九州同」的終古遺憾。但是，犧牲也是巨大的，全國人民死傷人數達 3500 萬。根據國民政府國防部 1947 年 10 月統計，在整個抗日戰爭中，國民黨軍隊作戰消耗合計 3227926 人，其中陣亡 1328501 人（包括 8 名上將，41 名中將，71 名少將，1.7 萬名校尉），負傷 1769299 人，失蹤 130126 人。共產黨領導的軍隊在抗戰中指戰員傷亡 60 餘萬人，敵後抗日根據地的人民群眾傷亡達 600 餘萬人。他們是爲戰爭而生的一代人，是爲民族赴難的一代人。在被日寇鐵蹄踐踏的國土上，他們在烽火中出沒，在戰場中堅撐，而他們就是那段血與火的歷史，無論他們曾是怎樣的番號，曾歸何人的統率，都應該受後人敬重。

　　一百年來，飽經外侮的中國終於第一次戰勝外敵，是於深重苦難中的大發奮。在 70 年後的今天回頭看，抗戰眾軍是當時全民族同命運的共同體，他們是中國抗戰隊伍中的骨幹力量。全世界對於反法西斯戰爭的記憶依然深刻，而在中國目前對待那段歷史的現狀認識，只有古稀上下的人還記憶猶新，由於種種原因，六十歲以下的人尤其對正面戰場就是已經很模糊了，這不是

危言聳聽的個別現象。據我知道有六十多歲還是高級知識分子的人,居然看到《血戰臺兒莊》電影很驚訝,而且正面戰場抗日戰爭犧牲的將領一個也不知道。程思遠先生回憶拍攝電影《血戰臺兒莊》的過程,一位中央領導就說:「不太瞭解這段歷史,因此無法發表意見。」青年人更是迷茫,在他們印象中的抗日戰爭,不過是「地道戰」、「鐵道游擊隊」和「王保長抓壯丁」而已。2005 年北京市社情民意調查中心顯示,近一半的市民不知道「七七事變」發生在哪一年,一成半的被訪者不知道「七七事變」是怎麼回事。就是這個水平,這種評價並不過分。

　　紀念歷史是爲了還原歷史,還原歷史是爲了記住歷史。每一年逢日全球都會隆重紀念反法西斯戰爭勝利,中國則會紀念盧溝橋事變,都是以此爲茲爲念。這段經歷,是要透過歷史的煙幕看到現實,反擊邪惡,日本一些好戰分子不斷篡改著這段歷史,是別有用心。一個民族忘記歷史,既數典忘祖,又愚魯無知。「文革」中有些紅衛兵因爲不懂歷史,把一些參加過山西省「犧盟會」的人打成反革命,河南省某位市委書記說過山東省聊城專員范築先抗日也被紅衛兵打成反革命,民族落到這種程度是多麼的悲涼。往事已成過眼雲煙,憤怒、恐懼的吶喊已經渺茫,血與火的光景已經暗淡。落得個傷痕山河依舊,崢嶸歲月悠悠。政黨或國家的興衰,正如黃炎培所說:「我生六十多年,耳聞的不說,所親眼見到的眞可謂『其興也勃,其亡也忽』」。留下些幾經浩劫的驚鴻野鶴,相聚在夕陽之下,河渚之濱,共話其舊事,感歎著滄桑。成敗興亡轉瞬變,盛衰榮辱彈指間。塵寰俗世,沒有不散去的筵席,沒有不演化的江山。不斷的循環,不停的往返。

　　作者編寫此書就是爲揭示歷史的眞相,要給後人留下一份較爲實在的記錄。預祝其能達到編寫初衷。

在盧

目

次

第一篇　抗日軍隊概述

抗戰時期的軍

　　抗戰期間戰鬥十分激烈，對日戰爭的規模很大，一般都是以軍一級爲作戰單位，軍的研討是本書的中心議題。抗戰期間中國陸軍正式編制有一百個軍番號，但是還有其他一些軍番號。具體的說，在當時正式編制軍可分爲三類：一類爲北伐軍成立時的老番號軍；再爲抗戰開始時整頓擴充的地方陸軍；還有抗戰期間擴編發展的各常規編制陸軍。陸軍第 100 以上的軍番號在抗戰時從沒有使用過。抗日戰爭期間，爲了戰時的需要，又使用了新編軍的番號，共有八個新編軍。這些軍成立較晚，成立時已經形成軍的規模。另還有暫編軍的番號及預備軍番號，但數量不多，時間不長，一般或合併，或發展成正式軍。其中以孫殿英的暫 5 軍番號使用較長，後於 1943 年公開投敵。暫 1 軍合併於晉軍，傅存懷曾任軍長。暫 2 軍與第 4 軍合併，任過軍長的有鄒洪、古鼎華、沈發藻等。暫 3 軍屬傅作義部，孫蘭峰曾任軍長。暫 9 軍是由浙江保安隊改編，馮聖法爲軍長，後改爲第 66 軍。暫 15 軍解放戰爭後期由湯恩伯指揮守上海，拼湊爲 51 軍，在上海戰場投誠。騎兵共計六個軍，包括晉綏軍、西北軍系統各一個軍，東北軍兩個軍，青海軍一個和中央系統一個軍，都在北方戰場。

　　抗戰期間國民革命軍編制陸軍號稱「百軍」，實際共約一百一十多個軍番號。1944 年初，從編制上看，有三百四十個步、騎兵師，兵力應達到六百五十萬人，實際不足數。當時軍的編制，甲種軍轄三個師，乙種軍轄二個師。每個師按一萬人計，總兵力三百至四百萬人。中國一個軍的編制乙種軍只有兩個師，

而且常有空額，兵額不足。如廖運澤第 14 師一個師，就曾拿出十萬斤空額糧救濟河南周口災民。吃空額情況，可見一般。所以，衡量軍事力量，不能只看軍番號多少，而要看實際兵力。一般來說中國軍隊一個軍的兵力，常常兵不足額，只能相當於日軍一個師團的兵力。中國軍隊各軍的實力差別也是很大的。

　　中國共產黨領導的第十八集團軍（八路軍）和新四軍在抗戰時期納入國民革命軍序列。但是，當局採取了限制共產黨軍事力量發展的政策，第十八集團軍只給了三個師的番號，即 115 師、120 師、129 師，集團軍以下並沒有給軍一級的番號。在此應該說明，抗戰之初，有幾個師組成集團軍並不特殊，歧視的成分不明顯。如在淞滬會戰中，張發奎第 8 集團軍、張治中第 9 集團軍、劉建緒第 10 集團軍等等，都是由幾個師組成的，並沒有軍一級組織。但在武漢會戰後就沒有此現象了，就顯出抑制共產黨軍事力量的趨勢。共產黨則採取了保留自主發展的對策，活躍於敵後，大力發展地方武裝組織、游擊縱隊，軍事力量很快壯大起來。到抗戰後期，在 1944 年 5 月中共中央與國民黨談判時，已有軍事力量足足可以編成十六個軍，共四十七個師，如果每個師按一萬人計算，就是四十七萬人。這還只是實際人員的一半，共產黨領導的軍隊已經達到百萬之眾了。

　　敵後戰場中共八路軍和新四軍是最活躍的力量。國民黨軍也有數量可觀的游擊隊在敵後活動。其游擊隊多為奉命留在敵後之國軍，或由其領導興起的一股民間抗日武裝。在 1990 年韓信夫所發表的《試論國民黨抗日游擊戰爭》中說道：抗戰時期的國民黨的敵後游擊區，除冀察、魯蘇戰區到抗戰後期不復存在外，山西游擊區、豫鄂皖游擊區、浙西游擊區、海南游擊區等，一直堅持到抗戰勝利。這些游擊區都具有重要的戰略地位，成為打進淪陷區的楔子，形成了敵後游擊戰場，構成了對日軍的嚴重威脅；對於配合正面戰場，支持長期抗戰，發揮了重要作用；牽制了日軍，困擾敵軍後方，佐助政府府恢復淪陷區的政權，淪陷區民心得到維繫。後者，又有孫挺信所著《國民黨敵後抗日游擊軍》問世，大規模的揭示國軍敵後戰場，還歷史以真實情況。

抗日軍隊系統

　　抗日戰爭前，中國還是四分五裂的，軍權、政權並不統一。中國的反法西斯戰爭人為地存在著兩個戰場，即所謂的「正面」和「敵後」戰場，這是與蘇、美、英、法各國都不相同的。這種分類是否科學暫作別論，在七七事變

以前，不但國共兩黨軍隊處於敵對狀態，國民黨內部也有戰爭。直至 1936 年，粵系軍隊還準備進攻蔣系。由於民族的覺醒，促使各派系軍隊，在一致抗日的前題下團結起來，共同走向抗日之路。抗日隊伍包括以下幾個系統組成：

中央軍系統

即所謂嫡系部隊，將領多爲黃埔軍校學生。嫡系的內部也有明顯的派系。胡宗南掌握在西北的一些軍。像曾屬於 17 軍團的第 1 軍、78 軍、90 軍，曾屬於 34 集團軍的 80 軍、93 軍、57 軍等。湯恩伯以第 31 集團軍的 13 軍、85 軍爲基礎不斷擴大。陳誠系統是以第 18 軍爲基本軍體系，最爲龐大，羅卓英、霍揆彰、李樹森、桂永清等將領都是他的基幹。許多老將，像衛立煌、程潛、陳儀等都對一些軍有歷史淵源。也有些軍，雖然是屬於中央，但是是在抗戰期間拼湊起來的，靠山不硬，像黃伯韜 25 軍，蕭之楚 26 軍等，只得小心謹慎的幹事。中央軍系統嫡系部隊，一般得到較好的照顧，裝備精良、給養供應相對充足。除了抗日戰爭中的主力軍——第 1 軍、第 2 軍、第 5 軍、18 軍、74 軍外，太平洋戰爭後用美械裝備的新 1 軍、新 6 軍、第 6 軍、第 8 軍、54 軍、71 軍等戰鬥力較強，均參加遠征軍，在印、緬作戰，爲打通中、印、緬公路立過功。其它如第 10 軍曾守衡陽四十七天，13 軍促成臺兒莊大捷，以及 25 軍、26 軍、37 軍、72 軍、100 軍戰鬥力都比較強。

西北軍系統

即被縮編爲宋哲元的 29 軍和孫連仲的 26 路軍，以及韓復榘、石友三投蔣部隊，曾爲馮玉祥統轄過的軍隊。1926 年 1 月在奉、直軍聯合進攻下馮玉祥被迫通電下野，旋赴蘇聯考察。8 月中旬回國，迅即被廣州國民政府任命爲國民政府委員、軍事委員會委員。9 月 17 日在綏遠五原（今屬內蒙古）誓師，就任國民軍聯軍總司令，正式宣佈全體將士集體加入中國國民黨，參加國民革命。馮在中原大戰失勢後，帶領軍隊的尚殘存有宋哲元、孫連仲、韓復榘等各尋找出路，抗戰時已經不成系統。抗戰開始時馮玉祥被委以第三、第六戰區司令長官，但連過去的老部下像宋哲元、韓復榘等都不買帳，惟恐馮玉祥重新掌權。蔣介石則採取多種形式利用、改造。抗戰時有宋哲元的 29 軍和孫連仲的 26 路軍，以及韓復榘、石友三部隊。楊虎城的 17 路軍系統，可稱爲小西北軍或後西北軍。西安事變後，楊虎城被逼出洋，17 路軍撤消，縮編爲 38 軍，陝西省主席孫蔚如兼軍長。1938 年孫蔚如升任 31 軍團長，轄 38 軍

（趙壽山）和 96 軍（李興中），不久，改稱第四集團軍。西北軍系統抗戰時期戰功卓著，在徐州會戰、武漢會戰中都立戰功。30 軍曾死守臺兒莊，促成大捷，名揚世界。整個西北軍都較善戰，屢立戰功。抗戰期間因戰爭損失嚴重，得不到補償而取消番號的軍有：42 軍和原山東的 12 軍、56 軍，後番號轉移到其它系統。西北軍在抗戰期間有所削弱。

東北軍系統

原東北四省由張作霖統轄的軍隊，舊稱奉軍。1929 年，東北軍被蔣介石改編為東北邊防軍，簡稱「東北軍」，約 30 萬人，由張作霖之子張學良統轄。九一八事變先失掉東三省，日本關東軍佔領山海關後，取得了進攻熱河的有利態勢。湯玉麟所部第 5 軍團位於赤峰以東地區的部隊一觸即潰，熱河全省淪陷，東北軍大部退入關內。1935 年被調至陝甘一帶進攻紅軍，或被分散各地。1936 年 12 月 12 日，張學良和西北軍將領楊虎城在中國共產黨抗日民族統一戰線政策和全國人民抗日運動影響下，為逼蔣聯共抗日，發動了西安事變。事變後，張學良送蔣介石回南京，旋被蔣扣留，東北軍群龍無首。1937 年 3 月，蔣介石強令東北軍調至河南和安徽，將其改編。在抗日戰爭中，有的軍損失慘重，番號被撤消，如吳克仁 67 軍、繆徵流 57 軍等。尚且存在的有于學忠 51 軍、劉多荃 49 軍、周福成 53 軍、何柱國騎兵第 2 軍等。東北軍系統 51 軍、49 軍、騎 2 軍轉戰於抗日前線，屢立戰功。53 軍在抗戰後期換成美械裝備，力量加強，曾參加中印緬邊戰鬥，立有戰功。

晉綏軍系統

閻錫山 1911 年 10 月 29 日參加辛亥革命太原起義並獲得成功，被推選為山西都督，時年 29 歲。1917 年被段祺瑞政府任命為山西省長。1927 年 5 月參加北伐，6 月就任北方國民革命總司令。1928 年 2 月被南京政府委任國民革命軍第三集團軍總司令。中原大戰馮玉祥失勢後，綏遠亦納入其統治範圍。其軍隊所以稱為「晉綏軍」。1937 年任第二戰區司令長官，1938 年 3 月兼任山西省主席。抗戰時期中央已「且」准許晉軍擴編為 84 個團。具體為 4 個集團軍，7 個軍，6 個獨立師旅，8 個炮兵團，6 個游擊縱隊。軍隊在抗戰時期有所擴大。抗戰八年中，中央軍、八路軍、日偽軍還有「犧盟會」都進入山西這個相對封閉的省。閻錫山晉綏軍活動地盤很小，省政府設在西隅的吉縣。山西成了紛爭之地，只得在夾角中生存，抗日軍事停停打打。晉綏軍以 35 軍

戰鬥力最強，在抗日期間，馳騁於晉察綏一帶。其餘九個軍只能守晉西一隅。其中以 61 軍戰鬥力稍強些。1949 年 3 月 29 日，人民解放軍兵臨太原，閻離開太原飛南京，從此告別山西，閻錫山統制山西長達 38 年。

川軍系統

　　由劉湘等將領統轄的四川地方部隊。1912 年至 1934 年，歷經 22 年大小400 餘戰，四川軍閥的混戰終於有了大體的眉目，劉湘當上了四川省主席。川軍打內戰的惡名舉國聞名，其人員素質、裝備等，卻堪稱中國最差勁的「雜牌」。但川軍將士們還來不及在天府之國的土地上盡情享受，抗戰就爆發了。此前的川軍也曾參與對紅四方面軍和中央紅軍的作戰。但就是這樣一支如此不堪的隊伍，卻在抗日戰爭的烽火中，用自己對民族的忠誠、用自己的熱血和生命，向世人展現了中國人的錚錚鐵骨，實現了作為軍人的價值！四川不但派出大量的軍隊，而且許多中央軍也在四川補充兵員，出現了一些「抓壯丁」的事。日軍雖然未踏入四川一步，但是四川人民犧牲是非常大，貢獻特別突出。「七七」事變後，川軍主要部隊擴編為第 4 至第 6 軍團，第 24、第25 軍團。鄧錫侯、劉文輝、楊森、唐式遵、潘文華分任各軍團長。至 1939 年冬，以川軍為基礎，陸續擴編為第 22、23 集團軍，第 27 至第 30 集團軍，第36 集團軍和第 88 軍。鄧、唐、楊、潘和王纘緒、王陵基、李家鈺依次任各集團軍總司令，范紹增任第 88 軍軍長。至此，川軍七個集團軍，另有一軍一師一旅共 40 餘萬人，其間大部先後出川開赴抗戰前線浴血奮戰，分別參加淞滬、徐州、武漢等地會戰。此後四川每年向前方輸送青壯軍人，人數居全國之冠。1943 年是抗戰最艱苦的階段，國民政府軍事委員會令四川在 1 個月內徵 4.5萬名優秀知識分子當兵，飛赴印緬補充遠征軍。四川無數大中學生和公教人員群情激昂「泣請從軍」，很快就有 4 萬多人奔赴前線。曾任國民政府軍政部長的何應欽曾寫過《八年抗日之經過》一書，書中記載：抗戰 8 年中，四川（包括西康省及特種部隊和軍事學校徵的 10 萬餘人）提供了近 300 萬人的兵源充實前線部隊，占全國同期實徵壯丁 1405 萬餘人的五分之一強！四川出川將士傷亡人數約為全國抗日軍隊的十分之二，即陣亡 263991 人，負傷 356267人，失蹤 26025 人，共計 64 萬餘人，居全國之冠。川軍系統中，出川北上與日軍作戰的 21 軍、41 軍出力較多，原裝備差，才出川時，已是秋末冬初，軍人還穿草鞋，背雨傘。在戰鬥過程中得以加強。20 軍、44 軍、45 軍則在江南作戰。47 軍、78 軍因戰鬥失利而削弱裁併。

桂軍系統

1922 年 5 月，李宗仁在玉林通電自任廣西自治軍第二路總司令。1923 年改稱定桂軍，同孫中山領導的廣東革命政權建立了聯繫，經李濟深介紹，加入國民黨。年底，他和黃紹竑、白崇禧合作，掃平西江流域的地方勢力，同南寧的舊桂系軍閥陸榮廷、桂林的沈鴻英形成鼎足而三之勢。1924 年 6 月，消滅盤踞廣西十餘年的陸榮廷部，佔領南寧。1925 年 4 月，消滅沈鴻英部，佔領桂林，統一廣西。李宗仁隨即成為新桂系首領。由李宗仁、白崇禧統轄的以廣西為根據地的部隊。桂系的基本軍是第 7 軍，抗戰期間又發展了 31 軍、46 軍、48 軍、84 軍。在抗戰中屢立戰功。

滇軍系統

由龍雲統轄的雲南部隊。龍雲昭通彝族人。原為唐繼堯部將，1927 年胡若愚等發動兵變改組省政府成功，龍雲相繼任雲南省常務委員員主席、38 軍軍長、雲南省政府主席、13 路軍總指揮、國民黨雲南省黨部主任委員、滇黔綏靖公署主任。抗日戰爭時期，組織第 58 軍、第 60 軍、新 3 軍到抗日前線。龍雲後任第一集團軍總司令、陸軍副總司令等職。秘密參加民盟，支持民主運動。龍雲是繼唐繼堯之後，執掌雲南黨政軍權長達 18 年的人物，對民國時期的雲南省有較大的影響。1945 年抗戰勝利後，蔣介石將素有「雲南王」之稱的龍雲列為必須剪除的對象。國民黨軍駐雲南司令長官杜聿明奉蔣介石密令，率新五軍發動兵變。龍雲幸得警衛營救援，逃上五華山，蔣介石將龍雲軟禁於陪都。龍雲長子、滇軍軍長龍繩武聞訊，憤然離滇赴港；次子龍繩祖亦解散了所轄第 24 師，隻身返回父親身邊。1949 年 8 月 13 日，龍雲宣佈雲南起義。滇軍中 60 軍為抗日的主力。第 58 軍、新 3 軍則有所發展。

粵軍系統

廣東部隊。由於 1936 年反蔣失敗，實力削弱，自主性很小。主要將領尚有張發奎、余漢謀、薛岳等領導軍隊抗戰，他們對原粵軍系統部隊，如第 4 軍、62 軍、63 軍、65 軍、66 軍、83 軍還有很大的威望和感召力。粵軍最早北上上海、南京抗日的為第 4 軍、66 軍、83 軍。第 4 軍數次參加長沙會戰，後擴充的各軍主要守衛廣東，戰鬥力相對削弱。其它如黔軍、湘軍等在抗戰前就已不能自成體系。

紅軍系統

即共產黨領導的十八集團軍、新四軍等。1937 年 7 月 15 日，迫於國難的壓力和中國共產黨的積極爭取，蔣介石正式承認了中國共產黨的合法地位。8 月 22 日公佈了將中國工農紅軍改編爲國民革命軍第八路軍的命令，任命朱德爲總指揮、彭德懷爲副總指揮。8 月 25 日，中共中央革命軍事委員會發出改編命令，宣佈中國工農紅軍第 1、第 2、第 4 方面軍和陝北紅軍等部，改編爲國民革命軍第 8 路軍（9 月 11 日改稱第 18 集團軍），很快就從陝西韓城、潼關兩處東渡黃河，開赴山西抗日前線，衝鋒陷陣，奮勇殺敵，開闢敵後戰場，成爲抗日戰爭的先鋒隊。1937 年 10 月 12 日，國民黨政府軍事委員會宣佈，將南方 8 省和 14 個地區的紅軍游擊隊改編爲國民革命軍陸軍新編第四軍，簡稱「新四軍」。1938 年 1 月，新四軍軍部在南昌成立，建立起抗日根據地，打擊日、僞軍。

另外還有一些地方軍隊，在戰爭中有的逐步歸於中央系統，有的還保存地方軍隊性質。

集團軍的劃分

抗戰時期，許多大的會戰都是幾個或幾十個軍參加會戰。如徐州會戰，中國參戰的軍有 28 個，武漢會戰中國參戰的軍有 52 個軍。爲了便於指揮參戰各軍，開始使用兵團、路軍、軍團等爲統率軍以上的作戰單位。武漢會戰期間使用了集團軍名稱。各集團軍所轄的軍，爲了團結抗日，照顧了地方軍隊系統現實，領導關係變化不大。中央系統軍隊隨著戰爭需要有較大的變化，領導人也隨著軍事需要而變動較多。

第 1 集團軍

抗戰初期將二十九軍擴編爲第一集團軍，以宋哲元爲總司令。第一集團軍的編制是：將原來的四個師擴編爲三個軍，原三十七師和一三二師擴編爲七十七軍，以馮治安爲軍長；原三十八師擴編爲五十九軍，軍長由宋自兼，原一四三師擴編爲六十八軍，以劉汝明爲軍長。後歸第五戰區改爲三十三集團軍。雲南部隊編第一集團軍，龍雲爲總司令，後爲孫渡，轄 60 軍、新 3 軍、58 軍。內戰時開東北改第 1 綏靖區兼第 1 集團軍，1947 年 9 月改東北第 1 兵團，1948 年 1 月改第 6 兵團，遼瀋戰役覆沒於錦州。

第 2 集團軍

總司令**孫連仲**。抗戰前期轄 30 軍、55 軍、68 軍。西北軍。孫連仲升任第六戰區司令長官後，劉汝明為總司令，轄 55 軍、68 軍、39。內戰時改第 4 綏靖區、第 8 兵團，漳廈金戰役後逃臺遣散。

第 3 集團軍

總司令孫桐萱轄 12 軍、55 軍、28 獨立旅。後該集團軍拆散合併。後建的集團軍總司令趙壽山，轄 38 軍。抗戰勝利後被裁撤，趙投向解放軍。

第 4 集團軍

總司令原為蔣鼎文。駐守中條山時，總司令為孫蔚如。轄李興中 96 軍、趙壽山 38 軍及李振西教導團、孟慶鵬騎兵團，陝軍。1947 年 3 月裁撤。

第 5 集團軍

總司令**于學忠**。守衛中條山時總司令為曾萬鍾，轄第 3 軍、14 軍、17 軍。後總司令杜聿明，中央軍，1945 年 4 月裁撤，人員併入昆明防守司令部，後改東北保安長官部、徐剿前指，淮海戰役覆沒。

第 6 集團軍

總司令先後有楊愛源、陳長捷。晉綏軍，下轄呂瑞英第 61 軍，杜春沂第 83 軍；與第 13 集團軍合併，1948 年 11 月改第 10 兵團，太原戰役覆沒。

第 7 集團軍

總司令趙承綬，後為傅作義，晉綏軍。轄過騎兵第 1 軍、35 軍、暫 3 軍、騎 4 軍。內戰時在北平、綏遠起義。

第 8 集團軍

總司令孫楚，晉綏軍，下轄彭毓斌第 34 軍，傅存懷暫編第 1 軍；後來撤銷了暫編第 1 軍的番號，增加了許鴻林第 23 軍和劉效曾第 43 軍。1948 年 11 月改第 15 兵團，太原戰役覆沒。

第 9 集團軍

總司令吳奇偉，曾轄第 4 軍、第 8 軍。

第 10 集團軍

總司令劉建緒、王敬久，中央軍，轄 87 軍、94 軍。後為歐震。改編為整 19 軍，再改第 3 兵團部，1947 年 9 月裁撤。

第 11 集團軍

總司令李品仙、黃琪翔，棗宜會戰時轄 39 軍、84 軍。遠征軍時宋希濂爲總司令，轄 71 軍、第 2 軍、第 6 軍。後黃杰接任，1945 年 3 月裁撤，黃改任 1 方面軍副長官。

第 12 集團軍

總司令余漢謀，粵軍，轄 62 軍、63 軍、65 軍。戰後與第 7 戰區長官部合爲衢州綏署。

第 13 集團軍

總司令王靖國，晉綏軍，下轄梁培璜第 19 軍，于鎭河第 33 軍。後與第 6 集團軍合併。

第 14 集團軍

總司令衛立煌，後爲劉茂恩，鎮嵩軍，基本隊伍爲 15 軍。還轄過 98 軍、93 軍。已於 1944 年 7 月裁撤。劉調河南省主席，人員改河南警備總部。

第 15 集團軍

總司令陳誠。指揮第一次長沙會戰時爲關麟徵，轄 52 軍、37 軍、79 軍。後爲何柱國，東北軍，轄騎兵第 2 軍。被裁撤。

第 16 集團軍

總司令夏威，新桂軍，轄 31 軍、46 軍、93 軍。1945 年 3 月裁撤，夏改任 2 方面軍副長官。

第 17 集團軍

總司令馬鴻逵，馬家軍，轄 81 軍。裁撤。

第 18 集團軍

總司令朱德，中共軍，轄 115 師、120 師、129 師。後改解放軍總司令部。

第 19 集團軍

總司令羅卓英兼。上高戰役時轄 49 軍 74 軍、70 軍、72 軍。後爲陳大慶，中央軍湯系，併入第 1 綏靖區。重建總司令張雪中，改淮安綏靖區後裁撤。

第 20 集團軍

總司令商震，武漢會戰時轄 87 軍、99 軍。後轄 32 軍、18 軍和稅警旅。

滇西遠征時霍揆章爲總司令，轄 53 軍、54 軍。1945 年 3 月裁撤，霍調 1 方面軍副長官。重建總司令夏楚中，改整編 12 軍，兗州戰役覆沒。

第 21 集團軍

總司令廖磊，後爲李品仙。轄第 7 軍、48 軍，屬新桂軍。抗戰勝利後改第 8 綏靖區，後改第 10 兵團，在廣西被殲。

第 22 集團軍

總司令孫震，川軍，轄 41 軍、45 軍。抗戰勝利後改第五綏靖區，整 47 軍、16 兵團，淮海戰役覆沒。

第 23 集團軍

總司令先後有鄧錫侯、唐式遵，川軍，轄 21 軍、裁撤。

第 24 集團軍

總司令爲龐炳勳，轄 40 軍、暫 5 軍。該集團軍大部投敵後，番號撤消。後建的集團軍，總司令爲顧祝同、王耀武，中央軍，已於 1945 年 3 月改第 4 方面軍。後改第 2 綏靖區，濟南戰役覆沒。

第 25 集團軍

總司令先後有陳儀、李覺，中央軍，轄 88 軍、暫 9 軍。1945 年 2 月裁撤。

第 26 集團軍

總司令先後有徐源泉、周岩，中央軍，轄 66 軍、75 軍。抗戰勝利後改第 6 綏靖區。

第 27 集團軍

總司令楊森，川軍。基本軍爲 20 軍，曾轄過 26 軍、37 軍。後楊森陞遷，李玉堂爲總司令，仍轄 20 軍、26 軍。抗戰勝利後改第 10 綏靖區，兗州戰役覆沒。

第 28 集團軍

總司令李仙洲，中央軍，轄 85 軍、暫 15 軍。抗戰勝利後裁撤，併入第 2 綏靖區。

第 29 集團軍

總司令王纘緒，轄 44 軍、67 軍。中央軍，裁撤，後人員併入河西警總、第 5 兵團，東援覆沒。

第 30 集團軍

總司令王陵基，川軍，轄 72 軍、78 軍。抗戰勝利後改第 7 綏靖區。

第 31 集團軍

總司令湯恩伯，湯系中央軍的基礎部隊。轄 13 軍、85 軍、98 軍。湯提升後，總司令爲王仲廉，轄 13 軍、12 軍、29 軍、78 軍。抗戰勝利後改整 26 軍、第 4 兵團，1947 年 8 月裁撤。

第 32 集團軍

總司令先後有上官雲相、關麟徵，轄 52 軍、92 軍。後總司令爲李默庵，中央軍，轄 25 軍、28 軍。抗戰勝利後改整 27 軍、第 2 兵團，1947 年 8 月裁撤。

第 33 集團軍

總司令張自忠，張自忠犧牲後爲馮治安，西北軍，轄 59 軍、55 軍 77 軍。抗戰勝利後改第 3 綏靖區，淮海戰役大部起義。

第 34 集團軍

總司令先後有胡宗南、李延年，中央軍胡系，曾轄第 1 軍、16 軍、27 軍、57 軍。內戰時李文爲總司令，1948 年 11 月改第 4 兵團，在北平投誠。

第 35 集團軍

總司令先後爲李漢魂、鄧龍光，粵軍，轄 62 軍、64 軍。1945 年 3 月裁撤，鄧改任 2 方面軍副長官。

第 36 集團軍

總司令李家鈺。基本軍爲 47 軍。中原戰役被日軍擊潰，改隸 33 集團軍。後李玉堂爲集團軍總司令，中央軍，1945 年 1 月裁撤，3 月由俞濟時任總司令重建，未到任 6 月裁撤。

第 37 集團軍

總司令原爲葉肇，轄 66 軍，1939 年桂南會戰後被裁撤。後劉戡爲總司令，屬中央軍胡系，改整 29 軍，宜瓦戰役覆沒。

第 38 集團軍

總司令徐庭瑤。後爲董釗，中央軍胡系，改整 1 軍，1948 年 9 月裁撤。

第 39 集團軍

總司令高樹勳，西北軍，基本隊伍爲新 8 軍。曾轄過 40 軍。已於 1944 年 9 月撤消，改冀察戰區代長官部、11 戰區副長官部，邯鄲戰役起義。

第 40 集團軍

總司令馬步芳，馬家軍，轄 82 軍、騎兵第 5 軍。抗戰勝利後裁撤。

抗戰時期的戰區劃分

1937 年 8 月 20 日，國民政府爲了抗日戰爭的需要，將全國南北戰場劃分力 5 個戰區。中國作戰指導計劃以達成「持久戰」爲作戰指導之基本主旨，各戰區應本此主旨，酌定攻守計劃，以完成其任務。隨著戰局的發展，戰區的劃分也不斷變化，到抗日戰爭勝利時接受日本侵略者投降，已經劃分爲 12 個戰區。

第一戰區

蘆溝橋事變後第一戰區成立，負責平漢、津浦路北段地區作戰，司令長官蔣介石兼。共 25 個步兵師，2 個步兵旅，2 個騎兵師。第 21 集團軍司令官商震，下轄：商震自兼第 32 軍，張占魁騎兵第 14 旅。第 1 集團軍，司令官宋哲元，下轄：萬福麟第 53 軍，馮治安第 77 軍，石友三第 181 師，趙壽山第 17 師，鄭大章騎兵第 3 軍，劉汝明第 68 軍，李仙洲第 92 軍，沈克第 106 師，張硯田第 118 師，蔣在珍新編第 8 師，王勁哉新編第 35 師，王奇峰騎兵第 4 師。

平津失守後，退到冀南豫北一帶。當年 10 月改由程潛任第一戰區司令長官。1938 年主力退到黃河以南。5 月中旬，華北日軍第 14 師團二萬餘眾，分乘數百輛戰車、汽車和大炮牽引車，在師團長土肥原中將的指揮下，幾天之內連陷內黃、蘭封、野雞崗、楚莊等地，卡斷了隴海鐵路線，兵臨蘭封城下。日軍此舉，原本爲配合徐州會戰，切斷徐州中國軍隊之西面退路和阻止第一戰區軍隊增援徐州。卻不料釀成與第一戰區的一場大戰，並轉變爲武漢會戰之序幕。第一戰區司令長官程潛上將以爲日軍將南犯，令一戰區集中於河南東部地區於 1938 年 5 月初新組建的第 1 兵團由總司令薛岳將軍率領，前出蘭封地區阻敵。雙方在蘭封東北地區展開激戰。該兵團又稱豫東兵團，包括第 74、第 71、第 64、第 8 四個軍，以及第 3 集團軍和新編第 35、第 88 兩師等部隊，1939 年 6 月 11 日，第一戰區司令長官改爲衛立煌將軍。曾應孫蔚如之

請求，指令黃河南岸的友軍用炮火封鎖了黃河河道：驕狂一時的日軍終於被中國軍隊四面圍住。6 月 12 日，中國軍隊從東、西、北三面向被日軍佔領的茅津渡（茅津渡由古王、計王兩個渡口組成）發起全面攻勢。戰至黃昏，日軍全線崩潰，我 38 軍、96 軍勝利會師，中條山保衛戰取得勝利！第一戰區司令長官衛立煌將軍親臨平陸慰問第四集團軍官兵、熱情盛讚陝軍為「中條山的鐵柱子。」

1944 年 3 月，中原會戰前夕，第一戰區司令長官為蔣鼎文。日軍發動中原作戰。蔣鼎文在洛陽召開緊急軍事會議。李家鈺將軍在會上提出了「先發制人」的作戰方針，用飛機轟炸日軍在黃河鐵橋南端北邙山的橋頭陣地，並伴渡牽制日軍，置日軍於被動。這一主張，竟被蔣鼎文否決。以致日軍於 5 月 17 日，採取主動，出我不意，從中车、陝縣西渡黃泛區，蔣鼎文率先西逃，造成我軍失去統一指揮，群龍無首的局面，各部隊紛紛盲目潰退，一發而不可收。一條路上，幾支部隊爭先恐後，擁擠不堪，極度混亂。1944 年因對日作戰失利，蔣鼎文引咎辭職。第一戰區司令長官由胡宗南擔任。日本投降後，由胡宗南負責第一戰區受降。

第二戰區

負責山西、察哈爾、綏遠等地作戰，司令長官一直為閻錫山，直至抗戰勝利。屬於晉綏軍的有：王靖國第 19 軍，陳長捷第 61 軍，傅作義第 35 軍，金憲章新編第 2 師，趙承綬騎兵第 1 軍，杜春沂第 66 師，郭宗汾第 71 師，孫楚第 33 軍，楊澄源第 34 軍。

1937 年 8 月 20 日平綏各要點（張家口、南口等處）被日軍佔領，爾後深入山西。已侵佔陽原、蔚縣、廣靈的日軍華北方面軍第 5 師，繼續向渾源、靈丘進攻，企圖突破平型關、茹越口，協同關東軍察哈爾派遣兵團擊潰中國第二戰區國民黨軍主力，打開晉北通路，實現右翼迂迴，配合華北方面軍主力殲滅平漢鐵路沿線的中國第一戰區中國軍主力。在日軍的進攻下，中國第二戰區第 6、第 7 集團軍退守雁門關、茹越口、平型關內長城一線，企圖憑藉有利地形和既設陣地阻止日軍進攻，保衛山西腹地。同時，要求八路軍先頭部隊盡快挺進晉東北協同其堅守內長城防線。

1937 年 8 月 22 日，國民政府軍事委員會發表中國工農紅軍改編為第八路軍的命令，編入第二戰區序列。原紅軍總司令朱德，作為第二戰區副司令長官，率領八路軍開赴山西。八路軍從陝北出發，先於中央軍踏上了山西。

中央調入山西的部隊很多，南路前敵總司令衛立煌，下轄：第 3 軍，軍長曾萬鍾，第 9 軍，軍長郝夢齡，第 14 軍，軍長李默庵，第 93 軍，軍長劉戡，第 15 軍，軍長劉茂恩，第 17 軍，軍長高桂滋，第 47 軍，軍長李家鈺，第 14 軍團軍團長馮欽哉，以及騎兵第 2 軍，軍長何柱國。

太原失守後，節節敗退。閻錫山於 1940 年 4 月將第二戰區司令部遷往山西隰縣南村坡。由於南村與「難存」諧音，閻錫山就把南村坡改為「克難坡」。把戰區司令部駐地稱為「克難城」。這樣，一來表示要在不斷克服困難中存在和發展的決心。二來表示「克去難存」便能住下去。他還把 1940 年命名為「克難年」。果真，閻錫山在這裡一住便是五年，直到抗日戰爭結束。

第三戰區

八一三淞滬抗戰，第三戰區負責寧滬杭地區作戰，於 8 月 20 日亦組成第 3 戰區司令長官部，以馮玉祥為司令長官，顧祝同任副司令長官，陳誠為前敵總指揮。將戰區所轄防區劃分為淞滬圍攻區（部隊為張治中部第 9 集團軍）和長江南岸（部隊為第 54 軍）、長江北岸（部隊為第 111 師）、杭州灣北岸（部隊為張發奎部第 8 集團軍）、浙東（部隊為劉建緒部第 10 集團軍），4 個守備區負責封鎖壓制日軍登陸部隊。在淞滬抗戰時，白崇禧到前線視察，發現馮玉祥不親臨前線指揮，便向蔣介石建議把馮調離負責淞滬作戰的第三戰區司令長官職，改任為黃河以北、山東北部、河北等地新闢的第六戰區司令長官，被蔣採納。實際馮玉祥難有指揮權。隨之司令長官為顧祝同。共轄 24 個步兵師，6 個步兵旅。包括第 10 集團軍，司令官劉建緒，下轄：第 28 軍，軍長陶廣，第 70 軍，軍長李覺，第 79 師，師長陳安寶，暫編第 13 旅，旅長楊永清。第 19 集團軍司令官羅卓英，下轄：第 4 軍，軍長吳奇偉，第 18 軍，軍長羅卓英（兼），第 79 軍，軍長夏楚中，第 25 軍，軍長萬耀煌，第 73 軍，軍長王東原。第 23 集團軍，司令官唐式遵，下轄：第 21 軍，軍長唐式遵（兼）；第 28 集團軍，司令官潘文華下轄：第 23 軍，軍長潘文華（兼）；新編第 4 軍，軍長葉挺（直屬），獨立第 6 旅，旅長周志群（直屬）；寧波守備司令王皓南，轄第 194 師，師長陳德法；溫台守備司令徐旨幹，轄暫編第 12 旅，旅長李國鈞；游擊總司令黃紹雄。

南京保衛戰後，第三戰區在安徽蕪湖、安慶間的長江南岸和江西南昌以東地區，防備日軍經浙贛鐵路（杭州一株洲）向粵漢鐵路（廣州一武昌）迂迴。

南昌戰役，是日軍在武漢戰役後爲了割斷第三戰區和第九戰區聯絡進行的一次戰役，這一仗，日軍指揮官爲岡村寧次，他創造性地將戰車編組成集團向中國軍隊側背發動奔襲，根據史料，因爲中國軍隊準備不夠充分，倉促應戰，不敵日軍的猛攻而被迫棄守重鎮南昌。

1941 年 1 月 4 日，第三戰區接到密令將江南新四軍立即「解決」。皖南新四軍軍部直屬部隊等 9 千餘人，在葉挺、項英率領下開始北移。1 月 6 日，當部隊到達皖南涇縣茂林地區時，遭到國民黨 7 個師約 8 萬人的突然襲擊。

第四戰區

負責廣東、福建地區作戰，司令長官何應欽（兼），副司令長官余漢謀，下轄 2 個集團軍；第四戰區共 9 個步兵師，2 個步兵旅。第 12 集團軍司令官余漢謀，下轄：第 62 軍，軍長張達，第 63 軍，軍長張瑞貴，第 64 軍，軍長李漢魂，第 65 軍，軍長李振球，獨立第 9 旅，旅長李振良，獨立 20 旅，旅長陳勉吾第 8 軍團，軍團長夏威，虎門要塞司令陳策。

崑崙關戰役時，第四戰區司令長官爲張發奎，包括；第 16 集團軍，司令夏威統率第 31 軍（軍長韋雲菘）、第 46 軍（軍長何宣）、第 5 軍第 200 師（師長戴安瀾）之一部。連同廣西教導隊獨立步兵 1～4 團，總兵力約六萬人。

接著集結來到的除第 5 軍之榮譽第一師（副軍長鄭洞國兼師長）、新編第 22 師（師長邱清泉）之外，第 5 軍裝甲團、騎兵團、炮兵團、工兵團等全部抵達，當時中國裝備最精良的一個軍全員上陣；蔡廷鍇的第 26 集團軍；葉肇的第 37 集團軍；鄧龍光的第 35 集團軍以及第 5 軍所在的第 38 集團軍亦陸續集結到位。該集團軍司令徐庭瑤，以下第 2 軍（軍長李延年）、第 6 軍（軍長甘麗初）；第 99 軍（軍長傅仲芳）、第 36 軍（軍長姚純），連同輔助部隊，共達 30 萬之眾。戰後桂林行營不再指揮各部隊，按戰鬥序列歸第四戰區指揮；第四戰區司令部由韶關遷移到柳州。

1944 年 11 月。中國第四戰區司令長官張發奎指揮 9 個軍、2 個桂綏縱隊、空軍一部（飛機 217 架），共約 20 萬人，在黔桂湘邊區總司令部的 3 個軍支持下，以分區防禦抗擊日軍。

第五戰區

1937 年 8 月 20 日最高統帥部宣佈成立第 5 戰區，負責指揮魯南、蘇北地區的戰事。司令長官由蔣介石兼，副司令長官爲韓復榘。但在當日又撤銷第 5

戰區轄區，部隊改歸第 1 戰區。當淞滬會戰局勢趨於嚴峻之際，10 月 16 日又重建第 5 戰區，任命李宗仁為司令長官，韓復榘為副司令長官，長官部設於徐州，管轄地區為津浦線兩側及山東省，下屬部隊有第 3 集團軍、第 11 集團軍、第 24 集團軍、第 51 軍以及位於魯南、蘇北、豫東、皖北各地的軍事單位和海軍陸戰隊等。最高統帥部從 1938 年 3 月開始逐步向第 5 戰區增調部隊達 64 個師，近 60 萬人。準備迎擊以南京、濟南為基地，從南、北兩端沿津浦路夾擊徐州的日軍。從當時的戰局來看，該計劃既符合持久消耗的戰略方針，也周密可行，如能照此執行，中國軍隊完全可能達到戰役企圖。但擔任黃河守備的第 5 戰區副司令韓復榘的公然違抗軍令，不戰而退，完全打亂了預定計劃，造成第 5 戰區極大被動。1938 年 4 月上旬，中國第五戰區部隊在魯南的臺兒莊重創日軍第十師團，取得正面戰場的首次勝利。

共轄 27 個步兵師，3 個步兵旅。第 2 集團軍司令官孫連仲，下轄：第 30 軍、第 42 軍。第 3 集團軍，司令官于學忠，下轄：第 51 軍，軍長于學忠（兼），第 12 軍，軍長孫桐萱，第 55 軍，軍長曹福休，第 56 軍，軍長谷良民；第 11 集團軍司令官李品仙，下轄：第 31 軍，軍長韋雲淞，第 21 集團軍，司令官廖磊，下轄：第 7 軍，軍長周祖晃，第 48 軍，軍長廖磊（兼）；第 22 集團軍，司令官鄧錫侯，下轄：第 41 軍，軍長孫震，第 45 軍，軍長鄧錫侯（兼）；第 24 集團軍，司令官顧祝同（兼），下轄：第 57 軍，軍長繆澂流；第 27 集團軍，司令官楊森；第 3 軍團，軍團長龐炳勳；第 59 軍，軍長張自忠和沈鴻烈的海軍陸戰隊。

參加保衛武漢戰爭後，1939 年秋，李宗仁移師鄂西北重鎮老河口，活躍在鄂、豫、皖地區，破襲平漢鐵路，鉗制武漢三鎮，屏蔽川陝一帶，先後對進犯的日軍進行了英勇反擊，指揮了著名的隨棗、棗宜戰役和豫南鄂北戰鬥，創造了許多可歌可泣的業績。

第六戰區

1937 年淞滬抗戰爆發，馮玉祥調出第三戰區，改任第六戰區司令長官。新闢的第六戰區包括黃河以北、山東北部、河北等地。後被日軍佔領。

1940 年夏季。日軍佔領宜昌，將第五、第九戰區對武漢形成的銅牆鐵壁似地防禦體系，給劈為南北兩半。「鋼刀」的峰刃直對著陪都重慶。長江三峽段成為拱衛重慶的天然屏障。決定在宜昌方面，新建立一個第六戰區。負責拱衛重慶。陳誠由出任第六戰區司令長官。

有關問題。蔣介石問陳誠準備將長官部設在什麼地方。第六戰區的防禦重心應放在江南。六戰區長官部置於鄂西恩施。轄 29、10、26、33 集團軍及 18 軍 18 師、11 師，86 軍、32 軍形成石牌三條重要防線，於 5 月 5 日與日軍第十一軍軍長橫山勇率日軍第 3、第 13、第 39 師團展開殊死決戰。戰至 6 月 2 日，中國軍隊全線反攻，日軍潰不成軍，節節敗退，取得了以「太史橋大捷」爲標誌的石牌保衛戰主戰場的徹底勝利。1941 年秋正值第一次長沙戰役，乘日軍在宜昌的兵力薄弱，蔣介石嚴令第六戰區司令官陳誠奪回宜昌。駐宜昌日軍被完全包圍，瀕臨全軍覆沒。於是孤注一擲，向圍攻的中國軍隊發射了包括芥子氣在內的大量毒氣彈，才保住了戰地不失。

1942 年冬天，孫連仲奉命從第五戰區轄區的河南南陽調往第六戰區的恩施，由第二集團軍總司令改任第六戰區的副司令長官代理長官職務；所遺第二集團軍總司令由劉汝明將軍繼任。這次調職，僅有幾位高級幕僚同去，連自己多年培養的部隊都沒有帶去，1943 年 6 月孫連仲鄂西會戰結束後，升任第六戰區司令長官。當時的副司令長官有吳奇偉、黃琪翔，參謀長是郭懺。同時第三十軍魯崇義、池峰城部隊也調到鄂西。1944 年初，常德會戰勝利後，郭懺升任爲副長官兼參謀長，陳繼承、黃琪翔、王纘緒，還有周嵒，都是副長官。

1945 年 7 月，孫蔚如調任第六戰區司令長官，授上將銜。日寇投降時，他爲第六戰區受降主官，在武漢接受日本第六方面軍投降並全權處理六戰區受降事宜。

第七戰區

1937 年 10 月 15 日，劉湘被任命爲第七戰區司令長官，兼任第二十三集團軍總司令，唐式遵爲副總司令；鄧錫侯爲第二十二集團軍總司令，孫震爲副總司令。省政府秘書長鄧漢祥等人，勸多病的劉湘不必親征，留在四川。劉湘說：「過去打了多年內戰，臉面上不甚光彩，今天爲國效命，如何可以在後方苟安！」四川軍隊，計有數十萬之眾。「七·七」事變後，蔣介石將其宣佈爲第七戰區，由川軍首領劉湘上將率領開赴前線。這支龐大的部隊抗戰保國的熱情極高，但裝備實在太差勁，有的部隊的訓練距實戰大有距離。因此，統帥部不得不將其整軍整師地分別調到其它戰區，與友軍配合作戰。一些將領認爲這是分化瓦解川軍，引起劉湘等人的不滿，以致造成個別原本爲愛國抗日的將領，爲了私利而暗中串通，於當時的抗日大局於不顧，圖謀反蔣。

蔣介石先將從川北出川的二十二集團軍調往山西，劃入閻錫山二戰區。當由川江出川的二十三集團軍到達漢口時，蔣介石又將其劃歸程潛第一戰區，拱衛南京外圍。等到劉湘到達南京時，他第七戰區防區何在，任務是什麼都還不知道，手下的川軍就全沒了，劉湘完全失去了對川軍的控制，不久就病死了。1938 年 1 月，劉湘在漢口死去。當晚蔣介石就在武昌行營召開會議，當即下令撤銷第七戰區司令長官部，理由是司令長官既死，該戰區自當裁撤。

1940 年 7 月第四戰區又劃出第七戰區，設在廣東。司令長官爲余漢謀。1946 年初，余漢謀的第七戰區、第十二集團軍均同時被撤銷，廣東全省劃入廣州行營。63 軍、65 軍先後脫離余漢謀掌握。

第八戰區

當時任國民黨軍第八戰區（甘肅、青海、寧夏及綏遠的一部分）司令長官爲朱紹良。兵力：共轄 5 個步兵師，4 個步兵旅，5 個騎兵師，4 個騎兵旅。第 17 集團軍總司令馬鴻逵，下轄：第 81 軍，軍長馬鴻賓，第 168 師師長馬鴻逵（兼），騎兵第 1 旅旅長馬光宗，騎兵第 10 旅旅長馬全忠，寧夏警備第 1 旅旅長馬寶琳，寧夏警備第 2 旅旅長馬得貴。第 80 軍，軍長孔令恂。第 82 軍，軍長馬步芳、騎兵第 5 軍，軍長馬步青。第 191 師師長楊德亮。挺進軍，司令馬占山。此戰區基本是處於戰區後方。但是 1944 年日軍發動「一號作戰」，攻破洛陽，威脅潼關。第八戰區副司令長官胡宗南此時正在華山養病，得知日軍對陝西大兵壓境，急忙下山。親率精銳第 34 集團軍東出潼關，在豫西靈寶、盧氏一帶山岳地區憑險佈陣，迎擊日軍。

第 34 集團軍中的第 1 軍，是胡宗南精銳中的精銳，被岡村寧茨看作與湯恩伯的第 13 軍同等厲害的王牌。胡軍士氣旺盛，以逸待勞，狠狠打擊西犯之敵。日軍的機械化兵團一進山區便失去優勢，經胡宗南兵團憑險阻擊，鋒芒頓挫，被阻擊於崤山之下。6 月 2 日，第一戰區主力、第八戰區一部發起反擊，戰至中旬，將日軍逐至陝縣、洛寧、嵩縣、魯山一線，雙方對峙，會戰結束。

第九戰區

首任司令長官爲陳誠，後爲薛岳。該戰區戰事頻繁，部隊也自然多。有 20 集團軍、第 9 集團軍、74 軍、29 軍、30 集團軍、第 3 集團軍、31 集團軍、32 集團軍、第 2 軍、54 軍、第 6 軍、46 軍、75 軍、94 軍、37 軍、60 軍、53 軍、江西保安部隊都在此戰區戰鬥過。

在抗日戰爭初期，湖南是中國抗日戰爭的後方基地。湖南以魚米之鄉的富裕，以有色金屬之鄉的寶藏，以較爲發達的工業基礎，爲抗日前線提供了豐富的糧食和戰略物質。在抗戰的相持階段和戰略反攻階段，湖南則成爲中國抗日戰爭最重要的正面主戰場。在抗日戰爭中，中國軍隊共組織了 22 場大會戰，共殲滅日寇 40 餘萬人。而湖南戰場則有七次大會戰，占總會戰次數的近三分之一，共殲滅日寇 20 餘萬，占中國殲滅日寇總人數的二分之一。從 1938 年到 1945 年期間，第九戰區所屬的湖南戰場先後調集 40 個集團軍、軍、獨立師以及游擊縱隊，近百萬正規部隊進行了著名的長沙四次會戰以及衡陽會戰、常德會戰、湘西會戰，累計殲滅日寇 20 餘萬人。在中國抗日戰場上，湖南一個省區展開數次如此大規模的戰役，在中國境內是獨一無二的。而湖南戰場殲滅日軍數量之多，僅長沙會戰就殲滅日軍十萬餘人，這也是中國軍隊在其它戰區所沒有的。在抗日戰爭中，日本軍隊將中國戰區 35% 的兵力投入了湖南戰場，被國民黨軍隊殲滅的日軍有近一半殲滅在湖南這塊土地上，這在中國抗戰史上，也是絕無僅有的。

第九戰區以長沙爲中心，東至江西鄱陽湖、贛江，西至洞庭湖、湘江，戰區轄贛西、鄂南以及湖南全省。其中第三次長沙會戰殲滅日寇 5.8 萬人，由此，長沙成爲殲滅日寇最多的省會城市，長沙戰役也成爲殲滅日寇最多的戰役。1945 年 4 月，日本 21 軍自湖南寶慶西進，企圖奪取我芷江的空軍基地。這是日軍最後一次的攻勢會戰。因爲日軍遇到了比日軍戰鬥力強大的國軍，日軍慘敗。

爲了迎接抗日戰爭的勝利，抗戰後期又成立了第十、第十一、第十二，三個戰區。

第十戰區

第十戰區司令長官爲李品仙，相當戰初的第五戰區範圍。包括安徽、蘇北、豫南一帶。豫南挺進軍等部，向平漢鐵路南段實施襲擊，一度收復確山、漯河等地，以牽制日軍。日本投降時，第十戰區李品仙爲受降主官，接受徐州、蚌埠、安慶一帶日軍投降。受降地點爲徐州。

第十一戰區

中國軍隊到了「戰略攻防轉換線」，從湘西、廣西，向廣州開始反攻了。華北也成立了新戰區——第十一戰區。新戰區的區域，遠在敵人佔領區之內的河北、熱河、山東。孫連仲爲戰區司令長官。預定配五個軍的勁旅。攻略

華北三省,收復失地,其任務明確是一個「反攻戰區」。在西安組織司令部,準備調集部隊,候命進出華北。九月初宣佈第十一戰區應速在北平,設立前進指揮所,接受北平、天津、石家莊、保定一帶的日軍洽降。

第十二戰區

十二戰區司令長官傅作義。抗日戰爭期間,傅作義還歷任第七集團軍總司令,第八、第十二戰區副司令長官、司令長官兼綏遠省、察哈爾省政府主席,曾先後率部參加忻口會戰、包頭戰役、綏西戰役、五原戰役。勝利後準備在熱河、綏遠、察哈爾接受日軍投降。

第二篇 抗戰前建軍的陸軍常規 編制各軍

第一軍 不教日寇度潼關

　　第一軍全稱「國民革命軍陸軍第一軍」（以下均使用簡稱）。其源出於北伐時期，軍史較長。國民政府於己於 1926 年 7 月 7 日發佈國民革命軍司令部組織大綱，正式命名。1925 年即開始組建軍隊，當初蔣介石任軍長。蔣任總司令後，由何應欽主軍。曾轄第 1 師、第 2 師、第 3 師、14 師、20 師等。第 1 師師長王柏齡曾代理軍長。南昌之役敗於孫傳芳，王棄軍逃走。後劉峙代理軍長，薛岳為第 1 師師長。1930 年中原大戰，胡宗南由旅長升為第 1 師師長。1936 年第 1 師擴編為軍，胡升為軍長。第一軍是嫡系部隊，蔣介石不僅在軍械方面給予優先照顧，而且在江西、福建北伐戰爭中大肆擴充其部隊。在江西，蔣介石將俘獲的孫傳芳部 4 萬人編入該軍，成立補充第 1、2 兩師，收編時只調換旅長以上的官佐，旅長以下的官佐均不更動。在福建，早在第 1 軍軍長何應欽入閩前，蔣介石就批准他編練補充兵 3 個團。入閩後，何應欽又將歸降的張毅部編為 4 個團，隸屬於第 1 軍。擴軍期間蔣介石給以培植。將方鼎英（改編的方振武部）岳維峻（原在陝的國民軍第 2 軍）編入第 1 軍。西安事變。該軍由甘肅東回到陝西。

　　抗戰軍興，軍長胡宗南率軍參加八一三淞滬抗戰。轄李鐵軍第 1 師、陶峙岳第 8 師、李文 78 師，是最為完整的甲種軍。在蘊藻浜一線與日軍血戰，苦戰六周。日軍金山衛登陸後，經崑山、蘇州向西撤退。經安徽、河南到達陝西整頓。後守衛黃河一線，曾駐守鄭州一帶。5 月第 1 軍參加豫東會戰，指

揮第 1 師（李鐵軍自兼）和 78 師（師長李文），曾圍攻日軍土肥原師團。胡升任 17 軍團軍團長（後改為第 34 集團軍，胡為總司令），三個師擴充為三個軍。李鐵軍升為 1 軍軍長，陶峙岳為 78 軍軍長，李文為 90 軍軍長。回陝後為了使所轄三個軍更加統一於嫡系，將領作了調整，主要針對陶峙岳並非嫡系之故，後李和陶調換了位置。1940 年 7 月陶峙岳升任 34 集團軍副總司令，丁德隆為軍長，該軍多駐防關中。1942 年張卓升任軍長。曾一度出兵南陽，因軍事變化，未接觸戰爭而返。

1944 年日軍進攻河南，洛陽失守。34 集團軍由李延年指揮駐陝西的第 1 軍、第 16 軍、第 57 軍、第 27 軍，出潼關阻擊日寇。利用靈寶附近山陸澗深複雜地形設防，挫敗了日軍吉本貞一第一軍和山地坦克師團，保住陝西門戶。5 月下旬。岡村寧次決定趁著日軍豫中會戰勝利餘威。從洛陽地區繼續西進，企圖直搗第八戰區司令長官部所在地西安，以摧毀西安地區中、美空軍基地。日軍分兩路向陝西方向進攻。一路從黃河南岸西進，直撲潼關而來；另一路向盧氏方向推進，陝西告急。蔣介石令中國遠征軍總司令官陳誠趕往豫西，收拾第一戰區殘局，協調第一和第五戰區作戰，阻止日軍西進。第八戰區副司令長官胡宗南此時正在華山養病，得知日軍對陝西大兵壓境，令精銳第 34 集團軍東出潼關，在豫西靈寶、盧氏一帶山嶽地區憑險佈陣，迎擊日軍。第 34 集團軍中的第 1 軍被岡村寧次看作與湯恩伯的第 13 軍同等屬害的王牌。34 集團軍士氣旺盛，以逸待勞，狠狠打擊西犯之敵。日軍的機械化兵團一進山區便失去優勢，經胡宗南兵團憑險阻擊，鋒芒頓挫，被阻擊於豫西崤山之下。6 月 11 日第 59 旅團長木村千代太陸軍中將在虢略鎮附近被地雷炸死，頓挫其鋒。西進日軍遂放棄進攻西安企圖，主力回援洛陽，反擊湯恩伯兵團。

該軍屬於中央軍嫡系部隊，受胡宗南控制。抗戰以來很少出陝，監視防守八路軍是其重要任務之一。1945 年羅列為軍長，張卓被免職。解放戰爭中，該軍曾改為整編第一師進入延安，後被殲。陝中戰役後由寶雞退走，又被殲於西康。

第二軍　保武漢血戰田家鎮

北伐時期建軍，譚延闓為首任軍長，屬湘軍系統。第二軍在北伐戰爭開始後，在湖南大量招募新兵，擴充隊伍。同時，第二軍軍長譚延闓辭職，由副軍長魯滌平繼任。轄第 4 師（師長張輝瓚）、第 5 師（師長譚道源）和第 6 師（師長戴岳）。1929 年軍隊編遣。魯滌平任江西省政府主席。後張輝瓚江西

在與紅軍作戰中被俘後槍決。譚道源抗戰時已任第十軍團長，轄自兼的 18 師、陳光煜 50 師、戴岳 46 師。抗戰開始，參加淞滬戰。在羅店、寶山一線與日寇激戰，撤離上海後又參加徐州會戰，損失慘重，譚道源本人亦險些被俘。陳誠藉口自己為譚延闓女婿，該軍被吞併，入列 27 軍。

抗戰初期建立的第 2 軍與前述的第 2 軍沒有延續關係。李延年率第 9 師參加淞滬抗戰，9 師前身為黃埔軍校教導 2 團，轄 25 旅、26 旅。1937 年 8 月下旬由武昌坐江輪到上海參戰，守衛松樹浦陣地。戰鬥十分激烈，團長竇長清陣亡。此時第 9 師升格為軍，李延年隨著提升為軍長。淞滬戰撤退後，沒有參加南京保衛戰，輾轉到漢口休整，損失較小。1938 年第 2 軍（轄第 3 師、第 9 師）和一個炮兵團集結徐州，以後由湯恩伯率領至徐州以西的孤山集轉為隴海兵團，負責擊退由淮北北犯之敵。

武漢會戰時李延年仍任軍長，7 月參加田家鎮保衛戰，為主戰部隊。除鄭作民第 9 師這個基本隊伍外，還指揮施中誠 57 師及田家鎮要塞炮兵部隊。田家鎮要塞為鄂東門戶，地勢險要，江防要地，位置在長江北岸，設有炮臺。李玉堂第 8 軍棄守九江後，日軍溯江而上直撲田家鎮要塞。使用陸空兩路並淺水艦艇猛烈進攻，與我軍展開激戰。第 2 軍軍長李延年為田家鎮要塞北岸守備區司令，以第 57 師擔任對東南正面防守，以第 9 師擔任對北、西正面的防守。田家鎮要塞原屬第 5 戰區序列，後改歸第 9 戰區第 2 兵團指揮。9 月 15 日，日軍出動了數十架飛機、20 餘艘軍艦向田家鎮要塞區守軍陣地輪番進行猛烈轟炸，其陸戰隊一部則在海空軍的掩護下，在潘家灣、中廟、玻璃庵一帶強行登陸，中國守軍第 57 師苦戰將其擊退。同日，日軍第 106 師團第 11 旅團的第 13 聯隊及獨立山炮兵第 2 聯隊憑藉其強大的火力優勢，突破了第 9 師在鐵石墩的警戒陣地。9 月 16 日，戰鬥愈加激烈，日海軍陸戰隊在飛機、艦炮掩護下，再次試圖在潘家灣、玻璃庵一帶登陸。第 57 師各部隊堅守陣地，打退了敵人的一次次進攻。第 9 師正面陣地則遭到日第 11 旅團的輪番猛攻。第 9 師將士死守陣地，並派出部隊展開反擊，但傷亡慘重。9 月 17 日 2 時許，日海軍陸戰隊在艦炮火力支持下登陸，猛攻田家鎮外圍的武穴，守軍與敵展開巷戰，激戰終日，傷亡慘重，餘部趁夜突圍，武穴遂陷於敵手。守軍在撤退前破壞了武穴以東的江堤，使江水灌入武山湖和黃泥湖，形成氾濫，一度使日軍地面部隊行動受阻。同日拂曉，日第 11 旅團繼續猛攻第 9 師正面陣地，守軍苦戰不支，該陣地終於被突破，守軍轉移至駱駝山、涂家灣、潘家灣之

線，堅守側面陣地。進攻了八天日軍毫無進展，久攻不下。遂繞道蘄春，迂迴包圍要塞。爲了避免腹背受敵，主動放棄田家鎮。田家鎮失守後，武漢相繼淪陷。是役旅長楊寶玨負傷，軍官士兵傷亡兩千餘人。協同作戰的 57 師剩餘人員只能編六個連，人員與 9 師合併。57 師番號後歸 74 軍，師長仍爲施中誠。

第 2 軍轉到湖南岳陽，此後轉戰在湘鄂一帶。1939 年原河南張鈁 76 師劃歸第 2 軍，師長王凌雲。後該軍曾在四川酉陽秀水一帶清剿張少卿地方慣匪，因抗戰吃緊隨受命參加桂南會戰。除留何紹周 103 師繼續剿匪外，9 師和 76 師開赴廣西前線，接替第 5 軍據守崑崙關。在撤退中 9 師師長鄭作民被敵人飛機炸死。後調張瓊爲副軍長兼 9 師師長。部隊調湖南耒陽整頓。

1941 年 9 月參加反攻宜昌戰鬥，中國軍隊 2 個軍共 6 個師攻擊防守宜昌的日軍第 13 師團。10 月 2 日，中國軍隊攻佔宜昌外圍據點，10 月 8 日，中國第 2 軍第 9 師一部攻入宜昌城內。這時日軍瀕於絕境，遂燒掉秘密文件和軍旗，高級軍官已經準備自殺。爲了挽救敗局，日軍決定用毒劑彈做最後掙扎，於 8 日 21 時、9 日 18 時、10 日 15 和 16 時，先後進行了 4 次大規模化學攻擊，共發射二苯氰胂毒劑彈 1,500 發、芥路混合毒劑彈 1,000 發、飛機投擲毒劑彈 300 枚。另外，還大量使用山炮、迫擊炮和毒劑筒。以上行動造成中國軍隊和居民大量傷亡，其中第 9、第 76 師兩師中毒 1,600 人，其中 600 人死亡。由於攻擊部隊傷亡很大，中國軍隊最終被迫停止進攻，反攻宜昌計劃失敗。

1943 年又參加滇湎抗戰，李延年已經升任第 34 集團軍總司令調往陝西，76 師師長夏德貴升任第 2 軍軍長。日本陸軍少將第 56 師團參謀長黑川邦輔在 6 月 28 日被第 9 師擊斃於雲南怒江東岸猛定地區。9 月 3 日，進攻龍陵的第 71 軍和第 2 軍第 9 師遭日軍第 56、第 2 師團共約 1.2 萬人的反擊。經七晝夜激戰，後在第 54 軍第 36 師等部支持下擊退日軍。第 20 集團軍經 2 個多月的不斷攻擊，於 14 日攻克騰沖，全殲第 148 聯隊殘部。第 2 軍第 76 師於 23 日收復平戞。11 月 6 日，第 71 軍在榮譽第 1 師、第 200、第 36 師的支持下，殲日軍第 56、第 2 師團各一部，攻克龍陵。隨後，第 11 集團軍配屬第 53 軍沿龍陵—畹町公路追擊，20 日克芒市，1945 年 1 月 20 日克畹町，遂進入緬甸追殲日軍。抗戰結束時編爲整 9 師。原第 2 軍 9 師師長張金廷任師長。在魯西、蘇北參加內戰。恢復建制的第 2 軍由陳克非任軍長，由山東經南京、宜昌入川。後在郫縣起義。

第三軍　八戰中條　慷慨悲歌

1926 年北伐軍興時在雲南建軍，軍長朱培德。下轄第 7、8、9 師三個師。第三軍由於在江西收編了滇軍楊池生、楊如軒兩個師，又從湘黔邊境將滇軍金漢鼎部調到江西，朱培德升任第五方面軍總指揮，原第一師師長王均升任第三軍軍長、金漢鼎部編為第九軍（後改為第三十一軍），金任軍長。這時，朱培德部由 1 月間的 1.6 萬人驟增至 6 萬人。王均因飛機失事身亡，遺職改為曾萬鍾。抗戰前駐防甘肅、陝西，移防鄭州、開封。1926 年冬，朱德利用過去在滇軍護國軍時的關係來到南昌，創辦了國民革命軍第三軍軍官教育團。朱德任團長，魏瑾鈞任黨代表，劉介眉任副團長兼參謀長（後為陳奇涵）。以後第三軍軍官教育團參加了南昌起義。

抗戰開始曾萬鍾仍是軍長，轄兩個師，即第 7 師由曾自兼，第 12 師長為唐淮源。1937 年 10 月該軍參加娘子關戰役。平型關大捷後敵機連日轟炸石家莊車站和市區，中國軍隊由保定之線稍事抵抗即行撤退，想沿著滹沱河、平山、正定、藁城之線佈防。孫連仲部在藁城以西佈防，他的右翼是商震部宋肯堂師。第 3 軍守娘子關以南九龍關、馬嶺關一線。第 3 軍兩個師都是一線配備，沒有重點，也沒有機動部隊。敵人如突破一點，則全線都要動搖，把孫部調回娘子關作為機動部隊。正面趙壽山師有五個團。左翼第二十七路軍。右翼是中央第三軍曾萬鍾部，孫連仲作總預備隊。日軍川岸兵團以主力向娘子關右側循微水、南漳城前進，進攻舊關（也叫故關）。舊關方面的發現敵情比娘子關正面遲了一些。一舉即佔領舊關。第 3 軍增加兵力反攻，以圖恢復，軍長曾萬鍾也親到前線督戰，卻無能為力。日軍得到後續部隊的增援，即再行攻擊，把第 3 軍那裡的戰線衝破一個缺口。敵人以一部向南壓迫第 3 軍，以主力向北，佔領下磐石車站，截斷娘子關的後路。

娘子關戰後進入山西境內抗戰，先後在晉東南長治、晉南聞喜、侯馬一帶與日軍戰鬥。1939 年曾萬鍾升任第 5 集團軍總司令，唐淮源升任該軍軍長。後長時期駐守山西中條山區，從 1938 年到 1941 年不斷與日軍交鋒，有九戰中條的說法。1940 年底公秉藩 34 師由洛陽調來接替 14 軍，納入第 3 軍序列。34 師原為靖國軍岳維峻殘部，岳於 1931 年 3 月在湖北廣水與紅軍作戰失敗被俘。因其為徐向前老上司，以禮相待，岳許以給紅軍錢物。但是錢物交過後，張國燾違約將其殺害，殘部四散。

中條山背臨黃河，橫亙於山西南部，東接莽莽太行山脈，西連巍巍稷山，

長三百餘里，寬一百餘里，爲屏障豫、陝，保障西北的戰略要地。1938 年，戰區總司令衛立煌將軍率部進入山中，將該山分爲東西中三段，分別由所部三個集團軍把守。中段聞喜、夏縣一帶，由曾萬鍾的第 5 集團軍駐守。衛立煌督率全軍二十六萬人馬，依著中條山山勢構築堅固陣地，把諾大個中條山變成一座堅固的城堡。在 1938 年至 1941 年初的四年中，日軍曾先後八次大舉進攻中條山，企圖打開這道黃河北岸的防線，向黃河以南進犯。日軍的八次進攻都碰了個鼻青臉腫，慘敗而回。衛立煌曾自豪地把中條山稱爲中國的「馬奇諾防線」。日軍卻認爲，中條山衛立煌指揮的約二十六個師的中國軍隊，成爲擾亂華北，尤其是山西的主要根源。

1941 年 5 月 5 日，日軍決心要割掉這根源，以七個師團的兵力，分九路從東、西、北三面向中條山進攻，來勢異常兇猛。5 月 7 日，中條山中段血流成河，聞喜、夏縣、四交河、張店鎮等地的守軍已被日軍分割包圍，呈孤軍奮戰狀態。日軍第 36、第 37 師團和獨立第 16 旅團等部，向張店鎮以東猛攻，突破第 3 軍與第 80 軍的銜接處，該兩軍被迫轉移到四交河至望原一線抵抗。5 月 8 日，日軍蜂湧而至，進襲位於唐回的第 3 軍司令部，因敵眾我寡，唐回很快爲日軍攻佔，第 3 軍也陷入重圍。軍長唐淮源將軍命令部隊以團爲單位突圍，爭取跳出鐵圈，轉入外線作戰。唐軍長親率軍部特務營和一個團的兵力突圍，但遭到日軍層層阻截，最後，在夏縣附近又陷入重圍。唐軍長指揮部隊左衝右突，無法衝出包圍圈，軍部與上級失去聯繫，無法求援，將士戰死殆盡。敵人幾次衝到軍部附近，特務營營長童鶴齡、副營長趙樹和士兵們揮舞大刀片，又將日軍砍了出去。戰至 5 月 13 日，唐淮源軍長身邊只剩下一名衛士，餘皆全部戰死。唐軍長望著成堆的將士的屍體和血染的陣地，悲憤萬分，舉槍自戕殉國！衛士見軍長壯烈殉難倒下，伏在將軍的屍體上失聲痛苦，然後舉起手槍。在唐軍長屍體旁飲彈身亡！

5 月 12 日，第 3 軍第 12 師師長寸性奇將軍所部，在縣山地區陷入日軍重圍。當日大雨傾瀉，道路泥濘，戰鬥越加殘酷。雙方近距離的血戰，互擲手溜彈，終於脫離險境。但是發現唐軍長尚爲脫險，又反轉回去接應。5 月 12 日，寸性奇師長親率部隊衝鋒時，胸部中彈受傷，13 日晚，寸性奇再組織部隊突圍時，被敵炮彈炸斷右股骨。爲了不當日軍俘虜，寸師長毅然拔刀自殺！

日軍也有重大傷亡，敵酋陸軍少將上田勝當日在白刃戰中被擊斃。後第三軍僅餘殘部四個團過黃河退入陝西。該軍由周體仁、李世龍先後繼任軍長。

因潰不成軍，又被胡宗南收編，由胡宗南系統的羅歷戎任軍長。朱培德滇軍系統的歷史就此結束。

解放戰爭中羅部第三軍被殲於河北清風店。後許良玉、盛文先後任軍長，在陝西與解放軍交戰，退至成都被全殲。

第四軍　四戰長沙抗日寇

第四軍是粵系軍隊的主力，在北伐中戰功卓著享有盛名，榮獲「鐵軍」稱號。1926 年 11 月下旬，粵系第 10 師擴編為第 11 軍，原師長陳銘樞升任軍長兼武漢衛戍司令。第 12 師擴編為第四軍，粵系耆宿李濟深任第 4 軍長，原師長張發奎升任副軍長、後任軍長。李福林第 5 軍留守廣州，未參加北伐。葉挺為第 4 軍獨立團長，北伐時譽為鐵軍。第 4 軍第 25 師是參加江西戰役後新建立起來的，師長朱暉日，副師長葉挺，下轄 73、74、75 三個團。73 團團長周士第、參謀長許繼慎都是共產黨員。（許八一起義後任紅 1 軍軍長，被張國燾殺害）75 團是新組建的，起初由葉挺兼任團長，是八一起義的基本隊伍。

抗戰軍興，由軍長吳奇偉率領該軍參加淞滬抗戰，轄歐震 90 師、張德能 59 師。參加左翼軍，受羅卓英指揮，防守羅店、大場一線。後接替 18 軍防守南北塘口。第 4 軍由淞滬撤退沒有去南京，從側面退至安徽省宣城、寧國一線，阻止敵人西進。1938 年春轉入湖北省麻城。吳奇偉升任第 9 集團軍總司令，歐震升任軍長，陳榮機任 90 師師長。

1938 年 7 月調入贛北參加保衛武漢會戰。日軍從空中偵察到南潯鐵路與瑞武路之間的守軍兵力薄弱，命令第 106 師團向西推進，企圖切斷南潯路與武寧路中國守軍間的聯繫。第 106 師團接到岡村命令後孤軍深入到了萬家嶺地區。當發現日軍第 106 師團孤軍深入之後，薛岳認為機會難得，乃從德星路、南潯路、瑞武路三個方面抽調第 66 軍、第 74 軍等部隊，會同負責正面阻擊 106 師團的第 4 軍，四面包圍，全力出擊。10 餘萬軍隊開始在崇山峻嶺中運動。10 月 1 日至 3 日間，第 4 軍第 58 師向已佔領萬家嶺、嗶嘰街一帶的日軍連續攻擊。日軍在飛機掩護下拼死反擊，雙方傷亡均重。106 師團如無頭蒼蠅般在山中衝撞一兩日，處處遭到中國軍隊阻擊，也未找到一條生路。106 師團注定了在劫難逃。戰鬥中，第 4 軍前衛突擊隊曾突至萬家嶺第 106 師團司令部附近不過百米，因天色太黑，加之自身也傷亡重大，未能及時發覺松浦中將。據戰役結束後一名日俘供認：「幾次攻至師團部附近，司令部勤務人

員，都全部出動參加戰鬥，師團長手中也持槍了。如果你們堅決前進 100 米，師團長就被俘或者切腹了。」未能生擒松浦淳六郎，成為此次會戰中最大的遺憾。稱為萬家嶺大捷。

此次戰役後第 4 軍奉命調往湖南長沙防守，張德能的 59 師，負責守衛長沙，當時湖南省當局的失誤，造成史無前例的長沙大火，人民損失慘重。當時第 4 軍帶領群眾，一面救火，一面抗日，那時情勢極其嚴重，日寇大軍壓境，群眾房舍被焚。張德能座鎮長沙，指揮若定，甚得人心。

1939 年 9 月第 4 軍參加了第一次長沙會戰。歸第 9 戰區薛岳指揮，因為薛岳出身於第 4 軍，對第 4 軍特別器重，歸戰區直屬。當時還擴充了貴州部隊柏輝章 102 師，成為甲種軍，柏輝章為副軍長兼師長。該軍在戰鬥任務中主要策應 52、20、79 軍側翼，在後期追擊由長沙敗退的日軍，在汨羅、桃園一帶聚殲敵寇。此役第 4 軍損失較小。

第二次長沙保衛戰時，阿南惟幾出任 11 軍司令官。上高會戰後，我軍戰鬥力日漸增強，加之蘇德戰爭爆發，英、美的制日行動亦較積極。美國宣佈派軍事代表團東來，同時禁止飛機、汽油輸日，並凍結了日本在美國的資金。日軍深恐我軍乘機反攻，便孤注一擲，糾集南北戰場之精銳部隊，大舉進犯湘北，企圖佔領長沙。1941 年 9 月日軍開始先攻擊大雲山的中國軍隊，接著就強渡新牆河，開始以強大的兵力，結成銳不可當的攻擊正面，一路撲向長沙。第 4 軍守備新牆河南岸及大雲山前進據點。9 月 17 日與日軍激戰與新牆河，102 師經過戰鬥只剩下六百多人。該師先期的貴州籍官兵傷亡殆盡。9 月 26 日中國軍隊乘虛進攻宜昌的日軍，發動大兵團反攻作戰，第 13 師團陷入了中國軍隊四面圍攻的險境，內山下令準備焚燒軍旗，以及切腹自殺。只有急電阿南以及日本中國派遣軍司令部求援。阿南只有下令，停止攻擊長沙，投入解圍宜昌的作戰。倉皇撤退的日軍在湖南吃足了苦頭。張德能因此又立下戰功，被晉升為第四軍副軍長兼 59 師師長。

1941 年底日軍又發動第三次長沙會戰。第 4 軍仍屬於戰區直屬軍。日寇遭受第二次長沙會戰失敗後退回岳陽，整頓軍馬，大舉調動，第三次進犯長沙。軍長歐震等制訂作戰破敵良策，由張德能率領一個師潛伏長沙外圍要地。其餘兩師由歐震統率，佈防長沙內線，互為倚角，互相呼應，各線經過艱苦血戰十五天，殲滅日寇一個師團，奪得了長沙第三次大會戰的勝利，捷報電傳，舉世聞名。當時美國總統羅斯福來電表示祝賀。由於第四軍屢戰屢勝，

建立了特大功勳，該軍軍長歐震升爲第八戰區副總司令，第四軍軍長由張德能升任，並晉升爲陸軍中將。

1941 年 12 月，日寇發動太平洋戰爭，侵佔了香港，南洋等大片土地。爲了打通由中國東北經華北、華中、華南、貫通南洋的大動脈，同時欲攻佔西南各省，逼中國投降。因此，便孤注一擲，務必佔領粵漢鐵路要津長沙，經過密謀策劃，再作一次爭奪戰。

1944 年 5 月日軍企圖打開大陸交通線，以解決海上交通的危殆。5 月 26 日日軍分三路進攻長沙。第 4 軍成爲守衛長沙的主角。張德能接任軍長後，該軍轄林賢察 59 師、陳侃 90 師、陳偉光 102 師。日寇選調三個精銳師團及大量僞軍共十多萬人，並配備空軍、坦克、大炮，從南、北、東三路夾攻長沙。中路日軍第一線兵團長驅直下，於 6 月 8 日抵達長沙城郊，僅以一部兵力攻打長沙城，主力卻繞過長沙，繼續向南推進。中路日軍第二線兵團第 34、第 58 兩師團，在一線兵團掃清的通道上快速推進。6 月 13 日，第 34 師團與右路軍的志摩支隊和針支隊會合，共四萬餘兵力，從長沙北面突然西渡湘江，迂迴攻打嶽麓山守軍。第 58 師團也在這時一鼓作氣推進到長沙城下，迂迴到西南方向長沙發動猛攻。日軍左路（外線優秀兵團）之一、二線兵團在瀏陽地區將正在運動中的第九戰區機動部隊第 44、第 72、第 58、第 37 等各軍前後夾擊，左右圍攻，打得該幾軍一團混亂，紛紛向江西邊境突圍潰退。整個戰區亂了陣腳，陷入被動挨打局面。

長沙城處於危急之中。攻打長沙城的日軍是中路第二線兵團和右路一部兵力。如同巨浪洶湧而來，其銳氣在推進途中絲毫未受挫折。嶽麓山守軍 90 師力量單薄，在日軍連日猛攻下，漸呈不支狀態。張德能軍長想從城內抽一個師增援嶽麓山，但城內船隻早已派去疏散物資去了，無船可用。6 門 16 日，深夜。嶽麓山外圍陣地失守，山上炮火支持受到削弱。湘江東岸，日軍發瘋似地向城內猛撲，城裏一部分核心陣地也被敵突破。張軍長面臨的情況萬分險惡，若嶽麓山失守，城內兩個師將被全殲，遂命令第 102 師搶渡湘江，增援嶽麓山。由於戰況慘烈緊迫，從城裏撤出的第 102 師官兵，以爲是從長沙撤退，當隊伍擁到江岸時，便爭相渡江，秩序大亂。隊伍過江後，只好沿著嶽麓山至衡陽的公路退卻。張德能軍長那天夜裏，他將守城的任務交給第 59 師師長後，帶著幾個衛士乘船過了湘江，準備親自去鎮守嶽麓山。當他來到嶽麓山湖南大學時，已是凌晨四點鐘。6 月 17 日早晨江邊上 102 師的官兵過

江後往衡陽方向跑。6月18日晨，嶽麓山失守。守城的第59師見嶽麓山彼日軍攻佔，城內部隊失去依託，只好突圍出城，向瀏陽方向退去，長沙失守。當時因三面被圍，只有湘潭一面可撤，但爲湘江阻隔，船隻又大部開走，撤時匆促，日寇攻勢又猛，很多官兵無船渡江，溺死沖走的不計其數，張德能指揮僅有少數船隻先渡傷員及文職人員過江，他殿後指揮兵士掩護。日軍四面湧至，他欲舉槍自殺殉職，被衛士奪去手槍，又被工兵營長李保羅抱起，跑到江邊，擁下汽船撤退，撤至衡陽時全軍只剩三分之一。

日寇佔領長沙，經短期整頓後，便驅兵直進，勢如破竹，直搗衡陽，再沿湘桂，占廣西柳州，一路上毫無阻擋，頓時喪失大片領土，輿論譁然。更兼美軍顧問不甘心失去許多大炮，威迫蔣介石追究失守長沙責任，蔣介石無法交待，乃電召張德能到重慶開會。此時有人勸張德能不要去重慶，去必被殺。但他認爲撤退令是由戰區參謀長趙子立發的，丟失嶽麓山於前，才造成後來的長沙失守，自己已盡了軍人責任。如自己不去，必須追究 4 軍責任，就算自己一死，也要保存各師團長及士兵。乃不顧勸告，毅然去重慶。張德能到達重慶，便被蔣介石囚禁起來，被囚禁約三個月後，便下令「該軍長失守長沙，有失戎機，槍決」，時年 45 歲。1945 年，日寇投降後，張德能之長子張文龍將其骸骨由重慶運回原籍，安葬於梁金山南麓。後由王作華接任軍長，一直是薛岳的粵系王牌。解放戰爭中，曾被殲於泗安。重建軍薛仲述爲軍長，在海南戰敗後去臺。

第五軍　抗戰勁旅　揚威崑崙關

該軍在北伐時建軍，李福林爲軍長，留守廣州。1927 年李福林下野。

1932 年張治中調任爲南京衛戍部隊改編的第 5 軍軍長。所轄的三個師都是德式的裝備，經過德式戰術訓練，綜合戰力在當時的中國軍隊裏堪稱翹楚。可是與世界各強國相比還是有著較大的差距，充其量相當於德國的輕裝步兵師。不過至少在落後的中國大地上還曾有過這樣一支讓人振奮的部隊。1932 年曾參加過一二八淞滬抗日戰爭。1936 年起就擔任京滬軍事指揮官的第 5 軍軍長張治中，早已對南京、上海地區抗戰部署和作戰計劃進行過初步研究，並草擬了《上海圍攻計劃》，也於同日被任命爲京滬警備軍司令，全權負責京滬地區抗戰軍事行動。

七七事變後，上海形勢緊張。駐紮京滬地區的德式師第 5 軍中，第 87 師在常熟、蘇州；第 88 師在無錫、江陰；第 36 師則因西安事變已調往陝西。

上海近郊周邊地區只有江蘇省保安團。因此 7 月 13 日，由何應欽主持的最高軍事會議上，決定增兵上海，將在蘇州的第 2 師補充旅（旅長鍾松）調往上海。鑒於《淞滬停戰協定》的中國軍隊不能進入上海市區及周邊地區的限制，該旅隨後改稱獨立第 20 旅，其第 1 團改稱爲憲兵第 13 團開赴松江，第 2 團則化裝爲保安團秘密進駐虹橋機場。又調江蘇保安第 2 團接替瀏河方面江防警戒，命保安第 4 團集結太倉。第 5 軍在八一三淞滬戰中是主力部隊。德式師在抗戰初期聞義赴難，朝命夕至，作戰之中有進無退，有死無生，其報國之忠，陷陣之勇，犧牲之烈，絲毫無愧於中國最精銳之師的赫赫聲威！

9 月 21 日，張治中調任大本營管理部部長。因爲戰爭的需要各師均升格爲軍，師長亦升任軍長。87 師師長王敬久升任 71 軍軍長、88 師師長孫元良升任 72 軍軍長，36 師師長宋希濂升任 78 軍軍長。但是這三個軍部隊均無增加，都只編有一個師。9 月 26 日又一支德式部隊稅警總團投入淞滬戰場。該總團甫到戰地便接替第 87 師在蘊藻浜以南陳家行地區防務。

德式師主力憑藉平素嚴格的訓練和嚴明的軍紀，儘管部隊已經進行四五次補充，原先訓練有素的中下級軍官和士兵幾乎損失大半，所餘不及十之二三。但是其部隊的軍魂依舊，在此大混亂的局面下沒有潰散，36 師和 88 師於 11 月 15 日建制基本完整地撤至南京，87 師於 12 月上旬從鎮江撤回南京。

這支部隊在南京保衛戰中，依然是主力角色。9 日上午，突入光華門的日軍第 9 師團開始攻擊 87 師 260 旅在工兵學校的陣地。憑藉灼烈火力支持於 10 時攻佔工兵學校，進而日軍坦克部隊開始以坦克炮火力直接轟擊城垣，甚至還有小股日軍先頭部隊已突入城垣。衛戍司令部一面調預備隊憲兵第 2 團增援，一面嚴令 87 師組織反擊。87 師副師長陳頤鼎指揮 261 旅和 269 旅各一部從通濟門、天堂村向日軍側後反擊，經過反覆激戰，終將光華門一線日軍擊退，重新奪回工兵學校。但仍有少數日軍潛伏在光華門城門洞內。10 日戰況更爲激烈，特別是在南京城東南，日軍已掃清復廓陣地直扼城垣。衛戍司令部急調 156 師馳援，87 師在得到援軍後終於頂住日軍猛攻。入夜後，156 師選派精幹人員墜城垣而下，將潛伏在光華門城門洞內日軍殘部肅清。而雨花臺地區的 88 師正當日軍進攻鋒芒，遭到日軍兩個師團主力和坦克、飛機的協同猛攻，第一線工事全部毀於炮火，守軍死傷甚重，被迫退守二線陣地。11 日，日軍第 16 師團猛攻紫金山地區，教導總隊拼死堅守，血戰終日，未失寸土！日軍見正面強攻不成，乃調第 13 師團山田支隊從其右翼加入戰鬥，迂迴

攻擊紫金山。衛戍司令長官唐生智率司令部人員於 12 日晚從下關乘坐小火輪渡過長江，36 師利用駐守挹江門控制小火輪的便利，在司令部過江後也乘坐小火輪渡江，因此損失不大。87 師、88 師和教導總隊則沒有 36 師那麼幸運，大部沒能渡過長江，留在城裏的多成為南京大屠殺的冤魂。只有少數官兵歷經輾轉渡江歸隊。裝備德制輕型坦克的戰車第 3 連除 3 輛在戰鬥中損毀，其餘全部在撤退中丟棄損失。

這支隊伍再各自建軍以後，又形成新的軍史，參加徐州會戰。詳見 71、72、78 軍史。

1939 年的第 5 軍又是新的一段歷史。前在 1936 年時原為張治中第 5 軍第 4 師師長徐庭瑤建議考察歐美軍隊現代化裝備後南京成立陸軍機械化學校。1937 年擴編建成第一個陸軍裝甲團，杜聿明任團長。是最早的機械化兵團。全面抗戰爆發後，杜聿明率裝甲兵團的兩個連參加淞滬會戰。1938 年裝甲兵團撤至湖南湘潭整訓，擴編為第 200 師。同年冬該師又擴編為新編第 11 軍，徐庭瑤為軍長，杜聿明為副軍長。1939 年 1 月，番號又改為第 5 軍，杜聿明任軍長，下轄第 200 師（師長戴安瀾）、榮譽 1 師（師長鄭洞國）和新 22 師（師長邱清泉）。第 5 軍是抗戰初期國民政府唯一的機械化軍。在杜聿明統率下，該軍注意訓練，士氣旺盛。杜提出：「操場就是戰場」，「平時多流汗，戰時少流血」，要求新軍具有「五除」（驕、惰、偽、欲、惡）、「三習」（精、誠、勤）的朝氣。在杜聿明的訓練下，第 5 軍的戰術技術日有長進，被重慶軍事委員會列為全國第一。

1939 年 11 月 17 日，為截斷我西南國防交通線，日寇在防城、北海登陸，進佔欽州，發起對華南的攻擊。11 月 24 日，號稱「鋼軍」的日軍板垣第 5 師團之中村正雄 12 旅團進佔南寧，一個月後，又攻陷桂南戰略要地崑崙關。12 月 16 日，杜聿明奉命率第 5 軍反攻崑崙關。這是新第 5 軍組建以來第一次參加大規模的戰役，杜聿明要求各師長：「督促本部官兵奮勇向前，一舉消滅敵人的」鋼軍，「打出我們第 5 軍的威風來，讓日本鬼子知道中國機械化部隊的利害！」18 日拂曉，在戰車、炮火掩護下，第 5 軍對崑崙關守敵發起猛烈攻擊。鄭洞國榮譽第 1 師擔任主攻，與日寇展開白刃戰，首先佔領了仙女山。當夜各部乘勝進行夜襲，佔領了崑崙關。可是，19 日午後，日軍在大批飛機掩護下發動反攻，崑崙關又被敵奪去。此後，雙方反覆爭奪，傷亡慘重。杜聿明親臨前沿陣地指揮戰鬥，他運用靈活戰術，機動作戰，隨時調整作戰部

署，成功地包圍了崑崙關之敵。日軍憑著「鋼軍」武士道精神和所佔優勢地形，頑固抵抗。杜聿明經過縝密的分析，決定採取「要塞式攻擊法」，穩紮穩打，縮小包圍圈，一口一口地吃掉敵人。從 23 日起，敵雖增援 2 個大隊的兵力，旅團長中村正雄親自督戰，也不能挽回敗局，反被當場擊斃。第 200 師師長戴安瀾親自督軍奮戰晝夜，前赴後繼，終於奪取了界首陣地。31 日，邱清泉新 22 師以淩厲攻勢突入崑崙關，這次戰役遂以中國軍隊的重大勝利而告結束。日軍 1 個旅團長、2 個聯隊長、3 個大隊長被擊斃，班長以上軍官死亡達 85% 以上，士兵死亡 4000 人，被俘 100 餘人。旅團長中村正雄臨死前在日記本上寫道：「帝國皇軍第 5 師團第 12 旅團，之所以在日俄戰爭中獲得了『鋼軍』的稱號，那是因為我的頑強戰勝了俄國人的頑強。但是，在崑崙關，我應該承認，我遇到了一支比俄更強的軍隊……」。崑崙關戰役結束後，杜聿明在巍峨的崑崙關上建了一座「陸軍第 5 軍抗日陣亡將士紀念碑」，含著熱淚親筆楷書了 400 字的悼念碑文。他對記者們說：「這次抗戰勝利……需要著重宣傳的是，本軍是民眾的武力，民眾是本軍的父老，本軍的勝利，其實也是民眾的勝利。

　　在崑崙關戰役後鄭洞國調升第 8 軍軍長，帶走榮譽第 1 師。第 5 軍由廣西移駐雲南，第 96 師（師長余韶）調歸其建制。1942 年 3 月，根據中英兩國政府簽訂的「中英共同防禦滇緬路協定」及英方請求，國民政府令第 5 軍、第 6 軍、第 66 軍組成中國遠征軍第一路軍，開赴緬甸對日作戰。3 月上旬，第 200 師到達同古，接著便在此與日軍發生第一次惡戰，殲敵五千餘人，在中國遠征軍史上寫下光輝的一頁。由於孤軍深入，日軍兇悍，第 200 師被迫撤退。新 22 師繼而在斯瓦戰役中重創日軍第 55 師團。4 月中下旬，第 96 師又在平滿納抗擊日軍兩個師團的猛烈攻擊，雖傷亡甚重，但陣地始終未被敵人突破。因中美英三方在戰略上的矛盾及指揮上的混亂，導致中國遠征軍第一次入緬作戰失利，並於 4 月底開始撤退。第 5 軍的第 200 師、96 師歷盡磨難，撤回國內；而第 5 軍軍部、新 22 師及第 66 軍的新 38 師則撤退至印度。這次撤退損失慘重，第 200 師師長戴安瀾在指揮部隊撤退中不幸中彈，壯烈殉國。團長柳樹人陣亡，第 96 師副師長胡義賓、團長淩則民為掩護主力安全而犧牲。噩耗傳來，舉國悲慟，蔣介石親自為其舉行葬禮，中共領導均打電報表示哀悼。第 5 軍在出國作戰前共有四萬兩千人，戰鬥中死傷七千三百人，而在撤退中死傷竟達一萬四千七百人，其中絕大多數又是在穿越緬北野人山中丟掉性命的，當時的情景實在是慘不忍睹。許多將士後來回憶談起那段遭

遇時，仍不免爲之動容。8 月，杜聿明率殘部回國。

第 5 軍的第 200 師和 96 師撤回國後進行了大休整，並補充了大批兵源。1943 年初，第 5 軍擴編成第 5 集團軍，杜聿明爲總司令，邱清泉就任第 5 軍軍長，下轄劉觀龍 49 師、黃翔 96 師、高吉人 200 師，駐防昆明城郊。同年 10 月，該軍開始接受美式裝備。1944 年 5 月，爲打通滇緬公路，邱清泉奉命率第 200 師赴滇西作戰，並於次年元月配合友軍攻克畹町城，打通了滇緬公路。該軍參加涵北、滇西會戰，屢立戰功。

抗戰勝利後，第五軍奉蔣介石之命繳了龍雲部隊的械，從而結束了龍雲對雲南的控制。這期間羅又倫、廖慷先後擔任過第 200 師師長一職，羅又倫還擔任過 49 師師長一職。10 月初，杜聿明奉蔣介石之命用武力把「雲南王」龍雲趕下了臺，得罪了龍雲。於 10 月 16 任命他爲東北保安司令官，接收東北，調離雲南。

內戰暴發，1945 年 11 月 15 日，杜聿明率六個軍向山海關進攻，次日破關而入，一直打到錦州。國共兩軍不斷增兵，仗越打越大，雙方主帥杜聿明和林彪，都是當年黃埔學生，杜爲一期生，林爲四期。在解放戰爭中邱清泉爲第二兵團司令，轄第 5 軍，軍長爲熊笑山。在蘇魯戰區參加內戰，被解放軍聚殲於永城，邱清泉戰敗自戕，熊笑山化妝逃脫。後重建的第 5 軍高吉人爲軍長，由福建撤退到臺。

第六軍　增援崑崙　出征緬甸

該軍建軍較早，程潛爲軍長。第 6 軍在北伐開始後，補充新兵 5 個團。1927 年 3 月間，第 6 軍攻佔南京，蔣介石調虎離山將該軍擠出南京，將第 6 軍 17、18 兩師開往江北，密令何應欽和賀耀祖解除共產黨人較多的第 19 師的武裝，遂在該軍「清黨」。17 師師長楊傑爲軍長改番號第 18 軍（後番號又轉爲桂軍）。6 月間，程潛在漢口重建了第 6 軍，經整理訓練，很快又成了勁旅。但是 1927 年又被蔣介石將第 6 軍繳械。

抗戰初期甘麗初第 93 師隨 75 軍參加徐州會戰，守備魯南沿運河防線。後期隨孫連仲轉移到六安、潢川一帶整頓。整頓後 93 師升格爲第 6 軍，甘麗初爲軍長。曾參加武漢保衛戰，守衛大冶、黃石地帶。戰後退到永安整頓。1939 年擴爲三個師，即原 93 師，師長呂國銓；49 師，師長李精一；預備第 2 師，師長陳明仁。11 月率隊增援崑崙關戰場，守衛邕江北岸。對崑崙關大捷起到積極作用。

　　1942 年甘麗初奉命率第 6 軍參加中國遠征軍打通中印公路戰役。轄彭璧生 49 師、呂國銓 93 師、陳勉吾暫 55 師。太平洋戰爭爆發後，中國同蘇、美、英、法等國結成反法西斯統一戰線。是年 1 月，在美、英兩國建議下，設立中國戰區統帥部。3 月，日軍進攻緬甸，英國守軍告急。中國以陸軍第 5、第 6、第 66 軍共 10 萬餘人組成中國遠征軍第 1 路，在司令長官羅卓英指揮下，進入緬甸與盟軍並肩作戰。第 6 軍 49 師彭璧生部先開到滇緬路擔任護路，第 5 軍也開入雲南楊林、沾益、曲靖等處。不久蔣介石在雲南成立軍事委員會駐滇參謀團，以林蔚任團長，並成立昆明防守司令部。接著第 6 軍 93 師陸續開往車裏、佛海佈防。日軍攻陷東吁後，以第 56 師團分向毛奇、雅多進攻。第 6 軍先後在毛奇、壘固、和榜、雷列姆地區阻擊日軍，並在薩爾溫江以東的緬泰邊境地區，對日軍進行作戰。日軍於 24 日攻陷雷列姆後，旋即分兩路向臘戍突進，第 66 軍逐次回援，節節失利，日軍直向中國國境逼進。此後，退回滇西的遠征軍與滇西第 11 集團軍各一部在龍陵、騰沖地區對日軍實施反擊，以一部進入日軍後方游擊，主力逐次退回怒江東岸，與日軍隔江對峙。至 9 月 16 日，戰役結束。此戰，遠征軍經一個多月作戰，在保衛東吁、解救英軍諸戰中，英勇頑強為世人所讚譽。但由於出國時機過晚，盟軍作戰缺少協同，多頭指揮等原因，甘麗初逐次使用兵力，對當面之敵始終不明。使遠征軍始終處於被動態勢，未能達成戰役企圖。第 6 軍 25 日以後，即向景棟方向撤退，隨後撤到滇南打洛等地。回國後殘部納入第 8 軍（後李彌為軍長），甘麗初已調為 93 軍軍長。

　　1944 年黃杰任第 6 軍軍長，轄顧葆裕預備第 2 師、高吉人 200 師、洪行新編 39 師。在滇西作戰中曾攻克芒市。第 6 軍的新編第 39 師亦南下到達松山附近，此時惠通橋經搶修通車，汽車日夜輪送彈藥於敵陣前數百米。7 月 4 日以後，遠征軍開始第二次攻勢，佔領了日軍前沿陣地，還有空軍配合，松山日軍傷亡驟增。但遠征軍仍未能繼續前進。

　　抗日戰爭勝利後，軍隊整編，由青年軍三個師編成第 6 軍。霍揆彰、劉安祺、羅又倫先後為軍長。內戰中在東北被擊潰。重建軍於海南逃臺。

第七軍　首戰淞滬　再守大別山

　　該軍屬桂軍系統。第 7 軍北伐時李宗仁為軍長，在湖南、湖北、江西等地收編了軍閥舊部，擴充了自己的實力。抗戰開始時原駐廣西宜山一帶，奉命北上抗日。原到海州構築工事。10 月中軍長周祖晃帶領徐啟明 170 師、楊

俊昌 171 師、程樹芬 172 師，到上海參加淞滬保衛戰，屬廖磊 21 集團軍。淞滬戰事發生後月餘，始到達上海，與敵對峙於北站、劉行、瀏河之線。又守衛在洛陽橋一帶，接替第 1 軍防務。戰爭十分艱苦，171 師 511 旅少將旅長秦霖在防守毛宅一線時不幸陣亡。第 176 師上校團長謝鼎新率團死守突出部陳行，血戰兩晝夜，全團壯烈犧牲。第 7 軍在上海苦戰月餘，於 1 月 12 日開始撤退，經吳興、廣德到達潛山。未參加南京保衛戰，而保存了一些實力。日軍第 13 師團自上海登陸攻南京後，從鎮江、南京、蕪湖三地渡江北上，與津浦北段日軍遙相呼應，企圖打通津浦線，南北夾擊，一舉攻下徐州，周祖晃第 7 軍和劉士毅第 31 軍在淮河一線據守，第 7 軍仍轄 170、171、172 三個師，參加了英勇頑強的淮河阻擊戰。2 月 5 日，日軍強渡淮河，于學忠第 51 軍和張自忠第 59 軍先後奉命趕來增援。日軍大部回援淮南，淮河正面遂成對峙狀態，從而打破了日軍南北夾擊的計劃，為臺兒莊大捷奠定了基礎。

在參加武漢保衛戰以後，長期在大別山進行游擊戰。1938 年春，安徽省省會安慶淪陷，

第五戰區司令長官兼安徽省政府主席李宗仁，將省會遷到立煌縣城〔今金寨縣城關鎮〕。第 7 軍新任軍長為張淦，軍部駐六安獨山鎮。所轄 171 師（師長曹茂琮）駐皖東，172 師（師長鍾紀）駐六安。170 師調出，又調入 173 師（師長栗廷勳）駐立煌南莊畈，第十縱隊（司令柏承君）駐皖東。1942 年 12 月，日軍發動了大別山戰役。5 日，日軍主力撤離後，只在立煌附近留下了少量漢奸和掩護部隊與第 7 軍相持，立煌市區成了一座空城。8 日，171 師會同 189 師、56 師和戰幹團會攻立煌，未經激烈戰鬥即進入市區。中國軍隊官兵駐足立煌街頭，看到的是滿目瘡痍，到處是殘垣斷壁，屍骨遍地；更有甚者，日軍把城中「慶祝元旦」的標語改成了「慶祝完蛋」。面對此情此景，在場的人皆泣不成聲。

解放戰爭中，在衡寶戰役中被殲。

第八軍　守衛滇西　松山勝敵

北伐時建軍，原屬湘軍。第八軍由湘入鄂後，竭力招募吳佩孚潰兵，又得到漢陽兵工廠的軍械，遂新編了 31 個團。到 1927 年 1 月間，由原 2.6 萬餘人驟增至約 6 萬人。2 月上旬，第八軍擴編為 3 個軍：第 8 軍、35 軍和 36 軍。唐生智主軍，下屬師長有李品仙、劉興、何鍵、夏斗寅等。共產黨人彭德懷、

黃公略、滕代遠等曾率該軍部分軍人起義，稱爲平江起義。該軍在抗日戰爭中有三次大的變化：

抗戰期間第 8 軍爲新建軍，與前者無延續關係。淞滬抗戰時，稅警總團團長黃杰被任命爲第 8 軍軍長，並配屬鍾松 61 師。61 師本屬張治中第九集團軍，因 1932 年鍾松曾是黃杰屬下的旅長，便於指揮，負責右翼守備蘊藻浜、蘇州河一線。所部傷亡慘重，總團第二支隊司令孫立人（後爲新 1 軍軍長）受重傷。1938 年夏參加豫東會戰，轄羅歷戍 40 師和柏輝章 102 師防守歸德（今商丘），黃杰因作戰不力被免職並監禁半月。

第二次：1938 年夏第 3 師師長李玉堂升任第 8 軍軍長，參加南昌作戰，除轄原第 3 師外（師長趙錫田），又轄丁炳權 197 師。第 8 軍駐防湘贛鄂邊區年餘，地形熟悉。在冬季攻勢時暫由第 27 集團軍指揮，負責集團軍右翼的通山方面攻勢，期能將通山當面的日軍逐退，而與白霓橋方面的第 20 軍協力圍殲該敵。12 月 12 日拂曉，第 8 軍李玉堂軍長命令第 197 師由通山出發，進攻城郊北山腦。次日，第 3 師第 8 旅仰攻芭蕉嶺，第 9 旅力克屏風山，兩路出擊。日軍驟遭奇襲，頗爲慌亂，回過神來之後立即全力反撲第 197 師，第 197 師抵擋不住退往通山。第 3 師趙錫田師長此時準備以第 8 旅與第 9 旅兩路鉗擊日軍，但右翼第 197 師被擊退之後側翼曝露，不得不在新豐原地佔領陣地。日軍第 40 師團一部隨後趕到新豐，第 3 師奮勇迎戰，守住新豐陣線。12 月 17 日，第 8 軍改歸第 30 集團軍指揮，在芭蕉嶺一線與日軍相持。但此時戰役的焦點已轉往大沙坪，通山方面的戰事逐漸沉寂。第 3 師隨後也調往大沙坪戰場。1940 年 7 月 1 日改番號爲第 10 軍，李玉堂改稱第 10 軍軍長

第三次：第 5 軍副軍長鄭洞國 1940 年被任命爲新 11 軍軍長，旋即改番號爲第 8 軍，其骨幹是榮譽第 1 師，以及王伯勳 82 師、熊綬春 103 師。又是第 8 軍的一個新階段。後駐守長江南岸，曾在反攻宜昌戰役中，擊毀敵機多架。1943 年何紹周任軍長開赴雲南，裝備美械，參加滇西作戰。1944 年開赴龍陵增援遠征軍。司令長官部急派第 8 軍主力第 82 師和第 103 師從昆明奔赴松山，衛立煌偕宋希濂和美國竇恩准將親自到松山前沿視察。7 月 20 日，第 8 軍組織了一個非常堅強的尖兵團，由師長暫任團長，團長暫任營長，各級軍官依次下降，開始第三次攻勢，8 月 2 日佔領了幹路子陣地。日軍失去了幹路子陣地後，金光守備隊長爲提高守備隊的士氣，選精幹士兵 28 名組成挺進破壞班，身著中國便衣趁夜襲擊遠征軍炮兵陣地，有數門山炮被毀。此後遠征

軍仍以優勢炮火在戰鬥機掩護下主攻關山陣地。同時從 8 月初開始,以 20 天左右時間掘坑道至日軍關山陣地之下,使用 3 噸ＴＮＴ黃色炸藥施行大規模爆破,至此松山日軍核心堡壘完全摧毀。9 月 7 日下午,隱匿山林的殘敵全部肅清,於 9 月 8 日克松山,殲日軍炮兵第 56 團一部。第 8 軍主力經 3 個多月的圍攻,為時 3 個多月的松山戰役始告結束。當日,東京廣播電臺稱:「臘猛(松山)守軍全員玉碎。」當年 10 月何紹周升任集團軍副總司令,榮譽第 1 師師長李彌升任軍長,開往滇東休整。

解放戰爭在淮海戰役中第 8 軍被擊潰,又轉戰到雲南。1949 年雲南指揮官盧漢決定起義後,12 月 10 日盧漢迫使李彌、余程萬、沈醉等發佈手令,命令國民黨中央軍及軍統特務停止一切的活動,服從盧漢的指揮。但是,第 8 軍和第 26 軍並沒有執行手令,從 12 月 16 日起,三面包圍昆明,全面發起攻勢。盧漢指揮昆明軍民,開始了艱苦的昆明保衛戰。由於戰況危急,盧漢不得已將李彌、余程萬、石補天釋放。他們出去之前都滿口答應,歸隊後一定制止部隊攻打昆明。但是,他們出爾反爾,歸隊後不但沒有停止對昆明的進攻,反而打得更加激烈。國民黨軍一度進佔昆明飛機場。1949 年 11 月下旬,先後流竄到雲南的蔣軍嫡系部隊,除了由湯堯率領的陸軍總部和直屬部隊外,還有剛剛拼湊起來的第六編練司令部。該司令部由淮海戰役中化裝逃逸的李彌任司令官,余程萬、曹天戈、傅克軍任副司令。下轄第 8 軍,軍長曹天戈,駐沾益;第 26 軍,軍長余程萬(後彭佐熙)兼,駐蒙自。1950 年 1 月解放軍攻進蒙自,活捉了第 8 軍軍長曹天戈。後該軍 170 師師長孫進賢受李彌將軍賞識,出任第 8 軍軍長。同月在中緬邊境起義,與第 8 軍一道撤退的第 193 師被阻斷退路,石補天師長大罵孫進賢後舉槍自盡。白雲蒼狗,變幻無常。因為由緬甸戰場退回來的原第 6 軍殘部編入第 8 軍,這部分軍人曾去過緬甸,許多人熟悉當地情況。解放後一個團由李國輝帶領逃到緬甸,建立了國中之國「金三角」。到解放後 1951 年 5 月初李彌殘部曾向雲南推進,5 月底撤回緬甸,傷亡慘重,7 月份李彌的副手呂國銓又率二千部隊攻入滇境,一周後即被打退,徒勞無功。殘軍設一個總部駐孟撒,由李彌任總指揮,柳元麟、呂國銓任副總指揮,錢伯英、杜顯信任參謀長,趙玉甫任政治部主任。下轄 3 個軍區、1 個指揮所、1 個軍、6 個師、16 個縱隊、7 個獨立支隊,共計 18500 人。後來在各方干預下才得以解決「金三角」問題。

第九軍　忻口灑熱血　八戰中條山

北伐時由滇軍第 3 軍分出，軍長為金漢鼎。後黔軍編成第 9 軍，彭漢章任軍長，不久在與唐生智戰爭中被消滅，彭本人亦被處決。最先來歸附國民政府的是黔軍袁祖銘。1926 年 6 月初，川黔邊防督辦袁祖銘及其 1 師師長王天培、2 師師長彭漢章都派遣代表到廣州接洽，表示願意加入北伐，會同唐生智反攻長沙。7 月中旬，國民政府任命袁祖銘為川黔國民革命軍聯軍總指揮（也稱北伐軍左翼總指揮）兼第 12 軍軍長，彭漢章為第 9 軍軍長，王天培為第 10 軍軍長。國民政府令袁部自貴州出湘西，直搗常德。

抗戰開始。原駐貴州貴陽、遵義、獨山一帶中央系統的 54 師，師長為郝夢齡，於 1937 年 9 月經漢口、石家莊到達太原。10 月參加忻口會戰，為守忻口的主力部隊。54 師升格為第 9 軍，郝夢齡為軍長，劉家麒為 54 師師長。由安徽舒城先期到達的獨立第 5 旅配屬在第 9 軍。11 日李仙洲率 21 師到達陣地，亦配屬第 9 軍。

忻口地勢險要，右托五臺山，左依雲中山，為兩山之間一片河谷。河谷中間矗立一數十米的土山，築有半永久性的工事。中國軍隊在忻口集中八萬兵力，計劃乘敵立足未穩，將阪垣師團消滅於雲中河谷。為確保山西要地，蔣介石令衛立煌率第 14 集團軍四個半師從河北星夜馳援忻口，任衛立煌為前敵總指揮，組織忻口會戰。忻口方面作戰的是第 18、第 14、第 6、第 7 集團軍。是時，衛立煌率援軍第 14 集團軍從平漢線到達忻口後，立即佈署兵力，郝夢齡第 9 軍為中央兵團，戰場主力部隊。與日軍在忻口以北龍王堂、界河鋪、南懷化、大白水、南峪之線展開。從 10 月 13 日起，激戰開始。13 日拂曉，敵以飛機、重炮、戰車掩護步兵五千人連續猛攻忻口西北側南懷化陣地，守軍陣地被突破。守軍以炮兵協同步兵作戰，肉搏衝鋒，頑強抗擊。激戰竟日，陣地終被收復。次日敵又增兵，攻擊愈烈，一開始即成膠著狀態，在忻口南懷化消滅了一個日軍旅團部。15 日，中路守軍展開攻勢行動，正面出擊，阻止敵主力從南懷化突襲忻口的企圖。在紅溝西北、官村以南高地，第 9 軍軍長郝夢齡、第 54 師師長劉家麒、獨立第 5 旅旅長鄭廷珍到前沿陣地奮勇督戰，相繼中彈，壯烈犧牲。21 師師長李仙洲，火線負傷。61 軍軍長陳長捷接郝夢齡任中路前敵總指揮。敵我於南懷化、紅溝谷地間往復拉鋸戰。日本華北方面軍司令官寺內壽一急調萱島支隊等增援忻口，並親臨督戰，於 24 日再次發起猛攻。敵久攻不下，遂採用毒瓦斯、燒夷彈助攻。雙方損失嚴重，每

日傷亡均以千計。如此對陣相抗達半月之久。10月19日夜，劉伯承第129師第769團以一個營的兵力夜襲代縣西南的陽明堡機場，毀傷敵機二十架，殲日軍百餘人。這一壯舉，有力地削弱了敵空中攻擊力量，援助了忻口友軍正面作戰。在忻口戰場鏖戰方酣時，沿平漢線南犯之日軍於10月10日奪取石家莊後，以第20師團之一部向娘子關進攻。10月底，日軍逼近榆次。11月2日夜，奉令撤離忻口陣地，向太原撤退。11月8日夜，太原城北為日軍突入，經過激烈巷戰，傅作義率守軍二千餘人向西山突圍，太原失守。

郝軍長殉國後群龍無首，由第一戰區總司令衛立煌的參謀長郭寄嶠繼任第九軍軍長。忻口放棄後，54師到達河津整頓，原在正定一帶準備列入第9軍的47師也到達洪洞，並未參加忻口之戰。忻口會戰後又轉戰在晉南。該軍算是臨時組成的聯合體。這個軍始終沒有統一連續的系統關係。但是抗日戰爭熱情很高，難能可貴。

1940年47師師長裴昌會晉升為軍長。除轄原有的54師（師長王晉）和47師（師長郭貽珩）外，又調入新編24師（師長張東凱）。一直在晉綏戰區，中條山一帶參加抗日。1942年裴昌會陞遷，由蔣鼎文委陳瑞河為軍長。同年陳瑞河因囤積布匹、電料被查處。後退到黃河南，歸屬第八戰區，韓錫侯為軍長，整頓後的54師師長史松泉，新24師師長夏季屏。只有47師（師長楊蔚）劃歸暫編第4軍，軍長謝輔三（後改番號為27軍）實際兩個軍均納入胡宗南集團。內戰時參加淮海戰役，黃淑、李文曾任軍長。該軍屬中央軍系統。

第十軍　死守衡陽四十七晝夜

北伐時亦由黔軍編成，王天培為軍長。

抗日戰爭前徐源泉為第10軍軍長，原係奉軍張宗昌留下的部隊轄丁治磐41師、徐繼武48師，抗日戰爭開始經過補充後由湖北船運到南京參加保衛戰，守備楊坊山及烏龍山要塞。戰鬥激烈，損失慘重。南京撤退時經周家沙、黃泥蕩兩碼頭渡江，經安徽回到湖北。1938年參加武漢保衛戰，防守潛山、宿松一帶。夥同87軍199師與敵激戰在太湖一帶，在水田中與敵人周旋，殺敵甚眾，促成湖廣大捷。經過南京、武漢兩大戰役損失慘重，而縮編為一個師，保留丁治磐41師，併入蕭之楚第26軍。徐源泉升任第八戰區副司令長官。48師番號被胡宗南編并。徐源泉的第10軍歷史告終。

1940 年原李玉堂第 8 軍改番號爲第 10 軍。該軍裝備精良，戰鬥力強，以善守城著稱。曾三保長沙，血戰常德，死守衡陽，戰績卓著。仍轄原第 8 軍的趙錫田第 3 師及方先覺預備第 10 師、朱岳第 19 師。

該軍所謂三保長沙，第一次是以第 8 軍番號參加的，任務是守衛慕阜山西麓。第二次長沙會戰則是第 10 軍番號，任務是守備嶽麓山及長沙城。

第三次長沙會戰李玉堂第 10 軍防守長沙市區，並指揮長沙的文武官員死守長沙。日本 11 軍在不到三個月，就第三次興兵進攻長沙，是給薛岳抓到一個有利的反擊機會，因爲日軍是採取攻勢作戰，軍隊的疲勞較大，在如此短暫的時間內，無法完成整補，有著疲兵再戰的不利。而薛岳已經檢討了兩次日軍進攻長沙的得失，研擬出一套專門對付日軍深入攻擊的「天爐戰法」，將在長沙附近，對深入的日軍加以圍堵與殲滅的打擊。薛岳下令第 10 軍李玉堂堅守長沙市區，特別在市區的東南高地，布下巷戰的陣勢，並且將重炮兵旅放在嶽麓山，設立了俯視全城的炮兵陣地。蔣介石已下令第 4、73、26、79、99 等軍，兼程回防第九戰區，交由薛岳指揮，準備迎頭痛擊日軍的攻勢。

中國軍隊的奮勇抵抗，日軍在長沙陷在巷戰與肉搏戰之中。由於日軍所攜帶的補給並不充足，攻勢一旦陷入纏鬥的階段，日軍的戰力就迅速地下降。嶽麓山中國軍隊的炮兵陣地，更是發揮極大的殺傷效果。這時攻到長沙的日軍，補給線被切斷，只有靠空投補給品支持。日本新聞發佈爾日軍已經攻陷長沙的快報，竟然成爲全球當時的最大笑話。

這時候，蔣介石下令回防與支持第九戰區的各軍，星夜趕到長沙外圍。薛岳立即讓 73 軍的一個師，先渡江進入長沙市區增援守軍，以提高第 10 軍的士氣，然後下令進入包圍位置的部隊，在 1942 年 1 月 4 日，對日軍發動全線的反擊。日軍 11 軍既無法攻下長沙，腹背又同時受到中國軍隊的打擊，一時之間，日軍的陣勢大亂。預備第 10 師組織了幾十支敢死隊，在集中 20 多挺機槍，身綁炸藥，趁著日軍還沒有穩固陣地時，向他們攻擊，然後拉響炸彈，與日軍同歸於盡。雙方白刃拉鋸 11 次，奪回了陣地。該處防線 28 團除 50 餘人生存外，其餘官兵全部壯烈殉國！日軍的補給不足，又沒有足夠的第二線預備隊兵力的支持，於是日軍一路退，一路被打，跌跌撞撞地到處找渡河口，卻到處遭到中國軍隊的攻擊，情形既危急又狼狽。日軍的第 6 師團，一度被中國軍隊圍住，幾乎彈盡援絕。阿南下令日空軍動員一切力量支持，加上第九混成旅團的捨命奔襲，才救出了第六師團。從汨水到新牆河，只有

短短的八十公里，敗退的日軍在遭到中國軍隊一波又一波的攻勢下，全靠著日本空軍不斷的緊急支持，足足走了八天才得脫困，這是日軍在中國戰場中，遭到比在臺兒莊還要淒慘的敗仗。日本的 11 軍在幾年之內，都不敢再對長沙進行任何重大的攻擊。

1943 年 11 月第 10 軍又參加常德會戰，由衡山出擊以解救被圍困於常德 74 軍的 57 師。此時李玉堂升任 27 集團軍副總司令，方先覺任第 10 軍軍長，孫明瑾爲預備第 10 師師長。第 190 師僅留第 569 團一營繼續與敵對峙，師主力兩路縱隊鑽隙向蘇家渡推進；第 3 師也只留兩營與敵膠著，主力直接沿德山大道奮勇推進；預 10 師負責掩護第 3 師側翼，直接向當面之敵發起攻勢，衝退正面第 3 師團達數里，惡戰一上午，前鋒兩個團退下僅編成三個營。

在第 10 軍全力進攻之際，第 3 師團主力被預 10 師衝退，山本三男師團長因此誤判預 10 師爲第 10 軍攻勢主力，於是立刻重整主力反撲，與預 10 師激戰。第 10 軍眞正主攻的德山方向反而開了大門，第 3 師周慶祥師長抓緊機會，大膽鑽隙前進，在一晝夜間，竟強行百餘華里，直逼德山。第 9 團團長張惠民上校親率官兵與敵肉搏，在十個小時之內完全攻克德山，與第 57 師只一水之隔。周慶祥師長則親率第 7 團衝進日軍第 68 師團司令部駐地薛家鋪，佐久間師團長率幕僚狼狽逃出，丟下一個後方醫院。第九戰區薛岳長官聞報，見機不可失，直接命令第 3 師組敢死隊千名衝進常德。周慶祥師長立即以第 7 團全力推進，該團一舉擊破日軍第 68 師團陣地，衝到江畔的常德汽車南站，與常德主陣地僅一江之隔。但此時已經聯絡不通，而且中國軍隊缺乏支持快速渡河的戰鬥工兵，無法與守城部隊會合。該團隨後即遭敵大舉圍攻，只得在河邊趕築陣地堅守。此役孫明瑾師長被伏擊陣亡，副師長李拔夫代行其職。據日軍戰史記載，日軍第 234 聯隊在清掃戰場時，尋獲一具著國軍高級將官制服的軍官遺體，於是強迫一名負傷被俘的國軍上尉指認。上尉一見即稱不認得此人，但已淚水盈眶。圍觀日軍異之，正要再問時，上尉已撲身向前，痛哭失聲。孫明瑾師長遺體被日軍尋獲後，該聯隊長以軍禮禮葬。

12 月 1 日，第 10 軍第 3 師此時衝到常德南站，並派出一位聯絡參謀入城，通知余程萬師長德山已經克復。余師長立派步兵指揮官周義里上校出城聯絡，但正逢日軍第 3 師團阻擊，無從建立連繫。第 3 師無法判斷第 57 師殘部位置，也無從及時馳援將這支身經百戰友軍救出。岩永汪師團長知道常德的攻取干係整個皇軍的顏面及第 11 軍的命運，在最後關頭，不惜血本，不斷組

織人海波狀密集衝鋒，而且將平射炮推上第一線，逐一轟毀國軍碉堡陣地。中國軍隊憑藉少數殘破房屋建築及工事應戰，並不斷以排級部隊逆襲，意圖以白刃戰彌補彈藥之短缺，甚至組織火網防空，再度擊落日機一架。日軍越牆鑽隙，瘋狂進攻。12 月 2 日，第 171 團團附盧孔文中校及第 169 團楊維鈞營長率部衝鋒格鬥，先後殉職。各團僅餘戰鬥兵數班，全師掌握中僅三百餘人，步槍四十餘支。

在常德會戰之後，檢討軍事過失第 73 軍軍長汪之斌中將被撤職，此後即調任地方行政職位。另一位被撤職的軍長是方先覺將軍。這位長沙會戰的英雄，在會戰結束後仍難脫保存實力之嫌，電話中又與薛岳頂撞，與第 190 師朱岳師長同時被撤職。方軍長被撤職後，繼任軍長陳素農始終未到差，方將軍也就暫代軍長半年。直到長衡會戰前夕，又恢復第 10 軍軍長職位，率師死守衡陽。

日軍於 1944 年 5 月 26 日發動這次「長沙──衡陽」戰役的。日軍為打通粵漢路中段並進而打通湘桂路、粵漢路南段，攻佔華南的中國機場，向長沙、衡陽方向進攻，中國守軍先後以三四十萬兵力應戰，但未能阻止日軍攻勢。

6 月 18 日，長沙失陷，日軍繼續南下，逼近衡陽。衡陽是極為重要的戰略要地，是粵漢和湘桂兩條鐵路的聯結點，又是東南空軍基地和西南空軍基地的中間紐帶。日軍採取迂迴包圍的戰術，繞道南下，合圍後於 6 月 22 日發起總攻，戰至最後，日軍死傷兩萬人，衡陽 1.8 萬名守軍所剩不足千人。整個長衡戰役，日軍傷亡 6 萬餘人，中國軍隊傷亡 10 萬餘人。經過 47 天的戰火，衡陽守軍陣地前，中、日兩軍的屍體堆積如山，城內街市已成為一片廢墟，全市 5 萬多幢房屋全遭摧毀，財產損失計達 5701 億元法幣，被槍炮擊斃者近 3 萬人，傷殘者 2.5 萬人。因受毒氣、細菌瘟疫而死者達 3 萬人。8 月 8 日，堅守了 47 天的衡陽城終於失守。在日軍飛機轟炸、大炮轟擊、燃燒彈和毒氣彈交加施放下，最後一批守軍又死傷大半。彈藥和糧食倉庫已早在 20 天前被日軍燃燒彈燒毀，援軍遲遲不能趕到，城裏的死馬、死貓、死狗肉也被吃光，有些士兵已開始熬煮皮帶充饑，大批傷兵得不到及時醫治而死亡，彈藥也早已盡絕。迫不得已，軍長方先覺下令停止抵抗。衡陽之所以近乎毀滅，是因為衡陽保衛戰是整個豫湘桂戰役中孤軍守城堅持時間最長，抵抗最頑強，廝殺最殘酷的戰鬥。

在死守衡陽四十七天中，給進攻的敵軍以重大殺傷，擊斃敵軍中將志摩源吉、少將和爾基隆。第 10 軍也幾於全軍覆沒，方先覺及其師長投降（後逃脫）。方先覺軍長在城破之際，口授給校長（蔣介石）的訣別電。據方軍長的侍從參謀回憶，方先覺將軍在這個時候，手裏握著一份委員長訓詞，軍長讀著訓詞，熱淚盈眶。在口授訣別電後，方軍長即舉槍自殺，被他身邊的警衛將槍奪去。衡陽隨後豎起白旗，第 10 軍的輝煌戰史，自此而止。

衡陽淪陷後，日軍的鐵蹄踏進了一片焦土廢墟的市區。他們對尚來不及撤離的居民和倖存的少數店鋪，繼續燒殺、搶、劫，對那些因寡不敵眾而放下武器的國民黨軍俘虜，則進行非人的折磨和虐待。日軍先是將戰俘集中在一所院場裏，爾後，又將這群饑渴交迫的囚徒，一批批地驅往四處，頂著烈日服苦役和運送物資。日軍還押著戰俘將死難者的屍體一堆堆地集中坑埋，甚至還將一些尚在呼吸的受傷者活埋。至於被俘的傷員，則被集中關在船山中學，日軍既不給醫藥，也不給飯吃，致使他們大部分死亡。由於市區破壞慘重，滿足不了侵略者欲望，日軍又把魔爪伸向城郊，燒殺淫虜，無所不為。

突圍官兵集中巴縣重新整頓軍隊，趙錫田任軍長。內戰中被解放軍殲於曹縣境內。後在江西南城重建，張世光為軍長。在廣東戰役被擊潰，殘部去臺。

第十一軍　不顯山露水的軍

北伐時江西督辦方本仁覺察到孫傳芳對己不利，乃派代表與國民政府接洽。孫得知後，便任鄧如琢為贛軍總司令，使鄧逐方。方離贛赴滬，國民政府委詹大悲為駐滬代表，與方接洽江西問題。6 月初，方與詹同赴廣州。8 月10 日，國民政府委任方為江西宣撫使兼國民革命軍第十一軍軍長。

1926 年 11 月下旬，第 10 師擴編為第 11 軍，原師長陳銘樞升任軍長兼武漢衛戍司令。中原大戰以後 11 軍改番號為 19 路軍，奉命駐守上海。當時的總指揮已經是蔣光鼐，副總指揮兼軍長是蔡廷鍇。較有名的高級將領還有戴戟（時任淞滬警備司令，師長）、翁照垣（旅長）等，部隊將士多為粵籍，雖個子矮瘦者居多，但大多善戰頑強，北伐時已經赫赫有名，一路奪關斬將，功勳卓著。雖不是蔣介石的嫡系王牌部隊，但在戰鬥力方面，絕不遜色於所謂的中央軍。19 路軍在此次直接和日軍交鋒時，當天就把日軍打得找不著北，到 29 日淩晨 3 時許，一度被鬼子攻佔的天通庵站復歸我軍之手，此處的日軍被全殲。這天，日軍死傷人數超逾 800 名，3 輛鐵甲車被 19 路軍繳獲，1 輛被毀。

國民革命軍第 11 軍第 24 師在「四‧一二」之後，葉挺由第 4 軍第 25 師調來擔任該師師長。該師轄 70 團、71 團、72 團。中國共產黨從 73 團抽調一部分人員作爲 24 師的骨幹，如調許繼愼擔任 72 團團長，宛旦平、黃克健、袁也烈分任第 1、2 營營長。同時，黨還在該師成立了一個補充團和一個教導隊。後來，葉挺率部離開武漢，準備參加南昌起義時，升任第 11 軍副軍長兼 24 師師長。後來，24 師全部參加了南昌起義。八一南昌起義時，葉挺爲軍長，率領的國民革命軍第 11 軍第 24 師司令部即設在一所學校。1927 年 7 月 30 日下午 2 小時，葉挺在會議室召開了 24 師營以上及師直機關的軍官會議，傳達了黨的起義決定，部署戰鬥任務。起義中，葉挺指揮第 24 師主攻駐守在天主教堂、貢院、新營房一帶的三個團的敵軍。起義軍所向披靡，連戰皆捷，又一次顯示了「鐵軍」的威力。起義勝利後，葉挺任起義軍前敵代總指揮兼第 11 軍軍長，這個指揮部也就成了整編後的第 11 軍指揮部。

抗日戰爭時期，可能是以上幾個方面緣故，很像忌諱使用 11 軍番號，自始至終不顯山顯水。1938 年第 200 師（五團制，20000 餘人），以原團長杜聿明擔任該師首任師長。該師爲我國第一個機械化師。4 月，5 月，該師抽調戰車營、工兵營、裝甲汽車隊、高射炮隊、摩托搜索隊、戰防炮營、步兵營各一，組成突擊軍第 1 縱隊，由副師長邱清泉率領北上開赴蘭封與日軍作戰。是月下旬，該縱隊在貴李寨、羅王寨、三義寨等地初露鋒芒，配合友軍擊退日軍土肥原師團，收復圈頭水口、三義寨等地。6 月，該縱隊轉移開封，既而移駐鄭州。9 月在信陽配合友軍作戰。11 月，該師擴編爲新編第 11 軍，其所屬機械化部隊全部改爲軍部直轄部隊，該師降級爲步兵師（9000 餘人）。師長杜聿明升任新 11 軍副軍長，以第 89 師副師長戴安瀾繼任師長。改編後該師開赴廣西全州整訓。1939 年 2 月改稱第 5 軍，徐庭瑤爲軍長。杜聿明仍爲副軍長，4 月升爲軍長。又 1940 年第 5 軍鄭洞國榮譽師分出時曾用過新編 11 軍番號，時間很短就改爲第 8 軍。到解放戰爭期間西北馬宗光任 11 軍軍長，在寧夏率部起義。

第十二軍　魯軍主力　轉戰豫鄂　潰於襄城

任應歧部是從樊鍾秀建國豫軍中分化出去的，1926 年被吳佩孚收編，但與樊一直保持密切聯繫，同吳若即若離。當北伐軍向武勝關追擊時，任即在鄭州宣佈獨立，反對吳佩孚，並派代表向樊請願投誠，共同討吳，得到樊的

允許。同時派代表到武漢與北伐軍接洽。9 月中旬，蔣介石任命任應歧爲國民革命軍第 12 軍軍長

七七事變後，第 12 軍爲山東韓復榘三個軍的主力，其它爲 55 軍、56 軍。12 軍的軍長爲孫桐萱。

以前，孫桐萱駐兗州時任第 3 路軍 20 師師長。這個師轄有三個正規旅，還有直屬的炮兵團、輜重營、騎兵營、工兵營等，有一萬四千餘人，是韓復榘所轄五個師中最有實力的甲種師，因此深得韓復榘及蔣介石的重視。據說蔣介石爲控制韓復榘，拉攏孫桐萱，便授意財政部長孔祥熙，把山東煙草稅收的一部分交孫桐萱管理，因此孫部經費軍餉較充裕。加以孫桐萱本人治軍有方，紀律嚴明，所以孫部駐兗期間沒有發生過騷擾百姓、尋釁滋事一類事情，而且他還主動協助地方在社會治安、市政建設等方面做了一些好事。

李宗仁在指揮津浦路南段艱難抵抗由南京北進之敵的同時，又積極阻截華北日軍南下。津浦路北段保衛戰，原由第五戰區副司令長官兼第三集團軍總司令韓復榘指揮。他的部隊轄五個師又一個旅。以孫桐萱、李漢章兩師擔任濟南以北黃河防務，以谷良民師擔任膠東煙臺及周村以北黃河防務；曹福林、展書堂兩師在魯北駐防；手槍旅警戒濟南。豈知駐紮魯境的韓復榘，大敵當前，還爲保存實力打小算盤。10 月，在冀、魯戰場正處於緊要關頭時，蔣介石卻以加強淞滬戰場爲名，將輔助山東防守的一個重炮旅撤走。韓復榘得知後大怒，急令展書堂連夜回撤，致使第六戰區的形勢由勝轉敗，德州、寧津等地相繼失守，馮玉祥憤怒地向南京告韓復榘的狀。

11 月中旬，日軍逼近黃河北岸，韓部官兵義憤填膺，一再要求出戰，韓復榘被迫親自率曹福林、李漢章、展書堂等師渡河迎戰。與日軍進行連日激戰，傷亡慘重。當時，韓復榘派人給妻子高藝珍送去一信，說「生死存亡難以預料」，請高藝珍照顧好孩子，使高藝珍讀後大哭。其後，韓復榘拼死從濟陽突圍而出，下令撤退河北防線，拆毀黃河大鐵橋，改在黃河南岸設防。日軍很快就逼進到黃河北岸，但並未渡河，只是隔岸與韓軍對峙。韓復榘也不出擊，第五戰區司令長官李宗仁再三催促亦無濟於事，結果，日軍在攻下南京後，對濟南發起攻擊。日軍僅有千餘人渡過黃河，而韓復榘有三個軍十幾萬人，爲保存實力，竟放棄濟南，向南退卻，使日軍長驅直進。12 月 23 日，日軍一部攻陷延安鎮、歸仁鎮後，韓未戰而走，造成了嚴重後果。27 日，濟南失守，日軍由博山、萊蕪迂襲泰安。1938 年 1 月 1 日，泰安落人日軍北方

軍第二軍礬谷廉介之手。韓復榘連連喪池失地，致北段津浦路正面大門洞開，使日軍得以沿線長驅直入，給徐州會戰投下陰影。李宗仁有些著急，屢屢致電韓奪回泰安，並以此為根據地阻截南下之敵。韓對李的命令置若罔聞，一錯再錯。4日，佔領曲阜、兗州。8日，佔領濟寧。韓復榘退到魯西曹縣一帶，方才安下陣腳。隨後日軍渡河進攻，韓復榘在幾天內丟失山東省大半，次年1月11日被捕，24日被槍決。此舉有效地震懾了那些保存實力、不顧大局的地方將領。孫桐萱升任第3集團軍總司令兼12軍軍長，轄張測民20師、展書堂81師。後谷良民56軍被裁併，時同然22師亦歸併該軍。

　　為確保徐州地區的安全，李宗仁命孫桐萱部向運河以西推進，襲取濟寧、汶上的日軍據點，以牽制敵人主力。孫部第22師負責攻取濟寧，於2月12日晚由大長溝渡運河，14日晚有一小部攀登入城，雙方短兵相接，血戰數日，終因敵我雙方力量懸殊，入城部傷亡極大，17日晚撤至運河西岸。與此同時，第12軍81師也直取汶上，於12日晚由開河鎮渡運河，一部由城西北攻入城內，與日軍進行激烈巷戰，終因人少勢弱，損失嚴重，13日奉李宗仁之命撤向運河西岸。19日，日軍攻陷安居鎮，22日突破曹福林第55軍陣地。25日，日軍突破杏花村陣地，守軍被迫撤至相里集、羊山集、巨野一線。但李宗仁在這一線布置大量兵力，不斷側擊北段南下之敵，使敵軍在這一帶徘徊不能南進，暫時穩定了戰局，擺脫了危機。在整個臺兒莊戰鬥期間，第3集團軍遵照第五戰區的命令，以有力部隊滲入到兗州以北地區進行游擊作戰，以配合臺兒莊的作戰：3月23，第12軍的第81師夜襲兗州，殲敵一部，並將兗州以北鐵路破壞；3月26日，第55軍的第29師炸毀大汶口鐵路多處，使日軍列車脫軌；3月29日，第81師又夜襲大汶口飛機場，炸毀敵機8架，有力地支持臺兒莊會戰。

　　第12軍又先後參加豫東會戰，武漢會戰，並多次與日軍激戰於長沙、常德一帶。日軍波田支隊於1938年8月10日由瑞昌東北之港口登陸，遭孫桐萱第三集團軍迎頭痛擊。雙方激戰，日軍不敵，急以第9、第27師團合擊，並配以幾十架飛機攻擊。第三集團軍死戰，雙方激戰14晝夜，日軍以重大代價攻佔瑞昌。並曾收復鄭州，戰績顯著。因長期駐軍平漢路以西，與日軍對峙，保有一定實力。後孫桐萱在重慶被軟禁，賀粹之任軍長。該軍1944年河南會戰時，為掩護湯恩伯主力撤退，死守河南襄城，傷亡殆盡。戰後縮編為81師，成了無娘孩。只得投靠相識的北方軍隊劉汝明68軍，賀粹之改任高參，

失去軍權。塞翁失馬，焉知非福，以後就少作難了。解放後賀粹之安排了鄭州市政協委員，孫桐萱享年 83 歲病逝北京城。

重建 12 軍由依附湯恩伯集團東北軍 57 軍原 112 師師長霍守義任軍長。轄孫煥彩 111 師、王秉鉞 112 師、洪顯成暫 30 師。解放戰爭守兗州，7 月 1 日，山東兵團再次包圍兗州，第 7、第 13 縱隊擔任主攻，由西向東，以老西門、新西門為重點，並肩實施突擊；魯中軍區部隊和第 13 縱隊一部位於城東北及城東擔任助攻。12 日 17 時發起總攻，先以各種火炮進行火力準備，壓制守軍火力，摧毀老西門、新西門城牆及縱深工事；山炮抵近射擊，打開突破口；步兵在炮火掩護下實施連續爆破，連續突擊。至 20 時 30 分多路突破城垣，爾後多次擊退守軍反撲，迅速向縱深發展。守軍見大勢已去，倉皇向東突圍。經 1 晝夜激戰，山東兵團於 13 日 18 時攻克兗州，將城內守軍及突圍的部隊全部殲滅，俘第 12 軍軍長霍守義。

重建的 12 軍後又在上海戰役中受挫，殘部逃臺。

第十三軍　湯恩伯軍系　功過評說

第 13 軍建軍於北伐時期。陳嘉祐、方鼎英都任過軍長，但是因為時局經常動盪，延續性不強，多為重組。1933 年湯恩伯由蔣鼎文部第 89 師師長升為第 13 軍軍長。後來成了湯恩伯發展自己勢力的底班。

1936 年 2 月，紅軍由陝北出發東渡山西抗日。閻錫山任命第 34 軍軍長楊愛源為總指揮，把晉綏軍所有七個師的兵力編為四個縱隊，沿黃河一線設防阻擊紅軍。在第一階段戰鬥中，關上村一戰，晉軍周原健全軍覆沒。閻錫山大吃一驚，深感紅軍的強大，絕非山西一省的力量所能抗拒，便急忙電請蔣介石派兵增援。蔣介石早想把他的勢力伸向山西，便立即答應閻的請求，迅速派嫡系部隊湯恩伯第 13 軍及關麟徵所屬第 25 師經隴海路輸送到豫西，由通晉的各渡口過黃河入晉，沿同蒲路北上增援。另派 32 軍商震部由正太路開到晉中，由陳誠任總指揮，調度一切。中國共產黨為了避免內戰擴大，回師陝北。當年 11 月 5 日，又發生日本策動和指揮偽蒙軍分 3 路進攻綏遠事件。11 月 22 日，傅作義晉綏軍奇襲百靈廟。11 月 24 日晨收復，殲滅偽蒙軍第七師大部。12 月 2 日，擊潰日偽軍 4000 餘人對百靈廟的反撲，殲其 700 餘人，並於 10 日收復大廟（錫林木楞廟），小濱大佐等 20 餘名日本顧問被擊斃，偽蒙軍 4 個旅反正。此時湯恩伯第十三軍正在山西駐紮，隨即派出部隊援綏，支持百靈廟大捷。

　　1937 年 7 月 7 日，盧溝橋事變標誌著抗日戰爭的全面爆發。宋哲元的第
29 軍雖然頑強抗擊，終於無法抵擋。29 日北平淪陷，30 日天津淪陷。8 月 8
日，日寇獨立第 11 旅團進攻南口，日軍的中國駐屯軍和關東軍察哈爾派遣兵
團進攻張家口。湯恩伯率第 13 軍第 89 師堅守南口七天，予敵大量殺傷之後
退守居庸關內陣地。16 日，日軍第 5 師團及第 20 師團一部加入戰鬥。而奉命
增援的衛立煌第 14 集團軍與孫連仲第 26 路軍因日軍層層阻擊兼之洋河水暴
漲未得及時趕到。第 13 軍憑藉居庸關陣地激戰 17 天，以傷亡二萬九千人的
代價，斃傷日軍近萬。湯軍且戰且退，27 日日軍佔領延慶、懷來。而張家口
中國守軍第 29 軍劉汝明部在頑強抵抗日軍進攻後，終於不支，旅長李金田受
重傷。保安第 1 旅旅長馬玉田殉國。8 月 27 日張家口失陷。使居庸關一帶第
13 軍腹背受敵，為免遭日軍合圍全殲，主動撤退。

　　1938 年春進行臺兒莊會戰。湯恩伯的第 20 軍團是 6 個月之前才組建的一
個新軍團，直接受國民政府軍事委員會統轄，下轄第 13、第 52、第 85 三個
軍和一個獨立騎兵團。新的第 13 軍軍長由湯恩伯本人兼任。該軍由張軫 110
師和東北軍檀自新舊部騎兵旅擴編而成。師長張軫在河南焦作組成該師，底
班是由河北前線退回來被裁撤的抗日同盟軍鮑剛獨立 46 旅（鮑剛安排為運兵
分站總監，後因不滿奪其兵權與湯恩伯矛盾激化，被刺殺於隨縣）。還由張軫
帶來了豫西一帶的一個武術大隊，有梭標二百杆，大刀二百把。這支隊伍打
仗有他們的打法，適應夜戰，光膀子打仗勇敢殺敵。所以說當時這個軍很複
雜。第 52 軍為新搭的班子，軍長關麟徵，下轄鄭洞國第 2 師，張耀明第 25
師。第 85 軍才是原在南口抗戰的 13 軍底班，軍長為原 89 師師長王仲廉，下
轄陳大慶第 4 師、張雪中第 89 師。這支部裝備配以一定數量的野炮、重炮、
坦克，槍械齊全，成為軍隊的精華。考慮臺兒莊戰事，李宗仁認為最令頭痛
的是如何指揮湯恩伯及其第 20 軍團。在滕縣保守戰中，由於 22 集團軍守備
任務艱巨、兵力不足，早在日軍開始進攻時，李宗仁曾致電蔣介石，請派軍
事委員會直接控制於豫東的湯恩伯第 20 軍團第 85 軍的第 4 師增援津浦路。
蔣介石基於徐州會戰的特殊地位，也深知第 5 戰區實力太弱（當時全為雜牌
軍），同意將第 20 軍團投入第 5 戰區管轄的魯南戰場。湯軍名義上雖屬第 5
戰區管轄，實際上對李宗仁的指令常打折扣。

　　擔負臺兒莊中央防線北面作戰的湯恩伯軍團，在峰山、棗莊一帶同日軍
作戰後不久，轉移到姑婆山區。李宗仁嚴令湯軍團迅速南下，協同孫連仲夾

擊臺兒莊正面之敵。湯爲保存實力，在姑婆山遲疑不進。李宗仁下了死令，他才同意揮師南下。然而，此時臺兒莊孫連仲部守軍已傷亡殆盡，全莊四分之三地盤被日軍佔據。孫連仲組織了數百人一支的敢死隊。4 月 5 日午夜衝擊敵陣。正墮入夢鄉日軍頓時亂作一團，競在短短不到一小時內，一舉奪回四分之三陣地。李宗仁不但得報孫連仲夜襲成功的喜訊，又得湯恩伯部翌日天明前可趕到臺兒莊的消息，高興極了。

磯谷師團的厄運終於降臨了。6 日黎明之後，臺兒莊北面，槍炮聲漸密，湯恩伯軍團已向敵人開火。磯谷知已陷入重圍，開始動搖，下令部隊全線撤退。4 月 6 日晚，李宗仁親自指揮臺兒莊守軍全線出擊。一直防守遭攻的孫連仲部，聽說反擊，神情振發，命令一下，殺聲震天。此時敵軍已成強弩之末，彈藥汽油也用完，機動車多被擊毀，全軍喪魂落魄，狼狽逃竄。李宗仁命令部隊猛追，敵兵遺屍遍野，各種輜重到處皆是，磯谷本人率殘部拼命突圍。至此臺兒莊戰役勝利了。臺兒莊會戰，在李宗仁的親自指揮下，擊潰日軍第五、第十兩個精銳師團的主力，殲滅日軍 2 萬餘人，繳獲大批武器、彈藥，嚴重地挫傷了日軍的氣焰，振奮了全民族的抗戰精神，堅定了國人抗戰勝利的信念。

臺兒莊大戰後，湯恩伯軍團改爲 31 集團軍，轄 13 軍、85 軍。關麟徵 52軍與李仙洲 92 軍組成 32 集團軍。張軫升任 13 軍軍長，轄 110 師，原 13 軍主力師都調往 85 軍。13 軍戰後駐防河南。在作了許多地方工作的同時，還與共產黨抗戰隊伍建立了良好的關係。第 13 軍軍長張軫駐南陽時，支持共產黨抗日，贈送竹溝 200 支槍和一批子彈以武裝留守處人員。由於漯河地區戰火連年，城中遭到嚴重破壞。是年 2 月，110 師師長吳紹周受命兼任漯河指揮總部主任，復興漯河，恢復交通，維護治安。經半月，疏通鄭州至漯河段鐵路線，整修漯河街道，各行各業相繼開業，市井煥然。1939 年 1 月，13 軍奉調河南鄧縣，並於是年 11 月中旬參加鄧縣、襄陽、隨縣戰役。隨即參加鄂北高城保衛戰，110 師在正面堅守陣地，榮獲國民黨中央軍委會甲種師待遇（甲種師者：包乾軍費多，裝備優良）。曾參加武漢會戰及隨棗會戰。

1941 年張軫調任 66 軍軍長，13 軍由湯恩伯嫡系張雪中繼任軍長，89 師又調回 13 軍。參加過鄂北、豫南戰役。抗日戰爭期間 13 軍在河南軍紀不好，有這樣的民謠：「寧願日軍來燒殺，不願湯軍來駐紮。」「水、旱、蝗、湯」成爲四荒。原因多種：上面管理不嚴，下面是兵的素質差。這一帶相對平靜，

兵源又多為當地人，混入很多兵痞，逃跑了再賣兵回來。1944 年在中原戰場上戰鬥力也很差，還未見日本軍就跑，影響軍隊的形象。在河南戰場失敗後退入山區。1944 年黔桂湘地區吃緊，12 月 2 日日軍佔領黔南獨山。湯恩伯任黔桂湘邊區總司令，帶 13 軍到黔桂湘邊區前線拒敵，石覺為軍長。由於中國軍隊及時組織抗擊兵團，日軍 12 月 4 日開始撤退。

解放戰爭早期第 13 軍進入東北，後經熱河到北平。正值北平和平解放，該軍少部由空運南撤。

第十四軍　衛氏底班軍　屢立戰功

駐紮贛粵邊區的賴世璜 1926 年 8 月下旬投國民革命軍任第 14 軍軍長，隸屬二路總指揮白崇禧。在北伐時令其進攻山東臨沂未克，內部潛伏矛盾，賴被白崇禧處決。1928 陳嘉祐任軍長，後陳從政。1931 年起，衛立煌升任第 14 軍軍長，成了衛系的底班。率部進攻鄂豫皖革命根據地。1933 年福建事變時，任圍剿軍之第五路總指揮。1935 年在西安事變被扣。盧溝橋事變後，衛立煌積極抗日。1937 年 10 月，任第二戰區前敵總指揮，率三個兵團七個軍，在八路軍的配合下，抵禦進犯山西忻口的日軍。

抗戰軍興，該軍軍長初係衛立煌兼。由千鈞臺（北京門頭溝附近）南撤至石家莊後，由第 10 師師長李默庵升任第 14 軍軍長，轄第 10 師（李仍兼第 10 師師長）、劉戡第 83 師及陳鐵第 85 師三個師。衛立煌指揮忻口會戰，第 14 軍是衛立煌底班。14 軍防守大白水一帶，其兵力部署如下：第一線擺兩個師，第 10 師在右（大白水正面），第 83 師在左（朦騰村大白水西側），第 85 師分散控制於朦騰村附近，為軍預備隊。炮兵主力置於大白水東南之東西胡林，一部在朦騰村東南。前進指揮所在西沙凹（大白水西南）。後來因敵軍猛攻忻口左翼大白水及朦騰村，情況緊急，閻錫山又逐次增派晉軍郭宗汾第 71 師、孟憲吉第 68 師及晉綏軍的兩三個炮兵團，以增強左翼。

10 月 15 日拂曉，日軍集中坦克三十餘輛、炮百餘門，在其空軍掩護之下，向大白水東西陣地全線猛攻。大白水正面戰鬥最為激烈，村落以外之據點工事及所有交通壕全部被敵炮及坦克所毀。陳牧農旅及第 59 團傷亡甚大。團長王聲溢、營長鄭庭笈同時負傷。其它團、營、連長傷亡亦頗多。當敵軍將大白水外圍工事及障礙物摧毀後，便由東、西、北三面將大白水包圍。由於圍牆堅固，敵坦克多次衝鋒，陳牧農旅打退坦克後，立即派兵加強防守。

軍部戰車防禦炮營，四門防空炮交給第 10 師使用。連夜另鑿炮眼，勿露痕跡，勿發生音響，以免被敵發覺招致損害。工兵營協助小炮營當夜動工，限拂曉前將炮眼鑿好。天寒地凍，土質堅硬，不易鑿開，工作進行極慢。最後以沸水淋牆解凍，這才將炮眼做好。翌日天明，將炮對準敵坦克，隔牆壁打出，一下子擊毀敵坦克及裝甲汽車多輛。敵受此意外損失，其餘坦克立即撤走。大白水外圍局勢始見稍鬆，惜打壞之敵坦克，我方無法弄回。第 83 師劉戡所部夜襲衛村，取得實效，重創日寇板垣師團。在忻口戰場鏖戰方酣時，沿平漢線南犯之日軍於 10 月 10 日奪取石家莊後，以第二十師團之一部向娘子關進攻。10 月底，日軍逼近榆次。11 月 2 日夜，奉令撤離忻口陣地。

參加忻口戰役後常期在晉南抵禦日軍。抗日戰爭爆發後的第一個春節，衛立煌帶著他第 14 集團軍的第 14 軍軍長李默庵和第 9 軍軍長郭寄嶠從臨汾總部到第 18 集團軍總部給朱德總司令拜年。八路軍總部為衛立煌的到來，召開了盛大的歡迎會。朱總司令致歡迎詞說：「我們今天熱烈歡迎在忻口戰役中立下大功的民族英雄衛立煌司令、李默庵軍長和郭寄嶠軍長，你們領導著抗日的中央軍、晉綏軍，在忻口殲滅了三、四萬敵人，打了許多勝仗。我們希望中央軍、晉綏軍和八路軍今後更好的合作。」

後李默庵提升為軍團長，陳鐵任 14 軍軍長，駐守晉南，後駐豫西。1944 年 4 月 17 日夜，日寇在河南中牟偷渡得逞後，一舉攻佔了鄭州。歸李家鈺總司令指揮的 14 軍，在洛陽以東的虎牢關、龍門一帶節節阻擊，戰果輝煌。共擊毀日寇坦克三輛，打死打傷日寇二百餘人。14 軍備精良，戰鬥力強，轄三個師。前任軍長是陳鐵，他又是第 36 集團軍的副總司令，繼任軍長是張際鵬。陳、張二人均繫黃埔軍校一期生曾與 15 軍共同守洛陽，該軍 94 師守城防。洛陽失守後，突圍至陝西，歸一戰區。余錦源為軍長。解放戰爭後期，谷炳奎為軍長，部隊由廣西隨黃杰逃越南。

第十五軍　豫軍堅守洛陽二十一天

抗戰前河南軍隊劉茂恩由閻錫山任其為軍長。後又投蔣任 15 軍軍長，轄自兼的 65 師和武庭麟的 64 師。抗戰軍興，1937 年 9 月該軍由正定調往晉北淩雲口、平型關一帶抗敵。忻口戰役前控制五臺山防線。剛到渾源時的劉茂恩第 15 軍南移至恒山口，並立即集結於山口左右兩側及沙河間。在東井集的楊澄源第 34 軍經應縣移守雁門山、恒山間茹越口兩側，聯絡劉茂恩軍協防。其直屬郭宗汾第 71 師加新編獨立第 1 旅陳慶華部合編為預備第 2 軍，郭任軍

長，駐守繁峙。原守聚樂堡的王靖國第 19 軍，撤退入雁門關加獨立第 2 旅、第 196 旅守雁門山線。集結於綏東豐鎮之傅作義第 35 軍轉進寧武陽方口。趙承綏騎兵第 1 軍（南退朔縣地區，警戒雁門、寧武方向。門炳嶽騎兵第 6 軍加馬占山東北挺進軍西撤至豐鎮、平地泉，警戒綏東方向。同時再次電催 8 路軍盡快按照南京命令，東渡黃河加入作戰。平型關戰後緊接著參加忻口會戰，第 15 軍擔任右翼兵團，佔領忻口以東高地，制高點為靈山。正面戰場南懷化是 9 軍的防地，戰鬥最為激烈郝夢齡將軍就犧牲在那裡，防守的特別嚴密。日寇中間難以突破，則向側面攻擊。曾用飛機大炮猛轟，進攻靈山陣地共數十次之多，共堅持二十三天，殲敵近兩千。因為娘子關失守，日軍逼近榆次。11 月 2 日夜，奉令撤離忻口陣地。

後移軍中條山，阻敵南渡。劉茂恩升任第 14 集團軍總司令，提武廷麟任軍長。駐守黃河東段，絳縣至橫嶺關一線。1941 年日寇「掃蕩」中條山，該軍損失慘重，殘部退河南。5 月 18 日，第 14 集團軍已經在敵人的包圍圈中惡戰半月之久了，官兵傷亡近半，部隊極度疲勞。此時，劉茂恩總司令接收到衛立煌司令長官的電報，命令該集團軍由中條山向黃河南岸撤退。為了縮小目標，乘虛轉移，集團軍司令部的人員分為兩部，分別由總司令和參謀長符紹謙率領突圍。5 月 19 日，劉茂恩率部行至河南濟源縣龍岩鎮，被緊追上來的日軍包圍，數次突圍皆告失敗，情況萬分險惡。劉茂恩拔出手槍要自殺，侍從急忙撲上去死死拉住。劉茂恩和殘餘官兵已彈盡糧絕，對突圍絕望，已做好同敵人最後一拼，以身許國的悲壯準備。夜色漸濃，奇跡出現，天氣突變，雷電交加，風雨狂作，山洪滾滾，黃河之水掀起滔天巨浪。劉茂恩抓住這時機，在黑暗和風雨的掩護下，順利突出重圍，冒險搶渡黃河天險，抵達南岸，絕處逢生。該部第 65 師師長邢清忠（字良臣），帶重病在第一線指揮作戰，昏倒在戰壕裏，送後方就醫。在醫院聽說中條山失守，憤然大叫，口吐鮮血，倒床氣絕，含恨身死。

1944 年春，陷於困境的日本侵略軍發動了以奪取洛陽為主要軍事目標的中原戰役。5 月 5 日，日軍攻佔龍門。由第 15 軍和 14 軍張世光 94 師以及地方民團守衛的洛陽成為一座孤城。劉獻捷 64 師守西工區，李紀雲 65 師守邙嶺區。在中原戰役中，湯恩伯部棄守鄭、許，該軍卻死守洛陽。面對數倍的日軍，洛陽民眾和愛國官兵誓與洛陽共存亡。日軍窮兇極惡，每日發射炮彈近萬發，把洛陽炸成一片火海。洛陽民眾、愛國官兵寸土必爭，把每個街巷、

民居、溝岔變成戰場，人人當先，個個英勇，白刃格鬥，血染古城。在堅守洛陽的 21 天中，中國軍隊自師參謀長到士兵，陣亡 1.3 萬人，僅剩 1000 餘人。日軍雖被殲 2 萬，但不斷增援。而擁有重兵的劉峙、蔣鼎文違抗中國軍事最高統帥部命令，坐視洛陽淪陷而不救。日軍在洛陽外圍新安縣戰鬥的同時，由城南龍門方面攻打洛陽。5 月 13 日日軍坦克突入城內，經激戰後，又將敵軍逐出。我軍守城前後 21 天，每天都有激戰。但因外圍的失利，軍隊紛紛撤離，洛陽已成孤城。因形勢所迫，守軍向城東南突圍。5 月 25 日，洛陽淪陷。洛陽抗日保衛戰是中國廣大愛國軍民用血肉之軀譜寫的一首民族正氣之歌。受傷的和未能突圍的官兵，有些被送到日本當苦力，以充實日本本土因持久戰爭造成的勞力嚴重不足。震驚中外的「花崗暴動」參加者，有許多人是在洛陽戰役被俘的中國官兵。其主要組織領導者之一的耿諄，就是當時十五軍的一位上尉連長。老家河南襄城，在洛陽守城戰中，腹部受傷被俘。當年中秋節前被押到日本秋田縣中山僚。

解放戰爭中 15 軍在郊縣被擊潰，武廷麟被俘。後因不服改造，新政權在洛陽召開公審大會武廷麟被處決。重整的 15 軍，劉平為軍長，參加宜沙戰役與解放軍對抗，後在川康地區被殲。

第十六軍　湘軍基礎　守備馬當要塞

北伐時原駐粵滇軍第 2 軍軍長范石生部駐紮滇桂邊境百色、平馬一帶。9 月下旬，國民政府委任范為國民革命軍第 17 軍軍長，11 月底，改任第 16 軍軍長。

抗日期間李蘊珩任軍長，自兼 53 師師長。八一三奉命馳援上海，歸劉興 15 集團軍指揮，守備大場，死傷慘重。調回陝西整補。1938 年參加武漢會戰（又轄董釗 167 師），守衛馬當要塞，這是一次大兵團作戰。

馬當（今馬壋）是長江最重要的要塞之一，地處江西彭澤縣境內，與江中的小孤山遙相對峙，成犄角之勢，水流湍急，形勢險要。並在兩岸山峰險要處設有炮臺、碉堡、戰壕等工事，水面布置 3 道水雷防線，前後共佈雷 1500 餘枚。同時配置重兵防守。馬當下游之黃山、香山、藏山磯及下隅阪、黃栗樹、馬路口等，由江防軍第 16 軍第 53 師和第 167 師守備。第 21、第 27 集團軍各一部和第 23 集團軍部分守江北的懷寧和江南的東流，以隨時策應。安慶失守，使武漢的江防外圍被打開了一個缺口。1938 年 6 月 22 日，日軍波田支隊與海軍第 11 戰隊由安慶溯江西犯，進攻馬當。由於遭到中國空軍的連續轟

炸和兩岸江防炮火的打擊，加以江中佈了水雷，推進極為緩慢，有三艘汽艇被岸上炮火擊沉，一艘運兵的戰艦觸雷沉沒。經過兩天激戰，日軍仍無法打通水上通道。波田支隊遂被迫放棄從江上展開進攻的計劃，改以一部兵力在馬當以東的茅林洲、香口一帶登陸，沿長江南岸向馬當迂迴進攻。

負責馬當——湖口防禦的馬湖區要塞指揮部指揮官是 16 軍軍長李蘊珩，在當地辦了一所為期兩周的所謂「抗日軍政大學」，調 16 軍的副職軍官和排長及當地的鄉保長離職進行訓練。決定在 6 月 24 日上午 8 時舉行結業典禮，會後在司令部聚餐。接到命令後，混入訓練班的漢奸把情報傳送給了日軍。日軍的突然襲擊，全無準備，戰鬥無人指揮，陣地亂成一團，香口、香山陣地相繼失守。

負責指揮馬當要塞陣地防守的守備第 2 總隊總隊長鮑長義是一位作戰經驗豐富，責任心強的指揮官，他把所屬 3 個步兵大隊安置在馬當以東的長山，依托這裡的 8 個鋼筋水泥構築的堅固工事進行防守。他預感到敵情嚴重，沒有派部下軍官去參加結業典禮。24 日拂曉，一直堅守在陣地觀測所的鮑長義最早獲悉香口失守，他一面向武漢江防司令部報告，一面令所部嚴陣以待。果然，日軍在佔領香口、香山等陣地後，於 24 日早 8 時，即向長山發起了猛烈進攻。日軍步兵組成 3 個突擊組，抬著重機槍，從太白湖口水蕩裡向長山步兵陣地突擊。太白湖至江邊原是一片稻田，敵兵一進入湖蕩，半截身子陷入水中。我守軍長山陣地輕、重機槍一齊向敵開火，火力異常猛烈，敵軍紛紛中彈倒在湖蕩中。見步兵進攻要塞毫無進展，便出動 10 多艘軍艦，向長山步兵陣地炮擊，部分工事被摧毀，人員也有傷亡，戰況十分激烈。香口之敵趁勢再次由湖蕩向長山突擊，仍被英勇作戰的第 2 總隊官兵消滅在湖蕩之中。6 月 25 日，第 16 軍在空軍的配合下，向登陸的日軍展開反擊，試圖收復失地。驍勇善戰的空軍健兒向江面的敵艦發起猛烈轟炸，擊沉敵艦兩艘，重創一艘。空軍的掩護下，發起反衝鋒，傷亡重大，急待補充。駐防彭澤的第 167 師師長薛蔚英奉命赴援，但沒有走公路而由太白湖東崎嶇不平的小路緩緩行進，直到長山失守也未能趕到。日軍在陣地前施放毒氣彈，第 7 中隊官兵幾乎全部中毒身亡。中午，長山陣地已被日軍切為數段，炮兵炮彈已盡。鮑長義看援兵無望，只得下令撤退，馬當要塞遂告陷落。

第 16 軍、49 軍等部遵照命令向香山日軍發起大反攻，一度再次收復香山，並予敵重創。但因敵援軍大舉而至，激戰數日，終究未能收復馬當要塞。馬

當戰後，第 16 軍軍長李蘊珩以疏於防範，作戰不力受到軍紀制裁，而第 167 師師長薛蔚英更因貽誤戰機而被槍決。16 軍軍長由胡宗南屬下董釗接任，1938 年成立的謝輔三預備第 1 師納入該軍，12 月赴豫南參加羅（山）信（陽）戰役。後轉到陝西駐防韓城。1944 年董釗陞遷，李正先為軍長，日軍侵犯豫西時曾帶軍出潼關阻敵成功。

抗戰勝利後袁樸為軍長，率軍在北平西與解放軍作戰，退到北平。北平起義時，袁樸、石覺、李文被傅作義放走，乘飛機去南京。

第十七軍　先戰忻口　後守中條

第 17 軍前身為閩軍李鳳翔第 3 師所屬的曹萬順第 5 旅、杜起雲第 6 旅擴編而成。1926 年 10 月 8 日，曹、杜兩位旅長在廣東蕉嶺通電，宣佈參加革命，投奔國民政府。他們指揮的兩個旅被擴編為國民革命軍第 17 軍，軍長由原第 5 旅旅長曹萬順代理（12 月實任），下轄曹萬順（兼）第 1 師和杜起雲第 2 師。該軍編成後即參加北伐，其中 11 月在松口、12 月在福州配合友軍的作戰中出力頗多。福州戰後該軍又收編閩軍第 12 師 23 旅為該軍第 3 師，以原旅長李春生任第 17 軍副軍長、原團長王成芳任第 3 師師長。後來由於該師軍紀敗壞，於 1927 年 2 月被繳械遣散。

1927 年 1 月 17 軍被編入東路軍第 4 縱隊繼續北伐。4 月進佔揚州。5 月從鎮江渡江，一直挺進至山東日照。7 月，回調江南，同時又收編陳以桑部為該軍第 3 師，以李德銘為第 3 師師長。1927 年 9 月 17 軍隸屬第 1 路軍參加討伐孫傳芳的戰鬥。11 月 23 日，第 2 師師長杜起雲調升副軍長，以鄧振銓接任師長兼軍參謀長。1928 年 3 月杜起雲、鄧振銓相繼辭職，以李明揚接任副軍長兼第 2 師師長、林蔚接任軍參謀長。同時所屬之三個師的番號相繼改為第 53、54、55 師。1928 年 7 月 25 日該軍第 53、55 師被縮編為國民革命軍第 11 師，第 54 師縮編為第 2 師第 6 旅。原第 17 軍軍長曹萬順擔任第 11 師的首任師長。

1931 年蔣介石新組建第 17 軍，任命徐庭瑤為軍長。1933 年 1 月，日寇侵佔山海關、九門口以後，2 月分兵三路進攻熱河。中央軍北上抗日。駐在徐州、蚌埠一帶的 17 軍所屬關麟徵第 25 師奉命於 2 月 26 日開始輸送，限 3 月 5 日以前在通縣集中完畢。駐潼關、洛陽一帶之第 2 師奉命於 2 月 28 日集中洛陽開始輸送，限 3 月 8 日以前到達通縣待命。在湖北花園孝感一帶的劉戡 83 師，於 2 月下旬集中漢口，3 月上旬開洛陽（據說是為了對日寇保密，故

在洛陽繞道），3 月 20 日前後到達北平附近，3 月 25 日集中密雲。獨立炮兵第 4 團、炮兵第 7 團、騎兵第一旅、重迫擊炮第一營及其它直屬部隊等，均在三月下旬至四月上旬間，先後開到密雲。以上各部隊均歸第 17 軍軍長徐庭瑤指揮。此外，戰爭末期 88 師的一個旅曾開至北平待命。

當時北平，尤其古北口一帶，仍然是冰天雪地，而 25 師到達時，尚是赤足草鞋；至於大衣等防寒服裝，則更談不到了。關麟徵第 25 師轄 75 旅（旅長張耀明）、73 旅（旅長杜聿明）。第 2 師的師長為黃杰。戰前輕機關槍還在倉庫裏未發到士兵的手上。當時北平各界所組織的抗日後援會，尤其朱慶瀾先生等所領導的後援會，竭盡全力為 25 師捐送皮大衣等防寒裝備，該師官兵對人民支持抗戰的熱忱非常感動。12 日晚，第 17 軍軍長徐庭瑤已到達密雲，命令第 2 師星夜向南天門急進，接替 25 師防務。13 日上午五時前後，第 2 師鄭洞國旅（第 4 旅）已到南天門，未及休息即接替陣地。第 25 師交防後，撤回密雲整補。師指揮所設於南天門。

12 日東北軍第 67 軍古北口失守，第 25 師退守南天門一帶陣地。日軍繼續進攻，第 17 軍 3 個師在上述地區以及筆架山、南香峪等地苦戰 13 天後，於 5 月 13 日撤至密雲。至此，中國軍隊在古北口以上萬人的傷亡代價，抗擊了武器裝備佔優勢的日軍近 70 天。雙方短兵相接，戰鬥慘烈。關麟徵被敵人的槍榴彈炸傷五處，渾身是血，但他仍力戰不退。身旁官兵十餘人全部戰死，他仍毫不動搖，從容指揮全師官兵英勇殺敵，終於擊退了敵人佔領了高地。僅前三天，就殲滅敵軍二千餘人，我軍亦傷亡極重，全師傷亡 4000 餘人。

抗戰開始，徐庭瑤任第 5 軍軍長。關麟徵任 52 軍軍長，仍轄第 2 師（師長鄭洞國）、和第 25 師（師長張耀明）。17 軍番號轉移另用。

七七事變，抗戰軍興為了加強華北的防禦，高桂滋原為商震部 84 師師長，升任 17 軍軍長，實際只轄自兼的一個師，屬傅作義為第 7 集團軍，負責平綏路東段之防禦。在南口地區，以湯恩伯第 13 軍之第 89 師和第 94 師沿長城線右自南口左至寧強堡組織陣地防禦；以高桂滋第 17 軍第 84 師和臨時受其指揮的李仙洲 21 師部署在寧強堡——赤城——龍關一線，對熱察邊實施防禦；在張家口地區，以劉汝明第 68 軍之第 143 師擔任正面防禦。另以傅作義之 35 軍，趙承綬之騎兵第 1 軍集結於綏東之集寧、興和地區，作為機動兵力。

隨後 17 軍參加平型關正面作戰，當八路軍林師圍殲敵軍通報傳來，33 軍軍長孫楚認定郭宗汾 71 師必須全力出擊，以配合八路軍林師在敵側背開展攻

擊。於是令高桂滋、李仙洲部固守陣地，不許動搖。而高則認定孫楚意欲犧牲非晉綏軍部隊，竟然自作主張放棄團城口、鷂子澗、東西泡池陣地，理由是原計劃之放敵入平型關再圍殲。高軍退縮至恒山方向，依賴劉茂恩軍，共同保存實力。閻錫山心知肚明，卻無話可說。直至後來呂梁集訓，閻說：「高桂滋放棄團城口，比劉汝明放棄張家口，更爲可殺！」卻已經是後話。

傅作義動員高桂滋回援團城口，卻被高以所部潰散，尚未收容整理爲由拒決。傅作義授權其強制收容潰散之所有部隊，卻收容了原配屬高軍的兩個整連炮兵，其所有人員、武器均無損。由此證明，高所謂陣地被敵攻垮等均繫謊言。應該認爲 17 軍作戰不力，影響平型關的抗日戰果。

第 17 軍又參加忻口會戰，仍只有一個師，轄兩個團，兵力較差，參加右翼兵團戰鬥。臨時歸 17 軍指揮的李仙洲部歸回第 9 軍建制。繼而退入晉東南。1938 年 4 月曾攻克沁源。後駐守中條山，轄自兼的 84 師，另轄金憲章新編第 2 師，曾防守垣曲、平陸一帶。中條山戰役失敗，由萬榮、吉縣渡河入陝。

抗戰結束由中央系何文鼎、楊德亮先後接長，駐軍陝西，受胡宗南節制。後在成都三臺地區放下武器。高桂滋留大陸。

第十八軍　陳誠嫡系　能征善戰　威鎭石牌

北伐時期的浙江省長夏超並非孫傳芳的嫡系。國民革命軍總政治部派杜偉、胡公冕（共產黨員），國民政府派戴任、鄭炳垣、馬敘倫、許寶駒等與夏超聯繫，敦促他獨立，截斷孫傳芳退浙後路。10 月 16 日，夏超接受國民革命軍第 18 軍軍長的委任，將其保安隊改編爲第 18 軍，宣佈獨立，起義反對孫傳芳，沿滬杭路向淞江進攻。後以成歷史。

1930 年中原大戰後，陳誠組建了新的 18 軍，第 18 軍軍長。但實際上該軍當時只有一個 11 師。1931 年，第 18 軍才初具規模，下轄羅卓英的第 11 師和周至柔的第 14 師。後陳誠以種種藉口不斷收編雜牌軍，第 18 軍規模最大時曾轄有五個師的兵力，包括霍揆彰 14 師、李樹森 94 師。由於陳誠深得蔣介石的寵愛，第 18 軍也就備受青睞，其裝備在當時是最先進的。這支軍隊訓練有素，以能征善戰著稱。當時國民黨軍校畢業生很多人寧願到第 18 軍當排長，也不願到一般部隊當連長，其名聲可想而知。後由 18 軍爲基礎不斷擴大，成爲 18 軍體系。1935 年 9 月，羅卓英升任軍長一職。陳誠升任總指揮。

　　抗日戰爭開始時期參加淞滬會戰。1937 年 8 月，羅卓英率第 18 軍由廣州開赴上海參加淞滬會戰。爲不辱使命，陳誠惟有忍痛一時，嚴令部隊：只要完成任務，18 軍打光打盡也在所不惜。在作戰初期 18 軍曾四戰羅店，雙方傷亡慘重，羅店也因此戰而聞名天下。參加有 11 師（師長彭善）、14 師（師長霍揆章）60 師（師長陳沛）、67 師（師長李樹森）。在淞滬戰中李樹森負傷，由才從德國回來三、四天的黃維接替。該部在戰爭中，傷亡過半。撤退時擔任掩護任務，開到安亭，死守泗江口大橋，完成掩護任務。

　　淞滬會戰後，18 軍入江西作戰。1938 年夏參加武漢保衛戰，黃維爲軍長，轄彭善 11 師、莫與碩 67 師和陳沛 60 師。霍揆彰 14 師則擴充爲 54 軍，調出18 軍。60 師在萬家嶺圍殲日軍 106 師團立有戰功。67 師師長莫與碩臨時受23 軍指揮在貴池、青陽阻截日軍。

　　此後該軍又開進湖南。其地方保安處所屬的幾個保安團被編成 198、199兩個師，歸 18 軍建制。陳誠一有機會就擴大他的系統，以保定軍官學校資歷爲核心，是派出軍長最多的一個軍，培養了大批高級軍官。1939 年 5 月，彭善升任 18 軍軍長，繼而便率軍入川整訓。整訓後其下轄的三個師分別爲第 11師（師長方靖）、18 師（師長羅廣文）、199 師（師長羅樹甲）。

　　彭善在棗宜會戰後因國民黨內部的派系鬥爭被免職，方天繼任軍長，宋瑞柯升爲 199 師師長，18 軍再度撤回四川，負責長江上中游的江防。10 月，陳誠令第 18 軍開至湖北宜昌、秭歸地區，並參加 1942 年夏對日軍發動攻勢作戰和常（德）桃（源）會戰。第 18 軍橫衝直撞，打垮了橫山勇掩護大軍左翼的一整個師團防線，橫山勇藉水路慌忙撤軍。第 79 軍王甲本軍長則率部再度越渡澧水，窮追日軍，第 18 軍銜尾直追。第 39 師團連江南跳板公安都顧不上，倉惶逃竄。軍戰史稱：「由常德退卻之敵，狀極狼狽」。此亦獲得日方資料證實。不過第 18 軍雖然左右開弓，猛烈衝突，但以一軍之力仍無法完全阻截五萬北潰之敵，而第 66 軍又太過重視日軍在松滋，宜都方向的渡口，第79 軍兩度渡河消耗太多時間，所以日軍得以傍洞庭湖而竄，並且再度施展水運能力，將第 11 軍大部運渡過江。

　　1943 年春，覃道善調升 18 師師長，胡璉升任 11 師師長。鄂西會戰時 18軍下轄覃道善的 18 師、胡璉的 11 師、彭鞏英的暫編 34 師。這次會戰中石牌要塞的地理位置十分重要，曾被重慶統帥部比作中國的斯大林格勒。古鎮石牌在宜昌縣境內，位於長江三峽西陵峽右岸，依山傍水。石牌方圓 30 里，上

有三斗坪，是當時的軍事重鎮，六戰區前進指揮部、江防軍總部等均設於此。下有平善壩，與之相距僅咫尺之遙，是石牌的前哨，亦為我軍河西的補給樞紐。它下距宜昌城僅 30 餘里，自日軍侵佔宜昌後，石牌便成為拱衛陪都重慶的第一道門戶，戰略地位極為重要。當時守此要地的是胡璉的 11 師。當戰鬥激烈時，陳誠司令長官打電話問他：「守住要塞有無把握？」胡璉斬釘截鐵地回答：「成功雖無把握，成仁卻有決心！」11 師官兵英勇作戰，死守要塞。當敵 39 師團向偏岩進犯之際，此時控制宜昌的日軍野地支隊於 5 月 23 日黃昏後渡過長江，在南岸敵軍佔領區內集結。24 日黎明，以橋木部隊為右第一線，木尾浦部隊為左第一線，長野部隊為第二線，從五龍口、石榴河出動，並在宜昌北岸炮兵部隊加農炮、榴彈炮的猛烈炮火支持下，向我第 18 師之冬青樹、棗子樹陣地猛攻。我軍奮起迎擊。戰至下午，敵復增兵三四千人繼向師陣地攻擊。該師冬青樹右翼陣地被敵突破。橋木部隊於當天晚間進入雨臺山東側一線，並向偏岩方向進擊。18 軍則連日苦戰，仗打得極為激烈，雙方死傷甚多。18 軍的英勇奮戰為鄂西大捷立下了汗馬功勞。此次石牌大戰，我軍打死打傷日軍達 7000 人，繳獲器械無數。

1944 年 8 月，胡璉升任軍長，率部守備常德、桃源等地區。同年冬，18 軍全換美式裝備，實施美式兵器教育和訓練方法。1945 年湘西會戰時，殲敵 116 師團大半，榮立戰功。

解放戰爭時期楊伯濤為軍長，該軍隨黃維十二兵團由武漢前往解徐州之圍，在雙堆集被殲滅。後在江西南城重建，胡璉為軍長。退走大陸後，曾參加金門戰役，參加解放金門的解放軍受挫。

第十九軍　晉軍鏖戰崞縣原平

浙江省長夏超宣佈起義加入國民革命軍，但被孫傳芳殺害。浙軍第一師師長陳儀回浙，繼任省長。派其參謀長葛敬思到南昌會見蔣介石，委任陳儀為國民革命軍第 19 軍軍長，此後從政。軍隊編遣成為歷史。

抗日期間晉綏軍王靖國任 19 軍軍長。敵酋東條英機率關東軍察哈爾派遣兵團突破天鎮、陽高后，向大同挺進。第 19 軍段樹華旅推進至聚樂堡一帶接敵，抗擊達兩晝夜之久。日軍的飛機、大炮使該旅傷亡慘重。其軍主力尚未接敵，軍長王靖國便頻頻致電閻錫山，要求派遣陳長捷之預備師應援；又電傳作義第 35 軍請求南移大同協同作戰。此時日軍主力板垣師團從蔚縣攻廣

靈，首先遭受攻擊的第 73 師，力戰不支，師長劉奉濱受傷，始發現日軍主力意圖，「大同會戰」計劃徹底破滅。

隨即參加平型關會戰。該軍位在晉北。平型關一帶戰鬥十分激烈，急需支持。林彪師伏擊敵輜重隊，在孟憲吉旅堵逃打援配合下得以殲敵；郭宗汾軍奉命出擊以擴大林師勝利，從敵後打擊板垣師團。這時，高桂滋擅自放棄的團城口，被日軍阻擊。程繼賢團、呂瑞英旅勇猛殺敵奪回高軍失地，卻無增援鞏固勝利並擴大戰果，反導致程團全軍覆滅。而另一邊，無端放著王靖國軍、劉茂恩軍、楊澄源軍在北部雁門山、恒山山區空待，本來可以獲得的勝利卻以失敗告終。

10 月 1 日，華北日軍主力阪垣第五師團及關東軍察哈爾派遣兵團第 1、第 2、第 15 混成旅團與特種部隊等共三萬餘人，沿代縣至原平公路發起進攻，忻口戰役序幕拉開。日軍以正面進攻結合迂迴，在猛烈的炮火、坦克和飛機支持下攻打崞縣、原平。守軍第 19 軍主力奮勇阻擊直至白刃鏖戰，堅守一周，戰鬥十分慘烈。駐守崞縣的 205 旅一個團大部殉國，團長劉連相、石煥然在戰鬥中陣亡，崞縣陷落。9 日，敵又大舉圍攻原平。196 旅全體官兵與入城之敵浴血巷戰三天，最後旅長姜玉貞率二百餘僅存官兵退守城東北角，與敵苦戰肉搏，於 11 日全部陣亡。日軍佔領原平後，以第十五混成旅團、堤支隊等為右翼，第 5 師團主力為左翼，沿同蒲路左側向忻口猛攻，隨即展開忻口會戰。

太原失守後閻錫山將部隊撤至臨汾，進行整軍。1938 年 2 月 19 日該軍 70 師 215 旅在隰縣川口與日軍激戰，旅長趙錫章壯烈殉國。3 月初，臨汾失陷後，閻錫山深怕大權旁落，限制進步活動。12 月，日軍進攻吉縣，閻錫山倉皇率部西渡黃河，向陝西宜川退避。此時，他對抗日已喪失信心，日軍也加緊對他進行誘降。1939 年公然製造了「十二月事變」。他與日軍勾結，命令第 7 集團軍總司令趙承綬等率部進攻決死隊各縱隊，大肆屠殺摧殘革命人士，使山西抗日力量遭受到重大損失。1941 年 8 月 11 日，趙承綬與日軍代表田邊盛武和楠山秀吉簽訂了《汾陽協定》，閻錫山實際是想降日充當漢奸傀儡。1943 年 12 月，由日方接應閻方第 61 軍約八千人由臨汾渡汾河進入浮山、安澤地區；1944 年 5 月又接納閻方第 19 軍第 37 師渡汾河增援，日、閻兩軍配合進犯中共領導的太岳區抗日根據地。1944 年春，日、閻雙方各派部隊夾擊中共領導的晉南秸王山抗日根據地。後因共產黨、八路軍的阻止，閻錫山又有所顧忌。閻錫山與日軍打打停停，仍與日軍繼續聯繫，直到日本投降。

　　該軍軍長王靖國是閻錫山的女婿，一直跟隨左右，受其偏袒。1939 年王
靖國升爲第 13 集團軍總司令，轄梁培璜 19 軍和于鎮河 33 軍。下級官兵抗戰
積極性，依然很高。如 1943 年該軍連長彭永祥，在襄汾縣滑嶺廟率二十四人
身繫手榴彈，衝入敵陣，與敵同歸於盡。

　　1945 年 9 月，閻錫山抽調重兵，令第 19 軍新軍長史澤波等率十三個師，
分左、右兩路，向上黨解放區進犯。劉伯承、鄧小平調集晉察魯豫主力部隊
三萬餘人，民兵五萬餘人奮起自衛。經過四十餘天的激戰，閻軍精銳三萬餘
人被殲，第七集團軍副司令彭毓斌被擊斃，史澤波等二十七名將官被俘虜，
上黨戰役使閻錫山的實力損失慘重。

　　新建立的第 19 軍在解放戰爭後期退守金門。

第二十軍　川軍楊家將　早戰淞滬　後守湘贛

　　楊森屬四川軍閥降吳（佩孚）派，但在革命形勢的影響下，他在 1926 年
4、5 月間派代表到北京見李大釗，表示願意脫離吳佩孚，加入國民革命。李
大釗同楊森的代表會談後決定派在中共北方局負責軍事工作的彭澤湘隨楊的
代表到四川萬縣去和楊談判。彭、楊談判達成如下協議：國民革命軍北伐到
湖南時，楊即出兵攻鄂西；楊出兵時，改編爲國民革命軍；改編後接受廣東
派出的政治工作人員。8 月間，楊森又派代表到長沙，與北伐軍接洽，再三申
請國民政府給以名義。國民政府爲使楊森牽制鄂西一帶的北洋軍閥部隊，10
月初，任命他爲國民革命軍第 20 軍軍長兼川鄂邊防總司令，並委派朱德爲該
軍黨代表。楊森採取兩面態度，雖接受委任，但並不就職，甚至應吳系盧金
山的請求，組織援鄂川軍總司令部，自封爲總司令，圖進犯武漢。在國民革
命軍的反擊下，才於 11 月 16 日宣佈就職。

　　在抗戰期間 20 軍番號依然使用著。楊森、楊漢域、楊幹才祖孫三代先後
任軍長，純粹的「楊家將」。抗戰開始川軍第 20 軍由軍長楊森率領，從貴州
出發支持淞滬抗戰。出川抗戰時，20 軍步行奔赴前線時，每天幾乎要翻山越
嶺地走一百里以上的山路，晚上又要自己打草鞋。一天只吃一頓乾飯和一頓
稀飯，有時只吃到一頓飯。官兵雖感疲乏，但殺敵心切，日夜兼程。由貴陽
到長沙，一般要走 59 天。但這次竟在 14 天中全部到達。剛到武漢就踏上了
馳援淞滬的征途。10 月初到達上海，立即參加淞滬會戰。該軍轄楊漢域 133
師，楊漢忠 134 師。任務是守衛大廠、蘊藻浜、陳家行一線。與日軍第 9 師

團、近衛師團兩個旅激戰七天八夜。軍官身先士卒，師長楊漢忠負傷。團長林相侯、營長先糾華、彭澤生、張玉輝陣亡。在江家橋激戰中，797 團 3 連連長陣亡後，隨軍妻子，悲憤至極，代夫指揮，衝鋒陷陣，打退敵寇。全軍撤退時，經常熟、蕪湖到達安慶整補。

第 20 軍出川抗戰之後投入滬戰，並沒有受到嚴重打擊。1938 年 1 月駐守安慶，參與武漢會戰期間的舒城、含山戰鬥。武漢會戰之後楊森率第 20 軍到長沙整訓，隨後調戍鄂南。此前楊森升任 27 集團軍總司令，戍守鄂南長達 5 年，對地形已經相當熟悉。成為第九戰區側翼屏障之一。

後駐軍湘贛邊區，配合第三次長沙會戰，側擊日寇。敵軍主力猛烈進犯荷塘橋、學士橋、福臨鋪一線；其另一股步兵混合隊，在銅盆寺南猛攻栗橋，我軍奮力阻擊，敵未得逞。中午，第 20 軍第 134 師一舉攻佔長樂街以北 1 公里處的赤馬江、三里牌，擊毀敵軍汽車 20 餘輛，並擊潰敵軍坦克車隊；第 58 軍亦於大荊街附近重創敵軍，擊毀汽車 10 餘輛。敵軍以輕裝部隊 2000 餘人，由明月山向我迂迴，我軍轉移至麻林橋、唐田鋪、上杉市以南地區，對敵側擊。1944 年 7 月第 20 軍參加長衡外圍作戰，23 日向鄲縣退卻中與日軍第 3 師團 18 聯隊遭遇，在戰鬥中，將其聯隊長大橋彥四郎擊斃。

1945 年 4 月第 20 軍參加桂柳反攻戰。日軍第 3 方面軍在 5 月初向河池、黎明關攻擊，並以一部攻取天河，復沿柳（州）宜（山）公路北側，山地前進，以策應主力作戰。到 21 日晨，佔領河池縣城，並沿黔桂鐵路（貴陽至柳州）向宜山追擊，連克德勝、宜山。在收復宜山後，日軍曾數次由柳州增援，第 29 軍與其反覆爭奪，到 6 月 14 日再度克復宜山。日軍第 13 師團向柳州撤退，第 20 軍跟蹤追擊。同時第 46 軍主力於 24 日攻抵柳州南側，會攻柳州。30 日，收復柳州。爾後第 20、第 29 軍兵分 3 路沿桂柳公路和湘桂鐵路（衡陽至南寧）向桂林並進，至 7 月 17 日，克復雒容、中渡和黃冕，日軍退守永福，憑險頑抗。24 日，攻克桂林南方門戶永福。此時，一部沿桂柳公路克荔浦、白沙、陽朔，直逼桂林近郊，另一部攻克百壽，遂三面會攻桂林。第 94 軍向義寧，第 26 軍向全縣、興安間攻擊前進，7 月 10 日襲取南圩，26 日克義寧，向桂林近郊推進。在各路部隊總攻下，27 日收復桂林，續向東追擊。8 月 17 日收復全縣。時日本業已投降，作戰遂告結束。此戰，中國軍隊共擊斃日軍 4000 餘人、擊傷 5000 餘人。

其後該軍屢創敵軍，但損失也慘重，轉戰到黔時，只剩三營，後經補充組軍。

抗戰勝利後，該軍在解放軍渡江時在鎮江被擊潰，軍長楊幹才自戕。

後楊森在四川新建 20 軍，於金堂起義。新建的軍長楊漢烈是楊森的兒子，楊幹才之叔父。賀龍的代表杜重石與楊漢烈聯繫上以後，楊漢烈沒作猶豫，立即表示願意起義，並約定當夜到 63 軍軍部面談。但 134 師師長蕭傳倫反對起義，把部隊拉到溫江，企圖經松潘進入西康、雲南打游擊。好在副軍長范埏生已經奉命做好了整編的準備，12 月 26 日，20 軍終於宣佈光榮起義。蕭傳倫拉部隊去西康，在途中被解放軍消滅，蕭傳倫被擊斃。

第二十一軍　川軍好男兒　志在救國家

為川軍系統。當北伐軍進軍兩湖時，劉湘聯絡賴心輝、劉成勳、劉文輝通電討吳。國民政府也派代表赴川，策動劉湘出兵，響應北伐。但是，劉湘一面宣稱即將「出師北伐」，一面採取出巡檢閱部隊的辦法，以期拖延時日。當北伐軍攻克武昌後，劉湘等的反吳態度才較為堅定，因此，11 月下旬，國民政府分別委任劉湘、賴心輝、劉成勳、劉文輝為國民革命軍第 21、22、23、24 軍軍長，12 月以後，他們陸續通電就職。

七七事變後，由劉湘親自率領出川抗戰，組成兩個縱隊。第一縱隊（後改稱第 22 集團軍）下轄 41 軍（孫震部）、45 軍（鄧錫侯部）、47 軍（李家鈺部）；第二縱隊（後改稱第 23 集團軍）下轄 21 軍（唐式遵部）、23 軍（潘文華部）。21 軍軍長唐式遵在出征前在成都少城公園開誓師大會，莊嚴宣告「失地不復，誓不返川」。第二縱隊順長江東下至武漢，轉至安徽省，在廣（德）泗（安）一帶阻擊日軍，戰鬥十分激烈。是月中旬，上海失陷，南京形勢吃緊。為牽制和阻截企圖由太湖流域西侵南京之日軍，第 23 集團軍奉命離豫赴皖佈防。饒國華第 145 師著令固守軍事要衝廣德。11 月下旬，常熟、蘇州、無錫、江陰、武進等地相繼失守。23 日，日軍第 18 師團（即牛島貞雄師團）突然自太湖分乘百餘艘汽輪和橡皮艇竄抵宜興、長興一帶，隨即分兵兩路搶佔泗安，直撲廣德。23 日，日軍四千餘人以坦克、裝甲車為先導，在二十七架飛機的配合下對廣德發起猛烈進攻。饒國華面對優勢敵人的瘋狂進犯，親臨前沿，鎮定指揮所部憑城堅守，與敵展開逐點爭奪。經三晝夜激戰，雖給敵大量殺傷，自己傷亡也十分慘重。正在這危急時刻，所部團長劉儒齋不聽指揮擅自後撤，導致全線潰敗。至 30 日，廣德失守，饒國華率餘部僅一營人

被迫退至十字鋪據守。當晚。他憤於廣德爲敵所佔，寫就遺書，自戕殉國，時年四十三歲。他在遺書中說：「廣德地處要衝，余不忍視陷於敵手，故決與城共存亡，上報國家培養之恩與各級長官愛護之意。今後深望我部官兵奮勇殺敵，驅寇出境，還我國魂，完成我未競之志。」深刻表達了他熾烈的愛國之情。饒國華殉國後，爲褒揚他的英雄業跡，國民政府於 1937 年 12 月追贈其爲陸軍上將，並准予國葬。

抗日戰爭爆發後，川軍各將領紛紛請纓抗戰。

1938 年 1 月 20 日劉湘死於漢口萬國醫院。爲穩定四川局勢，潘文華回川，第 23 集團軍進行調整。114 師師長郭勳祺升任軍長改番號爲 50 軍。唐式遵第 23 集團軍仍控制 21 軍和 50 軍，實爲一個作戰單位。南京陷落後第 23 集團軍歸屬顧祝同第三戰區，一直到抗戰勝利。長期駐守皖南一帶，經常與新四軍打交道，在皖南事變中曾圍攻新四軍。

1941 年 12 月，太平洋戰爭爆發。此時，在第三次長沙會戰結束後，日軍南下政策得勢。針對日軍的軍事行動，軍事委員會從抗戰全局著眼，調第 23 集團軍總司令唐式遵指揮的第 21 軍和第 50 軍，共六個師，擔任皖南和贛東自荻港到湖口長江南岸防務，並乘機炮擊、佈雷，阻斷日軍航運。並抽調第 21 軍（欠 146 師），開往江西德興集結待命。第 146 師暫歸第 28 軍軍長陶廣指揮。第 21 軍第 146 師在大小長山與敵進行激烈戰鬥。1942 年 5 月 15 日，浙贛會戰開始，第 15 師團的師團長酒井直次中將率部隊從蕭山出發，向衢州

方向進攻，以「摧毀中國東南地區供美軍使用的航空基地」。5月27日晨，酒井率部向蘭溪進軍。為阻止日軍的進攻，第146師師長石照益派該師獨立工兵第8營，由代理營長黃土偉率領工兵營，在一個步兵營的掩護下，突進蘭江東岸，設置障礙，埋設地雷群，破壞公路、鐵路。8時許，酒井師團的前線分隊陷入地雷陣，傷亡慘重。10時40分，當酒井騎著馬率領部隊行進到蘭溪北面1500米處的三岔口時，走在前面的步兵分隊順利拐彎通過，而酒井的坐騎卻踩上了地雷。隨著「轟隆」一聲巨響，酒井被高高掀起，又狠狠地摔在地上。全身多處受傷的酒井因搶救無效，於當日下午斃命。酒井直次斃命後，日軍急於報復。第23集團軍的陳鳴謙部奉命佈雷時，搜索排士兵龐德賢和日軍巡查隊狹路相逢。他要戰友回部隊報急，自己卻被敵人抓住，要把他帶走。他大罵鬼子。日軍殘暴地挖掉了他的眼睛、割去他的鼻子和舌頭，終至悲壯而死。高級將領抗日救國熱情高漲，下級廣大士兵更是以死報國。第21軍之第146、第147師配合常山、華埠一帶的第145師，向佔領衢州、江山、玉山、貴溪、壽昌之敵進襲，廣泛開展游擊戰，牽制敵人南犯，掩護主力轉移。皖南事變後第23集團軍副總司令劉雨卿兼第21軍軍長。

陳萬仞為23集團軍副總司令，其功勳少見於歷史資料。四川著名抗戰文物收藏家樊建川收藏到一隻孤品瓷杯，上面畫有「鍾馗打鬼圖」，只不過此鬼為日本鬼子。瓷杯上的詩句是：「紫面藍袍鬢插花，驅邪降福仰卿家，而今到處妖魔屬，切莫寬容放縱他！」署名萬仞。萬仞即23集團軍副總司令陳萬仞，瓷杯為景德鎮名匠王大凡製。當年製作的這種瓷杯流行於世，無疑從另一側面證實當時川軍的抗戰動勞！

抗戰勝利後，經整編第21軍改為整編21師，劉雨卿為整編21師師長。1947年臺灣發生二二八事件。3月5日晨，駐防崑山的劉雨卿部獲令，「限8日前開赴臺灣平亂。旨在寬大處理，整飭軍紀，收攬民心」。7日，蔣介石電告陳儀，整編21師直屬部隊與一個團於本日正午由上海出發，約10日清晨可抵基隆，要切實做好軍隊登陸後的配合工作。

劉雨卿在抗戰勝利後參加內戰，在上海戰役中投誠。

第二十二軍　駐兵榆林　阻擋日軍

北伐軍進軍兩湖時，劉湘聯絡賴心輝、劉成勳、劉文輝通電討吳，國民政府分別委任國民革命軍第21、22、23、24軍軍長。12月以後，他們陸續通電就職。這幾個2字頭番號軍本來都是川軍，後在川軍內戰中賴心輝22軍被

劉湘、王陵基軍攻擊損失嚴重，餘部經貴州退到江西永豐，軍隊被陳誠改編。其部下張英被委以新編 11 師師長，賴心輝下野混日子。

抗日戰爭開始，湘軍譚道源第十軍團，改番號為 22 軍。轄朱耀華 18 師、陳光煜 50 師、戴岳 46 師。抗戰開始，參加淞滬戰。在羅店、寶山一線與日寇激戰。接著參加徐州會戰，損失慘重。徐州突圍出來的部隊，亂成一鍋粥，有的被日軍包圍殲滅，有的正四處奔逃。第 22 軍在突圍中與友軍失去了聯繫，日軍以 28 架飛機、17 輛坦克、96 輛裝甲車，配合步騎兵，在第 22 軍陣地上狂轟濫炸，來回碾軋，瘋狂掃射。譚道源幾乎被俘，戰後辭去軍職。陳誠藉口為譚延闓女婿，該軍被吞併，入列 27 軍。

「七七事變」後，蔣介石將駐甘肅的魯大昌 165 師駐榆林的高雙成 86 師，合編成第 21 軍團，任鄧寶珊為軍團長駐防榆林，在平綏線西段側翼抗擊日軍西侵；同時也有從北面包圍陝甘寧邊區的意圖。鄧以抗日目的可達，欣然赴任，自己先帶參謀長俞方臬及譯電員經西安飛往榆林。整個抗戰期間，鄧與陝甘寧邊區一直保持著睦鄰關係。1938 年西北軍鄧寶珊 21 軍團下轄 22 軍，高雙城任軍長，駐兵陝北榆林。該軍駐地東有傅作義 38 軍阻擋日軍，沒有和日軍交過手。南接延安與八路軍友好相處。毛澤東說過：包圍陝甘寧邊區的國民黨軍隊，情況很複雜，有對我們友好的，如在邊區北面沿長城一線的鄧寶珊、高雙成兩部，他們同蔣介石有矛盾，對共產黨、八路軍有好感和友誼。是當時難得的平安之地。1936 年西安事變發生時，支持張學良、楊虎城提出的八項主張和中國共產黨關於和平解決西安事變的方針。1945 年高雙城病故，左世允接任第 22 軍長。

解放戰爭開始，人民解放軍西北野戰軍從戰略需要進攻榆林。當時，鄧寶珊因還在起義問題上徘徊，故仍倉促應戰。8 月 12 日，胡宗南整編 36 師師長鍾松率部星夜兼程援榆，人民解放軍撤榆林之圍，在沙家店一戰將該師殲滅。

1949 年 1 月 13 日，鄧寶珊由周北峰陪同，前往人民解放軍平津前線部隊駐地談判。終於達成了和平解放北平的協議。鄧寶珊為北平和平解放作出努力，在綏遠期間，鄧寶珊還為寧夏馬鴻賓部隊的起義，做了一些有益的工作。左世允隨同起義。

中華人民共和國成立後，鄧寶珊先後任甘肅省人民政府主席、甘肅省省長；第一屆全國人民代表大會第一次會議上被任命為國防委員會委員。

第二十三軍　先爲川軍戰蘇皖　後爲晉軍守晉西

1926 年川軍劉成勳部正式命名爲國民革命軍第 23 軍，該軍幾經波折。劉成勳長軍時被劉文輝在內亂中擊垮，劉存厚長軍又被紅軍打垮。殘部併入劉湘部，潘文華任軍長。

1937 年 8 月奉命出川抗日，潘文華仍任軍長，轄郭勳祺 114 師、楊國禎 147 師、陳萬仞 148 師。同時一路出川的還有唐式遵 21 軍。合爲第 23 集團軍。開始由水路出川，下船後步行或乘火車先到鄭州、新鄉，又轉到浦口。此時淞滬戰爭已到尾聲，日軍由浙江金山衛登陸，爲防止被包抄，中國軍隊向西撤退。該軍受命在廣德、泗安一線阻擊日軍，拱衛南京。由浦鎭過江，經溧水到達防地。11 月下旬即與敵人接戰。

1938 年 1 月劉湘死於漢口萬國醫院。爲穩定四川局勢，潘文華回川，該軍被分解調整，番號改爲第 50 軍。144 師師長郭勳祺升任 50 軍軍長。唐式遵爲第 23 集團軍總司令，部下有 21 軍和 50 軍。川軍 23 軍的歷史結束。

1943 年晉軍啓用 23 軍番號，梁春溥、許鴻林先後任軍長，屬楊愛源第 6 集團軍，駐軍晉西南。1945 年春，世界反法西斯戰爭取得了決定性的勝利，日本侵華失敗已成定局。偏居西山的閻錫山 5 月將第二戰區長官司令部由克難坡移駐前方之隰縣城，策劃收復事宜。7 月中旬布置第 23 軍集結隰縣，作爲搶戰太原的第二梯隊。

解放戰爭時在太原被擊潰。太原戰役，自 1948 年 10 月 5 日發起，於 1949 年 4 月 24 日攻克，並且取得輝煌的勝利，山西保安司令許鴻林被俘虜。

新建 23 軍晏子風、李志鵬先後爲軍長，屬山東王耀武集團。被殲後經廣東逃臺。

第二十四軍　（附：新 12 軍）抗戰未出山　起義先立功

屬川軍系統。軍長劉文輝。該軍長期駐西康，遠離抗日前線。在蔣介石的催促下，只派出一個師出川，由其族侄劉元塘率領。1940 年任命其爲新 12 軍軍長，轄兩個新編師，基本無抗戰業績。後被胡宗南吞併。

解放戰爭後期蔣介石通知劉文輝與鄧錫侯，要他們在 1949 年 12 月 7 日下午去北校場談話，準備當場拘捕他們。形勢緊急，劉文輝、鄧錫侯立即逃出城。第二天，即 12 月 8 日，劉文輝以西康省主席兼 24 軍軍長的名義通電起義。劉文輝、鄧錫侯、潘文華的起義使蔣介石「決戰川西」的迷夢破滅，

倉皇飛逃臺灣。新中國成立後，劉文輝先後擔任過西南軍政委員會副主席、四川省政協副主席。可是隨著四川大邑縣籌建地主莊園陳列館，即後來聞名全國的「收租院」，劉文輝的處境變得尷尬起來。劉本人後來被調往北京任國務院林業部部長。

第二十五軍　駐守在皖贛　激戰於衢州

周西成是貴州軍閥集團中強有力的人物。1926 年 8 月間，蔣介石派李仲公赴貴州招撫周西成，周受委為國民革命軍第 25 軍軍長，12 月中旬，在貴陽就職。1928 年被李燊、龍雲聯軍打敗陣亡。

抗戰開始閩軍盧興邦 52 師參加八一三抗戰，傷亡殆盡。1937 年`9 月唐雲山預備第 3 師用了第 52 師番號，梁華盛預備第 4 師編為 190 師。兩師合為第 25 軍，調原 71 軍軍長王敬久為 25 軍軍長。

1938 年夏，日軍組織軍力欲取武漢。國民政府則調集全部海空軍，計有戰艦 40 餘艘，飛機 100 餘架，陸軍 120 個師總兵力約 110 萬人。決心在武漢地區與日軍決一死戰。戰至 7 月 26 日，張發奎失守九江。8 月 1 日第九戰區第一兵團司令薛岳奉命指揮九江至南昌以及鄱陽湖周圍戰事。他把 7 個軍的兵力部署在德安、瑞昌、廬山地區，擺下一個他自稱為「反八字陣」的陣勢，迎戰岡村寧次的第 11 軍。岡村寧次命令第 101 師團配合海空軍，從星子方向沿德安、星子公路進逼德安，企圖包圍薛岳部隊的側後，切斷南潯路。薛岳命令王敬九第 25 軍兩個師，嚴守星子和隘口鎮，迎擊伊東正喜中將率領的 101 師團。堅守的時間越長越好，為第 1 兵團殲敵創造有利條件。25 軍在星子鎮堅守了七天七夜。鑒於星子陣地已被日軍全部摧毀，堅守已無意義，撤退到隘口。而且此前薛岳已命令 29 軍兩個師、66 軍兩個師佈防隘口。第 101 師團進攻直到 9 月底，始終未能突破中國軍隊陣地。聯隊長飯國五大郎大佐被擊斃，師團長伊東政喜中將被打傷送進醫院，師團傷亡過半。岡村寧次只好命令 101 師團停止進攻，另增派第 27 師團從瑞昌、武寧方向進攻，以解救第 106 及 101 師團。薛岳立即組織部隊實施反攻。

中國軍隊發動反攻，在麒麟嶺全殲 27 師團鈴木聯隊。第 106 師團乘我軍調集部隊迎擊第 27 師團之機，迂迴萬家嶺，企圖解救陷入絕境的第 27 師團。中國各部隊於 7 日開始總攻，10 日結束戰鬥。除 106 師團有千餘人逃逸之外，其餘日軍萬餘人全部被殲，其中俘虜 300 餘人。這是中國軍隊全殲日軍一個師團的戰鬥，而在整個武漢保衛戰過程中，日軍卻未能全殲我軍一個師。

　　參加過武漢會戰後，25 軍駐守在皖、贛一帶。王敬久升任第 37 集團軍總司令，第 25 軍軍長爲張文清。梁華盛 190 師調到第 10 軍。屬於原東北軍吳克仁部的戎紀五 108 師調入，還調入方日英的 40 師，成爲甲種軍。這時候與陶廣第 28 軍共同警備蘇南、蕪寧鐵路和浙西方面的日軍，並派出部隊游擊襲擾蘇南、浙西敵後。

　　1942 年 4 月 18 日，由美國航空母艦起飛的Ｂ－25 型轟炸機，轟炸了日本東京、大阪、名古屋等城市，這是日本本土歷史上第一次遭到空襲，它使日本國內人心惶惶，極爲震恐，輿論譁然。日本大本營迫於形勢，令日軍駐上海第 13 軍和駐漢口第 11 軍，分別急速從中國戰場拼湊兵力，發動浙贛戰役，企圖徹底摧毀衢州、玉山、麗水等國際機場，防止遭受美機穿梭轟炸，以達到安定本國民心和戰場官兵士氣的目的。當時，江南已屆梅雨季節。入夜，陰雲密佈，月黑無光。第 32 集團軍總司令上官雲相率第 25 軍速開赴壽昌以西地區集結待命；第 28 軍陶廣部南調淳安，令所部加強蘭溪、壽昌的守備，相機襲截沿富春江方向來犯之敵。第 49 軍轉進衢江南岸遂安、古市地域，確保雲和、松陽之線，阻敵南犯，並向佔領浙贛線及麗水之敵襲擾游擊。在廣大戰場上，我各個部隊四處出擊，並配合地方武裝，破壞鐵路、倉庫、撤運物資，使敵人搶獲物資的東運計劃受到擾亂。我軍在沙溪及信江兩岸擊潰敵三個聯隊，獲重大戰果。此後，第 25 軍調贛東南城；第 32 集團軍指揮第 25 軍、第 26 軍，從衢州西北地區，以全力攻擊衢州外圍之敵，配閤第 10 集團軍的夾擊作戰。第 25 軍第 40 師在大洲鎮、石室街附近第 26 軍在衢州西北浮河村、芳村鎮一帶；第 25 軍在壽昌以西奪大同鎮、上方鎮一帶，準備包圍殲滅進攻衢州之敵。我軍按計劃以衢州城爲核心，吸引敵人，官兵們鬥志高昂，摩拳擦掌，誓殲敵軍，保衛國土。第 26 軍轉移至衢江南岸之峽口、仙霞嶺一帶及廣豐、上饒間信江南岸至汪二渡之線，歸第 32 集團軍指揮，其任務是阻敵南犯，確保浙閩邊境及浦城要地，並派出有力部隊對佔領浙贛線之敵，襲擾游擊，消耗、牽制敵人。1944 年原東北軍人張文清升職，黃伯韜任軍長。黃伯韜學兵行伍出身，曾任馮玉祥六戰區參謀長，並無硬靠山。戰則爭先，退則遵紀，競競業業。

　　該軍在皖南事變時，爲主攻新四軍的部隊。解放戰爭時黃伯韜任第 7 兵團司令，陳士章爲軍長。該軍在碾莊被殲滅，黃伯韜兵敗自戕。重建之軍退守金門島。

第二十六軍　二次長沙會戰在最前線

浙軍第 2 師師長周鳳歧任九江警備司令時，隱居在九江英租界的國民黨人對周進行了策反工作。總政治部派杜偉，國民政府派趙舒前去做爭取工作，與周協議易幟事宜。周部旅長斯烈之弟斯勵在軍事委員會總政治部工作，也奔走於滬、杭、潯之間。周鳳歧令工兵營長樊崧甫赴武漢與北伐軍接洽。當南潯路孫傳芳軍處境危急時，周企圖返浙，與夏超聯繫。孫傳芳本忌周，這時對周防範更嚴，想調安徽省長陳調元回九江，解決周部，但陳對周持庇護態度。當北伐軍向浙江進軍時，12 月中旬，周在衢州宣佈廢除浙軍名義，受命改編爲國民革命軍第 26 軍，周任軍長。1938 年周在上海任僞職被刺殺。

1933 年原方振武部蕭之楚投向蔣介石，後任第 26 軍軍長，開赴北平城郊參加長城保衛戰，實際該軍只有一個 44 師。1938 年蕭之楚 26 軍轄原來基本師 44 師外，（師長爲陳永）。還新加進王修身 32 師。32 師曾參加八一三淞滬戰爭，原係河南部隊，隨胡宗南第一軍來上海。

5 月參加過武漢會戰，守備安徽潛山，是爲田家鎮要塞的外圍。戰後撤至平漢路以西。另徐源泉第 10 軍參加南京保衛戰損失慘重，亦退潛山，戰後令其在大別山游擊。徐源泉沒有得到命令而撤到路西，遂將其免職，其丁治磐 41 師併入 26 軍。26 軍成爲有三個師的甲種師。41 師源出山東張宗昌部，第 26 軍實際是非黃埔拼成的中央軍。曾參加棗隨、棗宜會戰，作戰勇敢，歸五戰區。馮玉祥曾來五戰區視察，來到了黃山崗，在這個地方見到了第 32 師長王修身。曾說：「抗戰以來，他帶著這一師的官兵，爲國家出力很大，日本鬼子被他這一師打死的很多，他們眞夠得上是自我犧牲的忠勇將士。我們在陣地邊上談了話，又照了相。這個地方的陣地太難做了，因爲水太多。王修身是跟我當過兵的，他來的時候不過十六歲，好讀書，體操又好，窮家孩子出身，凡事都能吃苦耐勞，人人都看得起他，這一次在這裡遇見。」

後第 26 軍調往贛西戰場，加入羅卓英之第 19 集團軍，負責守備。轄有蕭之楚 26 軍、孫渡第 58 軍、俞濟時第 74 軍、夏楚中第 79 軍、劉多荃第 49 軍等六個軍，在贛江以西沿新喻、高安、奉新、靖安南北之線，向南昌及南潯路方面之敵採取持久防禦的對策，與敵兵力約爲五與一之比。

1941 年 9 月參加第二次長沙會戰。26 軍、37 軍在最前線，首當其衝。6 日當日軍第 3、第 6 兩個師團到達瀏陽河以北的朗梨市一帶時，第 4 軍和第 26 軍已到達該地。第 26 軍首先從北面發動進攻，此刻，連一向好戰的神田和

豐島兩位師團長都不再敢戀戰，而以兩個師團並列的隊形倉惶退向以北的楓林港地區。日軍第3、第6師團且戰且退，在退回金井之前，留守金井附近的日軍龜川部隊已遭我第37軍的圍攻，待日軍增援部隊趕到時，四百多名日軍僅剩下二十名，幾乎全軍覆滅。

日軍大部隊趕到撈刀河埋伏，企圖守株待兔。22日上午，到達撈刀河的不是第72軍，而是前往甕江路經這裡的第26軍。這天下午，第26軍盲目地向日軍設下的大包圍圈裏鑽，阿南手持望遠鏡，命令部隊必須在中國守軍全部進入包圍圈後才開始攻擊。傍晚，第26軍軍長蕭之楚突然發現部隊被日軍包圍，嚇出一身冷汗，急忙發電報，向薛岳請求撤退，或者要求派部隊接應。薛岳回電，要求他待命行動，暫時就地作戰。23日、24日，蕭之楚命令部隊還擊，殺開一條血路向外衝，可是，敵人的包圍圈如同一個嚴密的桶，左衝右突，衝不出去。這時敵人的包圍圈越來越小，敵人怕傷到自己人不敢開炮，也不敢用坦克開路了。在這生死存亡的關鍵時刻，第37軍一個團從大雲山開往高塘嶺歸建，正好路經這裡。他們發現兄弟部隊被圍，從北面猛烈攻擊，還吹起了衝鋒號。第26軍見有部隊接應，頓時精神大振，和第37軍的這個團裏應外合，終於撕開了一個缺口，25日衝出了敵人的包圍圈。第26軍如泥鰍從阿南的手中溜走了，到手的肥肉沒有了，阿南又氣又急。但戰後軍事委員會總結時，認為26軍、37軍均潰不成軍。並追究兩軍在汨羅江被突破的責任，但未處分。

1941年12月太平洋戰爭爆發。美軍飛機轟炸日本本土，常利用浙贛地區大機場降落。日本急於破壞機場群。針對日軍的軍事行動，軍事委員會從抗戰全局著眼，於1942年春，又從第九戰區抽調戰鬥力較強的第26軍和第74軍轉用於第三戰區，以增強第三戰區的兵力，參加浙贛會戰。第26軍控置於江山、玉山一帶地域。日軍當達到一定目的，又受到中國軍隊的嚴重打擊後，8月中旬開始撤退。在撤退過程中，敵第32師團一部曾北犯，以掩護浙贛線撤退部隊，與我23集團軍第145師在常山、華埠交戰；上饒之敵第22師團北犯鄭家場，與第146師交戰；第26軍在上饒以南土官橋、坑口、冷灘與敵激戰，予敵第22師團以重創，敵被迫敗退上饒。敵第15師團之一部為掩護其主力東撤，攻佔了仙霞嶺，經我第49軍第105師奮力反攻，於8月9日收復仙霞嶺。浙南方面之敵雖於七月下旬至八月上旬先後攻陷瑞安、遂昌、松陽等地，但被我第88軍、暫編第9軍兩面夾擊，遭受損失，退向金華。第32

集團軍指揮第 25 軍、第 26 軍，從衢州西北地區，以全力攻擊衢州外圍之敵，配合第 10 集團軍的夾擊作戰。第 25 軍第 40 師在大洲鎮、石室街附近，衢州西北浮河村、芳村鎮一帶；第 25 軍在壽昌以西奪大同鎮、上方鎮一帶，準備包圍殲滅進攻衢州之敵。我軍按計劃以衢州城爲核心，吸引敵人，官兵們鬥志高昂，摩拳擦掌，誓殲敵軍，保衛國土。第 26 軍轉移至衢江南岸之峽口、仙霞嶺一帶及廣豐、上饒間信江南岸至汪二渡之線，歸第 32 集團軍指揮，其任務是阻敵南犯，確保浙閩邊境及浦城要地，並派出有力部隊對佔領浙贛線之敵，襲擾游擊，消耗、牽制敵人。戰後第 26 軍調回第九戰區。1942 年蕭之楚升任 30 集團軍副總司令，丁治磐升任軍長。

　　1944 年 9 月桂柳會戰。日軍第 40、第 58、第 37 師團和第 34 師團一部，向桂林城發起總攻。同日，日軍第 23 軍 104 師團、第 11 軍第 3、第 13 師團突破中央兵團的防禦陣地，攻向柳州。11 日，防守桂林城區的第 31 軍大部犧牲，小部突出重圍，桂林陷落；堅守柳州城區的第 26 軍傷亡過半，奉命撤離，柳州失守。隨後，日軍第 3、第 13 師沿黔桂鐵路（都勻——柳州）向西北進攻；第 23 集團軍沿柳邕公路（柳州——南寧）向西南進攻，24 日占南寧。28 日，日軍南方軍第 21 師團一部從越南突入中國，向廣西綏淥（今屬扶綏）進攻。至此，從中國東北直至越南河內的大陸交通線，終於被日本侵略者打通。中國軍隊潰退入貴州。日軍以 3000 餘人的兵力沿黔桂公路追擊，如入無人之境。沿黔桂鐵路進攻的日軍至 12 月 2 日攻至貴州獨山，逼近四川，震動重慶。26 軍參加防止日軍進入貴州之役。日軍在遭到黔桂湘邊區總司令部部隊的反擊，撤回廣西河池。

　　解放戰爭時丁治磐升爲青島警備司令，馬勵武繼任軍長。被殲於山東嶧縣。新建的 26 軍余程萬、彭佐熙先後任軍長，由雲南戰場（部分經越南）逃臺。

第二十七軍　幾部匯合組軍　增援河南

　　第 27 軍的歷史比較複雜，來歷多頭，變化大。

　　北伐軍在江西、福建戰場取得決定性勝利的形勢下，安徽省省長陳調元派代表赴贛，請求改編，蔣介石任陳爲國民革命軍第 37 軍軍長。同時，蔣介石也任皖軍第一軍軍長王普爲國民革命軍第 27 軍軍長。後王普辭職。1931 年湘軍的李雲杰任 27 軍軍長，李必蕃任 27 軍中的 23 師師長。李必蕃（1892～

1938）嘉禾人。保定軍官學校畢業。在北伐戰爭中頗著戰功，抗戰時期出潼關開赴前線，滄州一役，擊潰頑敵。隨後轉戰津浦、平漢、隴海各線。徐州會戰期間，配屬於商震第20集團軍，奉命轉進菏澤。日軍以強大兵力和猛烈炮火，逼臨菏澤城下。他率部迎戰衝殺，反覆肉搏，腹部中彈犧牲。國民政府追贈為陸軍中將。蔣介石曾挽祭李必蕃。詞為：

転戰徐淮早識精忠能報國；

同舟風雨春懷節烈倍含悲。

李必蕃犧牲後，歐陽棻繼任師長入列於13軍，隨後參加武漢保衛戰。

1938年5月繼徐州會戰後，進行了豫東戰役。桂永清所組成的27軍由幾部分組成。

一是：湘軍譚道源第十軍團，轄18師、50師、46師。抗戰開始，參加淞滬戰。在羅店、寶山一線與日寇激戰，撤離上海後又參加徐州會戰，損失慘重，譚道源本人亦險些被俘。陳誠藉口為譚延闓女婿，該軍被吞併，入列27軍。桂永清為軍長，轄蔣伏生36師和李良榮46師，46師原師長戴岳辭職。

二是：教導總隊參加南京保衛戰，守衛紫金山，損失慘重。從南京撤退之後，在武漢收容零散官兵，補充新兵，以儲存在後方倉庫的武器進行重新武裝。1938年1月，軍政部將在淞滬會戰中損失慘重的湘軍系統的第46師進行重新整編，將該師部分官兵併入第11師與第61師，以師部及所剩下的官兵與教導總隊的殘部合編成新的第46師。至此，中央軍校教導總隊番號不復存在。

合編之後的新第46師師長為原教導總隊總隊長桂永清，副師長李良榮（原航校特務團團長）和周振強（原教導總隊副總隊長）。第46師下轄第136旅、137旅和138旅，其中教導總隊殘部編成第138旅，由馬威龍（原教導總隊第3旅旅長）任旅長。2月桂永清升任第27軍軍長，師長遺缺由李良榮接任。

1938年5月下旬第46師以第27軍建制參加豫東作戰。日軍第14師團集中全力猛攻27軍在楊固集、雙塔集一帶的防線。第27軍此時既無士氣也無戰力，陣地很快被日軍突破，桂永清竟不思反擊反而率部退向開封，只是命令配屬作戰的第88師接替106師防守蘭封。88師師長龍慕韓竟步桂永清後塵於5月23日擅自放棄蘭封，使日軍不費吹灰之力進佔戰略重地蘭封。德式模範師竟如此表現，實在令人痛心疾首。蔣介石聞訊後嚴令48小時內必須收復蘭封。71軍、74軍、64軍和27軍全力反擊，血戰兩天後於27日收復蘭封，

激戰中 46 師再無昔日的赫赫虎威，三個旅長一死兩傷（教導總隊改編而成的 138 旅旅長馬威龍陣亡）。團長傷亡各二名，營長陣亡九名，全師傷亡達 5000 餘人。戰後 88 師長龍慕韓被處決，成爲抗戰中第一個被處決的嫡系將領，桂永清和李良榮均被免職，第 27 軍番號撤銷。第 46 師僅剩 3000 多人。46 師的殘部隨著胡宗南的第 17 軍團西撤，隨後順理成章地被胡宗南整編。原教導總隊的黃祖勳仍任 46 師師長，下轄第 136 旅和第 138 旅。在此基礎上於 1938 年 11 月重組 27 軍，原第 1 軍副軍長范漢傑爲 27 軍軍長，除 46 師外還轄李用章 45 師、陳素農暫編第 8 師，開赴晉東南作戰。曾在日軍手中收復垣曲、沁水、晉城、高平等地。1940 年奉令在山西進攻決死隊參加內部摩擦。1941 年被日軍擊潰，范漢傑調離，由劉進任軍長，繼續留在晉東南。1943 年 1943 年 5 月 10 日冀察戰區副總司令兼第 24 集團軍總司令、太行山游擊總司令龐炳勳於河南陵川被俘後通電投敵。所轄第 27 軍軍長劉進被孫殿英裏挾投降日本，（後又逃回陝西，被撤去軍職，永不續用）。1944 年周士冕爲 27 軍軍長，林偉宏預 8 師曾由西安增援河南，拱衛洛陽。該軍仍保留基幹 46 師，師長爲李日基。

1945 年原預 1 師師長謝輔三組建了暫編第 4 軍，由陝西來河南參加中原會戰。後又到豫西，合併於 27 軍，軍長爲謝輔三。

解放戰爭中劉孟廉爲軍長，在西康被擊潰。

第二十八軍　參加浙贛戰役　新安江阻敵

何鍵湘軍在抗戰軍興時，擴編三個軍，即 19 師擴充的 70 軍，李覺爲軍長；15、16 師合編的 73 軍，王東原爲軍長；陶柳 62 師、陳光中 63 師合編的 28 軍，陶廣爲軍長。淞滬會戰時，28 軍防守浦東、浙東沿海。戰後撤守皖浙邊區，又增轄胡達爲師長的第 192 師。大部爲湖南子弟。1938 年 10 月該軍防守新登、臨安一線，與富陽之敵軍對峙。在石灰山戰鬥中，利用毛竹林有利地形，消滅了一個騎兵中隊，隊長稻村自殺。此戰役獲勝有富陽城義士潘木匠之功，是他將日軍引到絕境，後被日軍隊長稻村砍死，殺身成仁。

1941 年幾部匯合組軍增援河南，拱衛洛陽。

1942 年 4 月 18 日，由美國航空母艦起飛的 B-25 型轟炸機，轟炸了日本東京、大阪、名古屋等城市，這是日本本土歷史上第一次遭到空襲，它使日本國內人心惶惶，極爲震恐，輿論譁然。日本大本營迫於形勢，令日軍駐上海第 13 軍和駐漢口第 11 軍，分別急速從中國戰場拼湊兵力，發動浙贛戰役，

企圖徹底摧毀衢州、玉山、麗水等國際機場，防止遭受美機穿梭轟炸，以達到安定本國民心和戰場官兵士氣的目的。第 3 戰區司令部命令固守蘭溪、壽昌，策應拱衛衢州。第 28 軍在富春江方面，第 88 軍在義烏、蘇溪鎮等地進行游擊戰，對敵後方兵站、運輸線進行襲擾破壞，予敵後勤運輸線以沉重打擊。第 28 軍第 192 師沿新安江阻擊敵人，固守蘭溪、壽昌，策應拱衛衢州方面之作戰；調第 21 軍之第 146 師歸其指揮。5 月 29 日，敵第 15 師團沿鐵路西進。30 日，敵第 22、第 15 師團及河野旅團集結於龍遊及其以南地區。敵第 32 師團攻陷壽昌後，與敵第 116 師團之一部連結，進出於衢江北岸的峽口、杜澤、蓮花鎮一帶。敵小薗江旅團也向龍遊移動。敵各部逐漸完成進攻衢州的準備。第 28 軍和第 2 軍之第 146、第 147 師配合常山、華埠一帶的第 145 師，向佔領衢州、江山、玉山、貴溪、壽昌之敵進襲，廣泛開展游擊戰，牽制敵人南犯，掩護主力轉移。

1945 年在浙西作戰慘敗，改由中央軍系統李良榮任軍長，湘軍被改編。該軍解放戰爭中屬黃維兵團，在淮海戰役被擊潰。後劉秉哲爲軍長，駐防浦口。渡江作戰時被殲於皖南。

第二十九軍　大刀隊喜峰口顯威　南昌戰陳將軍殉國

靳雲鶚部是吳佩孚殘部中實力最大者，轄有高汝桐、閻得勝、徐壽椿、馬吉弟 4 個師，約 2.5 萬人。對於張作霖和馮玉祥的態度，靳雲鶚和吳佩孚意見相左。靳力主聯馮討張，吳主張聯張討馮。1927 年 2 月初，當張作霖以援助吳佩孚反攻武漢爲名，分兩路進攻鄭州和開封時，靳發表拒絕奉軍入豫的通電，靳自稱河南保衛軍總司令，以魏益三爲副司令。自奉軍入豫後，靳即與武漢政府通聲息。國民政府決定給靳、魏以軍餉援助，委任靳爲國民革命軍第 29 軍軍長兼豫鄂邊防督辦，後被馮玉祥免職繳械。1930 年中原大戰爆發，馮玉祥、閻錫山聯合討蔣。討蔣失敗後被迫交出軍隊，張學良將馮軍宋哲元等部改編爲 29 軍，宋哲元任軍長。

該軍早在九一八事變之後長城保衛戰時就有日寇交鋒的歷史。1933 年 109 旅旅長趙登禹於 3 月 9 日晚趕到長城喜峰口前線，立即來到陣地查看形勢、分析敵情，命令 217 團扼守正面陣地，讓 218 團的一個營從左側出擊，派另一營出擊右側並向日軍的後方迂迴突襲。日軍亦源源增兵，雙方展開激烈遭遇戰。經過兩天連朝接夕的交戰，中國軍隊雖然頂住了日軍的攻勢，卻未能克復孟子嶺高地，處境仍然被動。張自忠感到這樣與敵人硬拼消耗終非善策，

於是同馮治安、趙登禹商議，決定組織大刀隊對日軍實施大規模夜襲。10 日的凌晨 1 點鐘左右，天色朦朧，29 軍戰士身背亮閃閃的大刀，悄悄地摸到日軍的營地內。酣睡未醒的日軍萬萬沒有想到，就在睡夢中竟會大刀橫頸，把他們送上了西天。日軍自從侵佔我東北以來，沒有遇到什麼大的抵抗，所以驕縱萬分，夜間睡覺都脫掉衣服，卸下裝備，放鬆戒備。這次突襲使他們亂作一團，不及舉槍只得抱頭鼠竄。經過數小時的戰鬥，砍殺日軍數以百計，奪回機槍十餘挺，燒毀日軍接濟車十餘輛。帶著勝利的喜悅，夜襲隊的戰士們返回了自己的營地。趙登禹因功升任 132 師師長。在潘家口與日軍激戰 4 晝夜，斃敵 5000 餘。率部回駐察哈爾，後移駐河北河間等地。

1937 年的「七七」盧溝橋事變，是日本侵略者自從發動「九一八」事變以來，侵略中國的又一關鍵步驟。盧溝橋為 29 軍扼守的軍事要地，以 37 師110 旅 219 團第三營駐守。這是一個加強營，有 1400 多官兵，營長金振中。團長吉星文事變前在南京受訓未歸，團部設在橋西的長辛店，由團副蘇桂清主持。旅長何基灃，師長馮治安均為堅決抗日的愛國將領。

7 月 6 日，駐豐臺日軍要求穿過宛平城去長辛店演習，遭中國守軍拒絕。7 月 7 日又荷槍實彈到盧溝橋地區演習，氣氛緊張，異於往常。旅長何基灃急電師長馮治安從保定返平，商議了應變措施。當晚 10 時許，日軍演習完畢，在城北整隊似乎要回營。此時城東方突然鳴槍數響，日軍立刻對宛平城取包圍攻擊之勢。日軍無端向宛平守軍提出，日軍丟失一名士兵，聽到城內槍響，疑在城內，要求入城搜查。營長金振中拒絕了日方無理要求，並指揮所部嚴密戒備，當即報告了上級。日軍鳴槍示威，兩軍對峙。夜 12 時許，日本使館武官松井兩次打電話給 29 軍副軍長兼北平市長秦德純，堅持要求日軍入城搜查，秦德純拒絕之。稍後，松井電話稱，丟失士兵已經歸隊，但為查明原因，日軍一定要入城，如不允許，將以武裝保護進城。此時日軍已向宛平城外大量增援，作好總攻準備，戰火一觸即發。為防止事態擴大，秦德純與松井商定雙方派代表連夜赴宛平城調查。

冀察當局派河北省第四區行政專員兼宛平縣長王冷齋，冀察政委會外交委員會專員林耕字，冀察綏靖公署交通處副處長周永業為代表；日方以冀察綏署顧問櫻井，輔佐官寺平，秘書齋藤為代表。8 日 4 時許雙方代表到宛平城縣署大廳談判。日方提出懲凶，向日方道歉，中國軍撤退，日軍入城等無理要求，王冷齋嚴辭拒絕。談判剛剛開始，東門外便槍聲大作，日軍攻城。

為保證代表安全，金振中提議將談判地點改在縣署附近的民房。當代表們剛離開大廳，首發炮彈便命中大廳，頓時雙方激戰至 7 時 50 分不止。金振中把櫻井等帶上城牆，讓他們向日軍喊話停止攻城，但無效，談判無法進行。師長馮治安通過何基灃下達命令：「盧溝橋即爾等之墳墓，應與橋共存亡，不得後退」。三營官兵不畏犧牲，英勇還擊，多次打退日軍進攻。城外鐵路橋，城北龍王廟被日軍搶佔，對宛平城造成威脅。日軍見守軍頑強抵抗，同意停火談判，但因日方蠻橫無理，談判破裂，11 時敵人再度攻城，宛平談判終止。

8 日午後，29 軍組織有力反攻，從長辛店以北，八寶山以南夾擊宛平城外日軍，重創敵人。入夜組織大刀隊，奇襲鐵路橋及龍王廟之敵。在夜幕掩護下，中國健兒悄悄摸進敵陣，只見寒光閃閃，日寇身首分家，驚恐萬狀的敵人倉皇逃命，29 軍奪回了鐵路橋與龍王廟。11 日，松井與秦德純達成三項停戰協定，冀察當局作了重大妥協，但事態卻繼續惡化。日軍用大炮、戰車反覆衝擊，鐵路橋、龍王廟幾得幾失。219 團傷亡很大，營長金振中，團長吉星文均先後負傷，但仍然堅守陣地。同時北平城內也緊急動員起來，準備迎擊敵人的進攻。

19 日 23 時，29 軍代表與日本華北駐屯軍參謀長簽訂了停戰協定六條「誓文」。20 日，日軍撕毀協定，炮擊宛平城、盧溝橋，進犯大紅門，北平市人心恐慌。132 師趕到南苑及北平城內增防，人心稍定。25 日，日軍突然襲擊廊坊，飛機狂炸，38 師守軍被迫撤退。26 日香月清司向宋哲元下最後通牒，要求駐守盧溝橋及北平各地的 29 軍必須於 28 日完全撤退，否則日軍將自由行動。實際上日軍已切斷了平津交通，從廊坊進攻團河、黃村、通縣、南苑，又挑起廣安門事件。天上飛機，地面坦克，掩護狂暴的日兵衝殺。日寇按預定計劃發動了全面戰爭。28 日反攻豐臺，組織南苑保衛戰，反擊日軍對廣安門的進攻，痛殲五里店日軍，均取得了勝利。通縣偽軍張硯田、張慶餘部舉義反正，消滅了通縣日偽軍。但已作好大戰準備的日軍，依仗優勢裝備，像野獸般地猛撲豐臺、南苑。豐臺失陷，南苑危殆。29 軍把軍部移到城內，佟麟閣、趙登禹二將軍指揮南苑保衛戰。1000 多名暑期軍訓團的男女學生，與 29 軍並肩戰鬥。經過頑強抵抗，給敵人以重大殺傷。但在日軍大炮、飛機的轟擊下傷亡極大，只得且戰且退。佟、趙二將軍身負重傷，仍指揮作戰，先後壯烈殉國。

29 日宋哲元按蔣介石的命令指揮所部撤往保定，留下張自忠帶少數人在北平維持冀察政權。29 軍駐天津部隊在重創日軍後也南撤。天津是華北的門戶。由張自忠的 38 師負責天津治安。師部設在北平的南苑，並駐有一個旅的部隊，另外獨立 39 旅駐北平北苑。廊坊駐守一個旅，在天津周圍到大沽口一線的兵力，李致遠獨立 26 旅，黃維綱旅、手槍團。因天津市內按《辛丑條約》規定，中國軍隊不能駐軍，38 師也只是將一部兵力改頭換面穿上保安隊服裝，在市內維持治安。另外，還有些警察。在天津市內和附近，總的兵力共約 5000 餘人。29 日凌晨 1 時，天津抗敵的槍聲響了。由於中國軍隊主動出擊，日軍倉皇應戰，在火車東站、火車總站、東局子飛機場、海光寺、日租界、公大七廠等處激戰。海河河面的日本海軍艦艇和海河堤岸 20 多門大炮，突然向守衛在大沽口的黃維綱旅 224 團 2 營陣地轟擊。9 日中午，天津守軍已經孤立無援，天津外圍的黃維綱旅則因在大沽口和其它地方與日軍交戰，已無兵力支持市區，日軍不斷調來援軍，飛機在天津市區猛烈轟炸，守軍付出了慘重代價，總指揮部只剩下兩個連的預備隊，已無法分配。日軍包圍圈漸漸合攏。李文田等人知力不能支，如再死戰，必然全軍覆沒，決定下午 3 時撤退。部隊向靜海縣、馬廠兩地集中。7 月 30 日天津淪陷。本來廊坊劉振三旅也準備前來支持天津，現在已經無法趕到，轉向靜海縣集中。第 38 師的官兵與日軍在靜海一帶又展開了拉鋸之戰。

1937 年 10 月 29 軍軍長宋哲元被委為第一集團軍總司令，擴編為三個軍。原轄 37、38、132、143 四個師。馮治安 37 師為基礎擴編為 77 軍，保留原來 37 師，張淩雲為師長，原趙登禹 132 師歸入 77 軍，師長王長海，何基灃旅升格為 179 師。38 師擴為 59 軍，轄黃維綱 38 師、劉振三 180 師。143 師擴建為 68 軍，轄李曾志 143 師和李金田 119 師。原 29 軍番號中止。以後戰爭事蹟可看 59 軍、68 軍、77 軍各條。

1938 年 79 師和 26 師合編為新的 29 軍，屬中央軍，與參加盧溝橋戰鬥的老 29 軍毫無關係。七七事變，79 師駐軍潼關、耀縣一帶，師長陳安寶義憤填膺上書抗戰。11 月 5 日，日軍在金山登陸，欲占平湖，切斷滬杭線。陳率部星夜疾駛，在乍浦一帶海岸佈防 80 餘里，正面抵擋日軍進攻，直至 15 日轉移，扼守臨平。次年 2 月，從諸暨奔襲餘杭，並設伏途中，殲滅增援日軍。後在浙北敵後鐵路、公路、運河沿線展開游擊戰，收編自發組織抗日民眾，多次挫敗日軍「掃蕩」。7 月，任 29 軍軍長兼 79 師師長，並轄第 26 師、第

40 師，29 軍編為新甲種軍。8 月 20 日，日軍 101 師團進攻長江南岸星子。陳安寶與葉肇、王敬久三個軍奮勇抵抗，相持 3 個月。12 月，79 師由副師長段朗如繼任。

1939 年 3 月 17 日，南昌會戰打響，陳安寶在南潯一線阻擊 101 師團。27 日南昌失守，陳率 79、26、預 6 師及江西保安 12 團，守衛鄱陽湖東西兩岸和撫河東岸。4 月 22 日，南昌反擊戰開始。這本一次毫無勝算的戰役，蔣介石礙於面子，強令進攻。第 79 師劃歸 32 集團軍總司令上官雲相指揮，渡撫河，克謝埠市，攻至南昌附近岡下、關村、蓮塘，與各主攻部隊向縱深發展，克復機場、車站，突入南昌城防工事。第 79 師傷亡慘重。段朗如師長認為力量對比懸殊，欲改變軍事打法，卻被上官雲相認為貽誤戰機，被上官雲相誘撲槍殺，實為死於錯誤的指揮。5 月 5 日，陳安寶赴蓮塘指揮 3 個師主攻南昌。6 日晨，日機狂炸指揮部。日軍主力在優勢炮火掩護下，瘋狂反攻，經激烈反覆爭奪，陣地逐漸縮小。下午，26 師師長劉雨卿受重傷，預備隊拼光。4 時許，陳安寶僅帶數人冒炮火往前沿督戰，途經姚莊中彈犧牲，終年 49 歲。南昌會戰第二戰役失敗。29 軍撤到雲山寺整補。後劉雨卿任軍長。1940 年劉雨卿因是四川人調到唐式遵第 23 集團軍 21 軍軍長，唐式遵不再兼任。原 26 師由王克俊為師長，歸入王鐵漢 49 軍。79 師原副師長段林茂升為師長，歸第 10 集團軍王敬久指揮。29 軍番號中止。

1940 年建新 2 軍，陳大慶為新編第 2 軍軍長，屬湯恩伯集團。又逢原 29 軍軍長陳安寶犧牲後進行調整，新編第 2 軍改番號為第 29 軍，軍長仍為陳大慶，轄賴汝雄 193 師、王毓文 91 師、李強暫編第 16 師。參加豫南會戰。1944 年，陳大慶升 19 集團總司令，馬勵武為 29 軍軍長。隨後久不在軍中的孫元良，又出來任新組建的 29 軍軍長。轄王鐵麟 91 師、蕭重光 193 師、趙琳預備第 11 師。1944 年 9 月參加桂柳會戰，阻敵進攻貴陽，奪回獨山、南丹要地。1945 年 5 月初，陳金城為第 29 軍軍長，率領部隊向河池、黎明關攻擊，並以一部攻取天河，復沿柳（州）宜（山）公路北側，山地前進，以策應主力作戰。到 21 日晨，佔領河池縣城，並沿黔桂鐵路（貴陽至柳州）向宜山追擊，連克德勝、宜山。在收復宜山後，日軍曾數次由柳州增援，第 29 軍與其反覆爭奪，到 6 月 14 日再度克復宜山。日軍第 13 師團向柳州撤退，第 20 軍跟蹤追擊。同時第 2 方面軍第 46 軍主力於 24 日攻抵柳州南側，會攻柳州。30 日，收復柳州。爾後，第 3 方面軍第 20、第 29 軍兵分 3 路沿桂柳公路和湘桂鐵路

（衡陽至南寧）向桂林並進，至 7 月 17 日，克復雒容、中渡和黃冕，日軍退守永福，憑險頑抗。24 日，攻克桂林南方門戶永福。此時，一部沿桂柳公路克荔浦、白沙、陽朔，直逼桂林近郊。另一部攻克百壽，遂三面會攻桂林。第 94 軍向義寧，第 26 軍向全縣、興安間攻擊前進，7 月 10 日襲取南圩，26 日克義寧，向桂林近郊推進。在各路部隊總攻下，27 日收復桂林，續向東追擊。8 月 17 日收復全縣。時日本業已投降，作戰遂告結束。此戰，中國軍隊共擊斃日軍 4000 餘人、擊傷 5000 餘人。

解放戰爭期間，陳金城、陳明仁、彭鍔曾陸續為軍長，防守長江中段。後在湖南起義。

第三十軍　臺兒莊上摧羆虎　捷報傳來第一功

軍閥戰爭時期魏益三原為郭松齡東北國民軍參謀長。郭松齡倒戈反奉失敗後，魏率餘部投靠馮玉祥，以後又投靠吳佩孚，但與吳的關係不深。在吳佩孚、靳雲鵬矛盾中，魏站在靳一邊。1926 年 12 月，魏派代表與北伐軍接洽，蔣介石委魏為國民革命軍第三十軍軍長。後縮編為 54 師。1931 年退出軍界，由其參謀長郝夢齡繼任。抗戰時郝夢齡任第 9 軍軍長，在忻口會戰中壯烈犧牲。

1930 年蔣、馮、閻大戰後，馮玉祥集團瓦解，吉鴻昌投蔣，委為第 30 軍軍長。但因內部矛盾嚴重，吉鴻昌被逼走。當時孫連仲部第 26 路軍在江西內戰時，部下董振堂、趙博生、季振同等發動寧都暴動，孫部損失殆盡。在蔣的支持下將 30 軍劃歸其指揮，兼 30 軍軍長。原軍長彭振山被蔣處決。

七七事變後，北平、天津相繼失守，日軍不斷增兵，分別在平漢路北段、津浦路北段開始進攻。平漢路北段以劉峙為總指揮，轄五個軍另加兩個師抗敵。當第 26 路軍阻止了日軍攻勢之時，劉峙卻下令後撤，接著下令放棄保定、邢臺、邯鄲、安陽等重鎮，特別是石家莊的棄守，這使得日軍立即得以進攻晉中，直接威脅忻口戰役中國軍隊後背。劉峙被舉國咒罵為「逃跑將軍」。

隨後 26 路軍改為第 2 集團軍，孫仍任總司令。孫連仲部以最善於防守而著稱。在北洋軍閥統治時期，有名的幾次防禦戰如南田之戰、西安守城之戰，都是他們打的。長城抗戰中的喜峰口、羅文峪防禦戰，均打得很出色。但他們是國民黨軍隊中的一支雜牌部隊，名義上叫集團軍，實際上只管轄 2 個軍（30 軍軍長田鎮南；42 軍軍長馮安邦）。部隊的武器裝備極差，重兵器很少，

槍械混雜，有的士兵甚至僅有一把鋼製的大刀作爲武器。1937 年 10 月娘子關保衛戰中，孫連仲部作爲正面的預備隊負責舊關方面的防務，日軍在飛機大炮的掩護下，向娘子關猛攻。因日軍迂迴突破，該軍退到壽陽。

　　1938 年參加臺兒莊會戰，是守衛臺兒莊的主力，因此該軍譽滿中華。時田鎮南仍爲軍長。轄張金照 30 師，池逢城 31 師，與 42 軍兄弟軍實際是同一作戰單位，同受孫連仲將軍指揮。臺兒莊是徐州的門戶，它位於徐州東北 30 公里的大運河北岸，臨城至趙墩的鐵路支線上，北連津浦路，南接隴海線，扼守運河的咽喉，是日軍夾擊徐州的首爭之地。當時，在臺兒莊地區的中國軍隊除了孫連仲第 2 集團軍和湯恩伯第 20 軍團，還有川軍孫震部第 41 軍，張自忠第 59 軍，龐炳勳第 40 軍等部數十萬人。爲了使會戰穩操勝券，又令集結於武漢附近的黃杰、桂永清、俞濟時、宋希濂、李漢魂各軍，火速向徐州地區增援。一時間臺兒莊地區大軍雲集，一場激戰眼看就要爆發。

　　滕縣之戰結束之時，孫連仲的第 2 集團軍奉命在徐州北部的臺兒莊陣地進行佈防。李宗仁要求孫連仲部在臺兒莊附近布下袋形的防禦陣地，以吸引日軍的攻勢，然後下令裝備與火力較佳的湯恩伯第 20 軍團，在外圍進行運動戰。當日軍的攻勢在臺兒莊受到阻擋之後，第 20 軍團立即設法由外線進行包圍，攻擊日軍的背側，形成以內外夾攻的方式圍殲日軍。當時孫連仲在臺兒莊的口袋陣地的部署，是以池峰城 31 師防守臺兒莊主陣地，第 30 師與第 20 軍團第 110 師在臺兒莊以西，第 42 軍 27 師與獨立 44 旅在臺兒莊以東，分別建立陣地。這樣日軍一旦攻入臺兒莊，就會陷入第 5 戰區的口袋陣地之中。

　　受領任務後，孫連仲即令 31 師及獨立 44 旅作爲集團軍先頭部隊，立即馳往臺兒莊及其附近地區。自己親率第 27 師、30 師隨後跟進。池峰城率第 2 集團軍先頭部隊抵達臺兒莊並接替第 110 師韓莊至臺兒莊沿運河防線後，立即開始構築工事。22 日，第 20 軍團司令部及 52 軍路經臺兒莊時，軍團長湯恩伯和 52 軍軍長關麟徵會晤了池峰城，特別強調 31 師務需努力堵擊敵人的南進。要求 31 師以一個旅的兵力進至臺兒莊以北的泥溝附近，對嶧縣方面的敵人實行警戒。還答應在 31 師與敵接火後，他將率領第 20 軍團馬上抄襲敵人側背，協力夾擊敵人，31 師只要能在臺兒莊一線堅守三日，即算完成任務。池峰城按照戰區司令官李宗仁、本集團軍總指揮孫連仲和臨時直接領導湯恩伯的指示精神，對部隊進行了部署：康法如旅守衛臺兒莊及運河一線，乜子彬旅向嶧縣方面擔負搜索警戒任務。

　　徐州李宗仁、開封程潛通了電話，調野炮、戰防炮、坦克隊來臺兒莊。不久，炮第 10 團之第 1、2 兩營，重炮第 1 連，坦克防禦炮第 1 連，坦克第 3 中隊即調到臺兒莊一線。還計劃出動空軍，炸射日軍。

　　3 月 23 日凌晨，第 2 集團軍第 31 師第 93 旅乜子彬部的先頭部隊開始從臺兒莊一線向嶧縣方向搜索前進。當 93 旅騎兵連搜索至嶧縣以南 8 公里處的亂溝附近時，與南下日軍先頭騎兵部隊約 300 人餘、坦克 1 輛遭遇，從而打響了臺兒莊一線戰鬥的第一槍。當面之敵是由日軍步兵第 63 團第 2 營及野炮兵第 10 團第 1 營組成的，配屬有坦克、裝甲車、野炮及騎兵隊，共 1000 餘人。就當時中日軍隊的實力對比看，日軍的這支混合部隊，除了人數以外，其無論是在部隊的機動性方面，還是在火力配備上，都超過了中國軍隊一個普通師的水平。第 93 旅騎兵連百餘官兵都是久經沙場的老兵，他們在隊長王保坤和連長寇保貞率領下，佔據有利地形，打退了敵人一次又一次的進攻。日軍見久攻不下，於是調集大炮，對中國軍隊陣地轟擊，守軍全隊官兵抱定與陣地共存亡的決心，爭取盡量滯阻敵人，使後續部隊有充分的時間作好迎敵準備。手榴彈使用殆盡，仍然頑強堅守陣地，不肯退卻。最後，在敵人的輪番攻擊下，陣地終於失陷，全隊官兵傷亡過半，被迫後撤。滯阻日軍於臺兒莊外，初步打破了日軍急於南下，抵達運河一線的計劃。

　　根據敵情，池峰城於當日晚構築防禦工事，第 92 旅以一部進駐臺兒莊北站附近，並迅速加強該地工事。4 月 3 日，日軍佔領四分之三的臺兒莊地盤，池峰城師傷亡慘重。至午夜，孫部先鋒敢死隊數百人，分組向敵偷襲，衝入敵陣，人自為戰，奮勇異常，官兵手持大刀，向敵砍殺，敵軍血戰經旬，已精疲力竭，不料中國軍隊尚能乘夜出擊。日軍在慌亂中倉促應戰，亂作一團，血戰數日為敵所佔領的臺兒莊市街，竟為中國軍隊一舉奪回，敵人死傷累累。李宗仁指示孫連仲組織數百人一支的敢死隊。4 月 5 日午夜，敢死隊分組向敵出襲，衝擊敵陣。他們個個精神異常振奮。已是血戰經旬的敵軍，也筋疲力竭，深夜正墮入夢鄉，聽到不知從哪來的槍聲，頓時亂作一團，一面倉皇應戰，一面後退。經數日血戰為敵所佔的臺兒莊各街，竟在短短不到一小時內，一舉奪回四分之三。此時，李宗仁不但得報孫連仲夜襲成功的喜訊，又得湯恩伯部翌日天明前可趕到臺兒莊的消息。他立即率隨員，連夜親自趕到臺兒莊郊外，準備親自指揮對磯谷師團的殲滅戰。4 月 6 日，李宗仁趕赴臺兒莊附近，親自指揮全線總攻。中國軍隊全線出擊，殺聲震天。敵軍已成強弩之末，

彈藥汽油用完，機動車輛多數被擊毀，其餘也因缺乏汽油陷於癱瘓，日軍狼狽逃竄。日軍瀨谷支隊力戰不支，炸掉不易搬動的物資，向嶧縣潰逃。中國軍隊乘勝追擊。敵除瀨谷支隊殘部數千人逃掉外，其餘全部被殲。一直防守的孫連仲部，聽說反擊，神情振發，命令一下，殺聲震天。李宗仁命令部隊猛追，敵兵遺屍遍野，各種輜重到處皆是，磯谷本人率殘部拼命突圍。中國守軍開始在臺兒莊內肅清殘敵。李宗仁在 4 月 7 日下令所有參戰的中國軍隊，抓住日軍潰退的戰機，全力反擊掃蕩。一時之間在魯南地區，中國軍隊是四面合擊，日軍是拼命地奔逃，日軍死亡的人數超過 16000 人，是日軍自明治維新以來，在戰場上最大的一場敗仗。

臺兒莊一戰，中國投入兵力 20 多個師計 12 萬人，其中臺兒莊方面 6 萬人；日軍投入 2 個師 8 個團約 3 萬人，其中臺兒莊方向 7 個團。中國軍隊擊敗日軍第 5、第 10 兩個精銳師團，以損失近 2 萬人為代價，取得殲敵萬餘人的戰果。日軍損失火炮 70 餘門、坦克 40 餘輛、機槍數百挺、步槍萬餘支。並繳獲了大量武器及其它軍用物資。此役是抗戰初期繼平型關大捷後中國取得的又一次重大勝利。也是抗戰以來正面戰場取得的重大勝利。

徐州會戰後孫連仲部撤往湖北省，廣水、應山一帶休整。經過短期補充休整，開往大別山北麓潢川一帶，投入保衛大武漢的戰役。1938 年 8 月，武漢會戰大別山北麓戰役開始。9 月上旬，在潢川以南地區與日軍進行戰鬥，阻截沿淮河西進的東久邇宮兵團。中旬，日軍 13、16 師團等部繼侵佔葉家集、商城等地，沿商（城）麻（城）公路進犯大別山，集主力攻擊商麻公路上與敵人在商麻公路鏖戰月餘，直到 10 月下旬武漢撤守前夕，日軍始突破大別山。武漢會戰後期曾奉命掩護全軍西撤，經老河口退到襄陽休整補充。42 軍軍長馮安邦在向襄陽轉移中，遭日軍轟炸，11 月 3 日馮將軍不幸犧牲。42 軍併入30 軍。1939 年 3 月池峰城任軍長，田鎮南升任第 2 集團軍副總司令。轄黃樵松 27 師、乜子彬 30 師、王震 31 師。參加了豫南、鄂西諸戰役。

1939 年 4 月隨棗會戰。30 軍會同 22 集團軍防守桐柏山北麓南陽、唐河、桐柏一線。經三個月的激戰，日軍終於退出戰役。1940 年 4、5 月間又參加了棗宜會戰，30 軍擔任桐柏東南至信陽外圍間陣地的守備。豫南日軍分數路向我進犯，5 月 1 日在明港附近遇到黃樵松等部左右夾擊，損失慘重，至 5 日被殲 2000 餘人。這一消息轟動了後方，各報都在顯著位置上加以報導。5 月 18 日，黃樵松為配合友軍進攻信陽，派出一團人乘夜穿過敵據點，突入敵人佔

領的信陽車站一帶，出其不意地消滅了一批日軍，並放火焚燒了敵倉庫。這一行動，也曾給全國軍民以鼓舞。

1940 年 11 月我軍反攻宜昌，30 軍主力向遠安、宜城一帶攻擊敵軍。27 日由於 30 軍的反攻，日軍不支退向荊門、鍾祥，敵軍損失慘重。1943 年夏又參加鄂西會戰，在三斗坪激戰打敗日寇，迫使日軍退回宜昌。該軍守備三斗坪陣地一直到抗戰勝利。後因池峰城與李宗仁接觸多，欲依附桂系，被孫連仲免職。30 軍副軍長魯崇義任軍長。

解放戰爭中 30 軍魯崇義軍長帶軍在河北邯鄲、山西臨汾參加內戰。29 軍軍長劉戡死後，由魯崇義接替。30 軍軍長由黃樵松代理。1948 年 7 月以後，太原城已被人民解放軍包圍，解放軍多次提倡和平談判，均遭到閻錫山的拒絕。第 30 軍代軍長黃樵松準備舉行和平起義，被閻錫山逮捕，押送南京交蔣介石槍殺。由駐陝的 113 軍改爲 30 軍，仍由魯崇義繼爲軍長。在成都起義。

第三十一軍　打了中國戰場最殘酷的戰役

爲桂軍系統參加抗戰五個軍之一，其餘爲第 7 軍、46 軍、48 軍、84 軍。劉士毅第 31 軍軍長轄 131 師、135 師、138 師，軍中班排長以上幹部，均繫李宗仁親自從廣西徵調而來，頗有作戰經驗，指揮也得心應手。抗戰初李宗仁將其部署在海州，以防敵人在該處登陸。徐州會戰，阻敵於淮河。日軍打通津浦線的作戰計劃，分爲兩個階段。第一個階段爲南路主攻，北路助攻。南路日軍四個師團，作戰時間從 1938 年 1 月 26 日至 2 月 21 日，差不多一個月。敵軍指揮官畑俊六，指揮 8 個師團約 8 萬之眾，先後自鎮江、南京、蕪湖渡江北上。日軍第 3 師團主力攻陷滁縣後，循津浦路正面北進至盱眙、張八嶺附近；另一部分攻佔揚州後，即進擊邵伯、天長一線，以掩護鎮江防線。第 9 師團一部攻陷裕溪口後，循淮南鐵路北進至巢縣、全椒，企圖直趨蚌埠。日軍以爲拿下蚌埠已是易如反掌之事。孰料行至明光以南，即爲李宗仁部署的李品仙的第 11 集團軍和于學忠的第 51 軍利用匯河等地形堵截，雙方血戰月餘，不分勝負。敵軍在此停留，竟不能越雷池一步，這大出畑俊六所料，十分惱怒。遂自南京調集援兵及坦克、野戰炮等重武器，傾巢來犯。敵人洶洶而來，李宗仁感到硬拼硬堵要吃虧，待敵援軍聚集明光一帶時，李宗仁命坐鎮蚌埠的李品仙將第 31 軍於 1 月 18 日自明光全線西撤山區，伺機出擊，將津浦路南端正面讓開；將于學忠的 51 軍南調，佈防淮河北岸，憑藉險要地形，拒敵越河北進，敵援軍是以餓狼撲食之勢猛撲明光，結果撲了個空，沒有捕

捉到李的主力。接著日軍攻下定遠、懷遠等地，但一無所獲。此時西撤的 31 軍遵李指示，從敵軍左側向東出擊，將津浦路之敵截成數段，圍而殲之。淮海前線之敵，後路忽被斬斷，不知凶吉，費九牛二虎之力，將第 31 軍從津浦線向西壓。李遂命部隊採用敵進我退、敵退我進的戰術，牢牢地盯住津浦線；此時參加淞滬會戰的 21 集團軍北調合肥，日軍有後顧之憂不敢隨意北進，一時津浦路南端戰事，形成敵我雙方膠著對峙局面，支持了臺兒莊大捷。

1938 年劉士毅調國防部，48 軍軍長韋雲淞調任 31 軍軍長，轄 131 師、135 師、188 師。原 138 師凋到 48 軍。31 軍在徐州會戰後回廣西貴縣、桂平整頓。1939 年 11 月日軍侵入南寧，參加桂南會戰，31 軍守備西江沿岸各據點。12 月 31 日第 5 軍攻克崑崙關。31 軍在邕龍公路截擊回竄日軍不力，韋雲淞被處分。

廣西桂林有灕江、象鼻山、七星岩等美景。1944 年曾經爆發了一場令日軍震撼但卻被國人遺忘的戰役——桂林保衛戰。至今日本老兵仍認為桂林戰役是他們在中國戰場上遇到的最殘酷的戰役。常衡會戰長沙、衡陽、全州相繼失守後，1944 年 10 月 28 日，日軍十幾萬人馬大舉進攻桂林，桂林保衛戰開始。日軍在飛機大炮的掩護下向桂林城外的屏風山、貓兒山等四個據點進攻，駐守這裡的桂軍 2 個營 700 餘官兵一直抵抗到 11 月 4 日陣地失守，日軍開始直接進攻桂林城，並且派登陸艇試圖從水路攻擊桂林。

桂林守軍為桂軍第 31 軍，軍長賀維珍，下轄第 131 師、第 188 師、第 135 師及部分地方守備部隊。在戰役開始之前，上層又把第 188 師調出。以第 46 軍大部分是新兵的後調師第 170 師（師長許高陽）來替換，其實力也僅僅相當於一個團而已。戰鬥中編入了第 131 師（師長闞維雍）。同時把第 31 軍副軍長馮璜及第 131 師第 391 團調出桂林。後又把第 135 師和地方守備部隊也調走，這就使得桂林守軍只剩下桂軍缺少一個團的第 131 師和第 170 師。

國民政府統帥部的開始的意思是要全部放棄桂林、柳州一線。但是後來白崇禧要求堅守桂林，為日後反攻爭取贏得時間，所以在 15 萬裝備精良的日軍面前，桂林守軍只有廣西桂軍第 131 師這一個師 1 萬 2 千餘人，加上後來從各地自發進入桂林城的廣西地方民團，總兵力不到 2 萬人。沒有坦克飛機，只有 22 門火炮，廣西民團拿的還是土槍。但是桂林守軍的都抱著必死決心與桂林共存亡，所以士氣十分高漲。而且守軍立足於主要與日軍打巷戰，他們把所有的房子都修成了碉堡，在所有的路口都建了防禦工事，所有的水井都

下了毒，實行焦土抗戰。桂林守軍進行了異常頑強的抵抗，日軍曾經 27 次衝入桂林市中心，都因爲陷入巷戰的泥潭使得損失慘重而不得不撤出。日軍曾經想從灕江迂迴進攻桂林，但是被桂軍準確的火力殺傷大半，地方民團敢死隊甚至身上綁上手榴彈劃著竹排去炸毀日軍的登陸艇，日軍僅僅在灕江上就付出了陣亡 7000 餘人的代價。在水上戰鬥激烈的同時，城區巷戰也始終處於白熱化狀態。到了 11 月 7 日，日軍見強攻傷亡巨大，急忙使用了大量的毒氣彈攻擊桂林各處守軍陣地。守軍中大多數沒有見過毒氣，不知道躲避所以大量中毒死傷。其中 800 名桂軍士兵（多爲傷兵）在七星岩抵抗日軍數日，日軍在損失了近千人後向七星岩內施放毒氣。七星岩內桂軍官兵大量中毒，日軍此時衝入其中，很多桂軍士兵用剩下的一點點力氣射擊日軍並同日軍肉搏，但終因中毒缺乏力氣和彈盡糧絕而全部犧牲。

　　1944 年 11 月 10 日桂林城陷落，守軍 1 萬 9 千餘中，1 萬 2 千人戰死（其中一半被毒氣毒死），7000 多人因爲中毒昏迷不醒而被日軍俘虜。桂林保衛戰的激烈程度之所以被日本人排在衡陽保衛戰之前，原因是桂林守軍的裝備要比衡陽守軍的裝備差得多，且不少還是地方武裝。更重要的是桂軍沒有一名士兵始終沒有在「清醒」的時候投降，就算在彈盡糧絕，身受重傷的情況下仍然抵抗到死。在參戰的廣西民團中，有不少還是滿頭白髮的老人。桂林守軍傷亡慘重，131 師師長闞維雍、防守司令部參謀長陳濟垣殉國。在率部突圍中，31 軍參謀長呂旃蒙又在兩路口遇到敵兵，在激戰中陣亡。城防司令韋雲淞、31 軍軍長賀維珍逃出。因未死守、軍民傷亡慘重，韋雲淞被撤職查辦。

　　抗戰勝利後，軍隊整編合併，番號給第 5 軍。第 45 師師長廖慷升爲第 31軍軍長時，在北平和平解放。

第三十二軍　長城冷口克敵　參加棗宜會戰

　　1931 年，晉軍將領商震部助中央和東北軍合攻河北軍閥石友三戰爭中，獲得到的武器裝備了三個師，首次建軍。由蔣介石任命商震爲 32 軍軍長。1933年曾駐防長城一線，對抗日軍。冷口失守，退到北平。3 月 16 日，日軍混成第 33 旅團進攻長城東部要隘界嶺口。北平軍分會把守衛冷口及其附近地域的任務交給了第二軍團總指揮兼 32 軍軍長商震。商震除指揮本軍外，他還轄何柱國的 57 軍。

　　冷口幾乎與熱河同時於 3 月 4 日被日軍第 8 師團第 14 旅團的米山先遣支隊所攻佔。兩天後該旅團的鯰江支隊又攻佔了冷口之東出界嶺口一帶陣

地。日軍是從熱東朝陽、淩源等地緊緊追擊東北軍萬福麟部，跟蹤而至，搶佔了冷口，這就給中國軍隊的防禦造成很大威脅和被動。冷口一旦失陷，便會威脅到界嶺口及喜峰口 29 軍的後路，是關係戰役全局的一個關口。北平軍分會向商震發出了收復冷口的命令。冷口關兩邊的山勢比較平低，日軍佔領後，軍事上無險可守，再加上此地山石縱橫，天寒地凍，要修築戰壕很困難。

剛從後面趕來的商震所部黃光華 139 師的官兵，當天就由盧龍等地趕向冷口南的建昌營。冷口敵軍不足千人，沒有完整的防禦工事，而且十分驕縱，幾乎沒有防守的打算。黃光華師長對冷口關守敵實施主動進攻。他給 3 個團分配了任務，以 717 團為主攻，其它團配合，部隊於太陽落山時向冷口關發起了攻擊。從建昌營到冷口關不足 10 里地，趕到已是傍晚。139 師的勇士們，抱著把晚飯留在戰後吃的信念，用大刀、刺刀、手榴彈一齊向敵人殺去，日軍紛紛向後敗去，米山也跟著潰逃了。這是自「九一八事」變以來，中國軍隊打下的唯一的一次進攻戰。

日軍在長城各口連連遭到中國軍隊的有力抵抗後，第 6 師團的一個步兵旅團進行反撲。戰鬥進行到午後兩點，日軍徹底崩潰了，再也無力還擊，紛紛向後敗退而去。經過 3 天的激戰，冷口關仍在中國守軍手中。3 月中旬，中日兩國軍隊在冷口激戰多日，最後形成相峙局面。

3 月下旬，日本關東軍總司令武藤見日軍在喜峰口、羅文峪連連失利，久攻不下，便下令改變戰略部署，令第 6 師團的第 11 旅團全部向冷口一線移動。到 4 月上旬，冷口方向除 11 旅團的兵力外，還集結了第 36 旅團的 45 聯隊，第 4 旅團的騎兵部隊，共計 3 萬餘人。並配以飛機、戰車、大炮。日軍於 4 月 7 日開始向冷口展開重點進攻。守衛冷口西線白羊峪的 141 師受到敵人強大火力的轟擊，傷亡慘重，尤其守在前沿陣地的三營官兵已所剩無幾。冷口關的中國守軍被從白羊峪衝進的敵人抄了後路，形成夾擊，難以支撐，只好紛紛撤退。這時，商震派的增援部隊正向冷口趕來，可惜為時已晚，敗局已定。堅持了五天的冷口關，於 4 月 11 日陷落敵手。在長城一線參戰的中國軍隊已堅持了兩三個月，人員、彈藥消耗都很大，戰鬥力已經下降。到 4 月下旬，何應欽已作了收縮兵力，為防日軍進攻，在灤西修築三道防禦陣地。主陣地在灤河西岸，第一預備陣地為唐山、豐潤南北之線，第二預備陣地在薊運河西岸一線。

1937 年抗日戰爭開始，當時第 32 軍轄有宋肯堂 141 師、呂濟 142 師、黃光華 139 師。該軍原駐守平漢線邢臺至新鄉一帶。8 月奉命北移，防守河北省深縣、晉縣、束鹿、藁城一線。9 月據守正定城，參戰者尚有鮑剛獨立 46 旅。守城 4 日，被敵攻佔，退到河南。

徐州會戰後，1938 年 6 月初，日軍自考城過黃河，該軍連連敗北，失守城池。日軍侵佔杞縣、通許、陳留、蘭封。第一戰區司令長官程潛令 32 軍守備開封。日軍 3000 餘人由白蘭寨向北城進攻，步兵多次登上城頭，均被擊退。師長宋肯堂請求撤退。程潛當即嚴令宋師與開封共存亡。敵軍由開封東、北兩門攻入城內，守軍與敵展開巷戰，但宋肯堂擅自下令撤退，並率先逃出開封。日軍攻佔開封後，由開封進攻中牟。守軍一個營頑強禦敵，激戰兩日，傷亡殆盡，中牟遂陷，日軍繼續向鄭州進逼。由於黃河在花園口決堤，迫使日軍停止進攻。

1938 年 7 月參加武漢會戰，受薛岳指揮，防守瑞武公路一線，確保各隘口安全。139 師（臨時受 141 師師長李兆瑛指揮）732 團奇襲馬回嶺，守德安城六晝夜，給敵人以巨大殺傷。並挫敵 106 師團於萬家嶺。

1939 年 1 月商震陞遷到集團軍，宋肯堂任 32 軍軍長。142 師調出，歸 92 軍序列。加入了國防第 5 師，師長為劉雲漢。139 師師長為孫定超，141 師師長唐永良。3 月參加南昌會戰。日軍在其海軍一部及航空隊掩護下，在南潯路（南昌至九江）兩側向南昌發動進攻。日軍第 116 師團一部從湖口乘 50 艘艇船橫渡鄱陽湖，向修水南岸陣地東端吳城進攻。第 32 軍第 141 師第 721 團和預備第 5 師英勇抵抗，經巷戰肉搏後，於 23 日夜棄守吳城，退守赤岸山二線陣地。20 日，日軍第 101 師團一部向涂家埠進攻；第 101 師團一部及第 106 師團向永修、蚰津市方面進攻。日軍在 200 門大炮火力掩護下，強渡修水河，一舉突破守軍陣地。第 32 軍之第 142 師、第 79 軍之第 76 師和第 49 軍之第 105 師與進犯之日軍展開激戰，傷亡慘重，被迫向後撤退。21 日，中國軍隊第 19 集團軍急調第 98 師，第 118 師、預備第 9 師馳援南昌右翼守軍，因雨後潦河水暴漲被阻。24 日，日軍第 101、第 106 師團攻陷萬家埠、奉新，並向高安、安義前進，逼近南昌。25 日，中國軍隊第 19 集團軍令第 32 軍由修水南岸火速回守南昌；令第 79 軍和第 74 軍向高安西北、東北地區集結。27 日，日軍渡過贛江後從北、西、南三面會攻南昌，守軍第 32 軍第 141 師與日軍經過激烈巷戰，傷亡甚重，於 28 日 2 時奉命撤離，南昌失守。

1940 年駐軍湘北常德一帶，改受五戰區指揮，參加棗宜會戰，擔任江防。1943 年又參加鄂西會戰。5 月中旬開始，第 32 軍 141 師向宜昌西北面日軍外圍據點龍泉鋪、營盤崗等處發起攻擊。龍泉鋪、營盤崗、鳳凰冠一線之敵守護著漢宜公路，這是通往宜昌城內唯一的進出要道，為日軍補給生命線。日軍在這一帶的山地制高點構築有堅固的防禦工事，並派重兵把守。各碉堡間互設側防火力，戰壕外架設帶刺的鐵絲網三五道，並在四周鋪設地雷。我軍在距日軍僅數百米的陣地上長期與敵對峙。龍泉鋪為敵一大據點，有軍用公路經土門埡直達宜昌。此番 141 師 423 團銜命出擊，形勢更為嚴峻。幾經爭奪，我軍一度佔領了營盤崗，並斃敵一二十人。然而，利用載重汽車裝運的日軍增援部隊很快趕到，雙方展開激戰，終因敵眾我寡，營盤崗得而復失。

國防第 5 師是一支善於打攻守戰的部隊，師長劉雲翰。這次會戰受陳誠之命，歸 32 軍建制，戰後改隸屬於 94 軍建制。第 5 師是這次戰役的主力。5 月 26 日早晨，日軍長野部隊以密集的縱隊向夾龍口、饅頭咀第 5 師陣地突進，被我第 5 師及第 18 師團團包圍，並向敵展開猛烈攻擊，打得日軍在丹水兩岸的山沖裏擠作一團，展開、疏散都無法施展。特別是日軍廣瀨大隊被我孤立於西北一高地之上，陷於絕境。戰至夜間，長野部隊向野地支隊長發出電告：「決定焚燒軍旗，全員玉碎。」為援救長野部隊，野地支隊長命橋木部隊馳援，同樣遭到我軍痛擊。這一仗打得很漂亮，斃傷日軍 3000 多人。敵步兵第 217 聯隊第一大隊大隊長廣瀨義福少佐戰死陣中，這是又一個喪命鄂西戰場的日軍校級指揮官。

天柱山位於鄂西長陽縣中部，海拔 2000 餘米，四周陡崖峭壁，地勢險峻，易守難攻，有「一夫當關，萬夫莫開」之勢。但其南麓有一沙石地小道，是日軍北犯的必由之路。第 5 師 13 團進駐該線後，佈防於天柱山隘路口，設伏天柱山。日軍人馬艱難地向天柱山爬行。由於天柱山山高，峻嶺綿延，達 60 里行程。且概屬沙石地小道，山頂部分，傾斜特急。敵軍腳穿皮靴，爬山十分困難，人馬、輜重跌死、掉失者甚多。

第 32 軍之 139 師從鴨子口、都鎮灣方面向偏岩上首之高家堰撤退，轉移木橋溪、賀家坪。木橋溪是石牌附近的戰略要衝，第 5 師以 13 團防守於此。由於 5 師官兵英勇作戰，日軍第 13 師團終於被阻於太史橋、木橋溪一帶，未能與北線之第 3、第 39 師團協同。敵企圖迂迴天柱山、木橋溪從側後攻擊石牌的美夢完全破滅。

解放戰爭在金鄉被劉鄧大軍擊敗。後李玉堂接軍長，又在海南戰敗逃臺。

第三十三軍　孟旅守衛平型關　山西複雜摩擦多

　　爲晉綏軍，軍長孫楚。抗戰初轄劉奉濱 73 師和章拯宇獨立第 3 旅、孟憲吉獨立第 8 旅。日軍於 1937 年 9 月 10 日開始攻打山西，板垣師團主力從廣靈、蔚縣方向急攻靈邱。駐守廣靈的 33 軍第 73 師，在劉奉濱師長率領下頑強抵抗，激戰三日，其 424 團呂超然團長壯烈犧牲，團亦損失大半。劉奉濱師長傷重退出指揮，由王思田代理。在無力阻敵情況下殘部撤往平型關，敵軍即轉攻靈邱。在廣靈、靈邱交界處，該軍獨立第 3 旅頑強阻敵六日，傷亡慘重也給敵予殺傷，終於不支，撤往平型關陣地。

　　鑒於第 73 師被日寇追擊甚迫，未及據守平型關正面陣地，而是撤往關南。閻錫山急令身邊的孟憲吉獨立第 8 旅兼程趕往平型關。該旅 19 日出發，21 日搶佔了平型關前方既設陣地。20 日林彪師出五臺山區，22 日潛行至平型關東南，設伏於關外公路兩邊高地。孟旅 22 日開始接敵交火。日寇顯然輕敵，以爲平型關一攻即破，卻不料遭孟旅頑強抵抗。23 日林彪師完成預伏並派聯絡高參袁曉軒聯絡孟憲吉，要求孟旅堅守「口袋底」陣地，共同完成對日軍的包圍。林師同時要求閻錫山各部配合，利用蔡家峪一帶地形狹隘之利，對日寇加以圍殲。

　　已經指揮到位於敵寇側後的林師，當日開始伏擊日軍板垣師團之運輸隊，戰況激烈。日軍雖只是非戰鬥的運輸部隊，抗擊亦十分頑強，戰鬥直到深夜，仍未結束。26 日一早，敵寇開始集中兵力猛攻「口袋底」的孟憲吉旅陣地，並配合以飛機、大炮，企圖在孟旅陣地打開缺口，以擺脫林師地段之極其不利地形。孟旅頑強奮戰，林師得以在白天休整。敵援軍一個大隊向孟旅據守之陣地猛攻，孟旅成爲主攻目標，乃至必須四面防守。林師高參袁曉軒以電話告知孟旅必須死守，不可使日軍逃竄。爲恐孟旅抵擋不住日軍猛烈攻勢，林師派兵側擊日寇，以減輕孟旅壓力。

　　26 日，孟旅擊斃日軍中級軍官一名，繳獲軍用地圖及作戰計劃，始知敵軍係板垣師團，且擬取平型關、石嶺關直奔太原。旅長孟憲吉即將此繳獲的軍用地圖和作戰計劃送閻錫山並知會林彪。日軍爲救出被包圍的輜重隊，以 30 架飛機爲一組，狂轟濫炸孟旅堅守之陣地，並出動坦克助攻，孟旅傷亡慘重。爲保證林師圍困之敵不得逃竄，拼死扼守陣地，傷亡近三分之一。26 日夜，林師再度出擊，被圍之敵困獸猶鬥，雙方均有重大傷亡。及至 27 日，敵援兵雖猛攻孟旅陣地，終不克，被圍之輜重隊遂被林師全殲。這是國共合作抗戰的勝利結晶。

平型關戰役結束後。獨立第 8 旅升格，孟憲吉升爲 33 軍 68 師師長，參加忻口會戰，擔任左翼防守，隨 14 軍參加大白水戰鬥。在東、西常村與僞蒙軍騎兵激戰，殲滅落馬的敵軍多人，一直在此地與敵軍對峙。娘子關失守後，奉命撤守到汾陽整頓。

1939 年于鎮河升爲 33 軍軍長，於晉西地區與日寇作戰。參加過吉縣、隰縣、蒲州、中陽、孝義等戰役。山西情況越來越複雜化，日軍、僞軍、紅軍、晉軍在山多地少，土瘠民貧地帶爭奪生存條件。有反正、投敵、叛國、革命、起義、策反等五花八門的舉動。1941 年 5 月第 6 集團軍獨立第 3 旅旅長譚松艇率部投敵，閻錫山的獨立王國弄得支離破碎。爲了控制局面求得平衡，費盡心機，比《三國演義》還複雜。對紅軍（當時爲八路軍）也加強防範並開了殺禁。如 1939 年 12 月 9 日，孫楚還指使 33 軍「地工隊」和三青團襲擊了各區、村的抗日政權和犧盟會。殺害了四區抗日區長王德政，抓捕了犧盟特派員吳從龍，在後則腰村殺死向中村轉移的縣政府會計韓紀並搶奪了大額公款，抓捕了下白桑、石臼的抗日村長劉崔明、劉秉政、張志學等。各縣的抗日政權、犧盟會被摧殘，被殺害黨政軍幹部 600 多人，抓捕 1000 多人；決死三縱共 7 個團有 4 個團叛變，叛軍中的全部黨員、政工幹部被殺。閻錫山發動十二月事變，原想滅新扶舊，沒想到結果是「賠了夫人又折兵」。事變後，決死隊有 33 個團乾脆脫離了閻軍序列，公開和八路軍站到了一起，他的舊軍卻受到了重創。而蔣介石又乘機令 10 萬中央軍進入山西，搶佔了閻十幾個縣的地盤，委任了縣長掌握了政權。閻心驚肉跳地說：「我不亡於共，也要亡於蔣。」

閻錫山惱羞成怒，把他的幾個馬前卒做了替罪羊。以事變中使閻軍失利受損的「責任」爲由，把第 7 集團軍總司令趙承綬、第 33 軍軍長郭宗汾報請蔣介石給以撤職留任處分。騎兵軍軍長白濡青和 33 軍的 6 個師長、旅長一律撤職。把主要謀臣、親信梁化之也以「責任重大」送到重慶交給蔣介石處理。這樣又引來高級軍官的離心傾向，第 6 集團軍司令陳長捷、83 軍軍長杜春沂、19 軍軍長孟憲吉棄閻投蔣。連孫楚也秘密向國民黨中央聯繫，暗送秋波。閻錫山損兵折將、眾叛親離、內外交困、威風掃地，內心十分苦悶。閻錫山乖乖地接受黨中央的「調停」這種情況下，黨中央採取了高明的決策。中央指示新軍提出了「抗日、擁閻、討逆」的口號，把聲討對象只指向王靖國、陳長捷、孫楚、趙承綬四人，表示還擁護和接受閻的領導，意在給閻錫山「面子」和「借坡下驢」的機會。

　　解放戰爭解放戰爭時期，沈瑞爲軍長。1948 年 7 月在徐溝被解放軍生俘。全軍在太原繳械。

第三十四軍　梁旅長壯烈犧牲　茹越口晉軍潰敗

　　爲晉綏軍。楊澄源任軍長。抗戰開始，平型關戰場正處於僵持狀態時，東條英機爲援助板垣師團，28 日突然以裝甲汽車與僞蒙騎兵直攻茹越口，開散慣了且兵力嚴重缺額的第 34 軍措手不及，僅僞蒙軍就輕易拿下茹越口直上鐵角嶺。原因在於楊澄源冒險布置梁鑒堂旅於隘口前方，其後二十五里險要的鐵角嶺、五斗山有工事卻無兵守。梁鑒堂旅長雖拼死抵抗，終無濟於事，梁鑒堂壯烈犧牲，導致茹越口潰敗。兵力並不很多的東條部隊，幾下子就衝垮了雁門山防禦，接著佔領茹越溝、繁峙城。本來依仗雁門關和恒山險要可以節省兵力，但閻錫山顧慮雁北方面有平綏鐵路，恐敵用於增兵。於是平衡布置劉茂恩第 15 軍、楊澄源第 34 軍、王靖國第 19 軍，還擬將傅作義第 35 軍置於雁門關內作爲策應。四個軍被 300 多里以外並不多的兵力牽制，坐山觀虎。而拼死與板垣師團作戰的是孫楚第 33 軍部分、高桂滋第 17 軍以及陳長捷（72 師）、郭宗汾（71 師）兩個預備軍。

　　忻口會戰 34 軍派出郭宗汾 71 師參加，在李默庵 14 軍指揮下的左翼佈防。在南峪陣地與敵軍對峙二十餘日，奉命撤還太原。

　　1940 年彭毓斌任軍長。彭毓斌原爲晉綏軍騎兵旅旅長。1936 年 11 月與第 35 軍 218 旅旅長董其武，率部躍進到紅格爾圖西南丹岱溝一帶。次日晨，出敵不意發起攻擊，殲敵千餘人，將僞軍王英部擊潰，敗退商都。後在晉西駐防。

　　1941 年王乾元任軍長。閻錫山通過王乾元與日軍聯繫。1943 年 6 月第 34 軍軍長王乾元爲軍事代表與日方山西派遣軍參謀長花谷正提出日、閻「政治、經濟、軍事部分合作方案」達成協議，並進入實施階段。1945 年年王乾元投降敵人，被委汪僞軍第 4 軍軍長。34 軍由高卓之接任，解放太原戰爭中其軍被殲。

第三十五軍　敵僞窺牧馬　不敢過五原

　　全稱爲國民革命軍陸軍第 35 軍，屬於晉綏軍系統，傅作義任軍長，駐軍綏遠。七七事變前即參加長城抗日戰爭，1933 年 1 月 3 日，日軍侵佔山海關，揭開長城抗戰的序幕。1 月 5 日，傅作義分別致電閻錫山、張學良、蔣介石請纓抗日。15 日，以綏遠省主席名義發表《告全省民眾書》，號召全省同胞「奮

起救國禦侮」。25 日，奉命率部由綏遠出師東進，開赴抗日前線。2 月上旬，傅部在張家口編組為第 7 軍團，傅作義任總指揮參加長城保衛戰。3 月 4 日，日軍侵佔承德後向長城各口進犯，遭到中國軍隊的頑強抵抗。4 月 30 日傅作義部奉命開往牛欄山西至昌平一線佈防。日軍為脅迫當局接受苛刻的停戰條件，於 5 月 22 日以第 8 師團西義一部在飛機大炮掩護下向傅部陣地進攻。傅作義親臨指揮，全體官兵抱定「有我無敵，有敵無我」的犧牲精神，英勇抵抗。董其武團在牛欄山一帶，孫蘭峰團在懷柔以西陣地，與敵白刃相接，多次打退敵人的進攻，雙方形成拉鋸態勢。然而，正當傅軍痛擊頑敵，英勇苦戰時，23 日晚黃郛在北平接受日方的停戰條件。何應欽隨即令傅部停止戰鬥，撤出陣地。傅才忿然下令撤兵。該戰役計斃日軍 246 名，中國官兵陣亡 367 人，傷 484 人。傅作義對陣亡官兵極感悲痛，後來特地派員將殉國官兵的遺骸護運回歸綏（今呼和浩特市），安葬在大青山下，建立紀念碑。並將烈士名字刻於碑上，以寄哀念。

後又有百靈廟戰鬥。1936 年初，日本帝國主義唆使察哈爾省蘇尼特右旗（今屬內蒙古自治區）箚薩克郡王德穆楚克棟魯普（德王）等民族分裂主義分子成立所謂「蒙古軍政府」和「蒙古軍總司令部」。11 月 5 日，日本策動和指揮偽蒙軍分 3 路進攻綏遠。中國國民政府綏遠省主席兼第 35 軍軍長傅作義在軍事上也作了相應的準備。11 月 17 日夜，騎兵旅旅長彭毓斌、第 35 軍第 218 旅旅長董其武率部躍進到紅格爾圖西南丹岱溝一帶。次日晨，出敵不意發起攻擊，殲敵千餘人。19 日，將偽軍王英部擊潰，敗退商都。偽蒙軍隨即抽調兵力加強商都、化德的防務，並在綏北百靈廟構築堅固的防禦工事，準備以此為基地，相機向武川、歸綏（今呼和浩特）進攻。11 月 22 日，傅作義令晉綏軍奇襲百靈廟。11 月 24 日晨，中國軍隊收復百靈廟，殲滅偽蒙軍第 7 師大部。百靈廟戰役時，湯恩伯第 13 軍曾派一部援綏。

日偽軍不甘心失敗，一方面以汽車百餘輛運援兵三千餘人至大廟，一方面由王英率所部騎兵兩千餘從商都以北繞過土木爾臺，經草地向西竄進到烏蘭花一帶。12 月 2 日，田中隆吉命令王英軍副司令雷中田率偽軍反撲百靈廟，遭到孫蘭峰第 211 旅的迎頭痛擊。第二天上午 9 時，傅部擊斃雷中田等五百餘人，其餘偽軍護裹著日本顧問，抱頭鼠竄而去。

這時，王英軍旅長金憲章、石玉山，感到再混下去毫無出路，派人通過第 35 軍副軍長曾延毅聯絡反正。傅作義即以萬金相許，並提出先決條件：必

須逮捕所有的日本顧問加以槍決。七八日兩夜，金、石二人率四千人倒戈一擊，將小濱大佐以下二十九名日本顧問全部逮捕並槍決，先後爭取偽蒙軍 4 個旅反正，同時徹底殲滅了偽第 7 師殘部。9 日，傅作義下令收復大廟，同時命令孫長勝率領騎兵長途奔襲，將在小北號王英的二千騎兵包圍解決，王英僅帶衛隊百餘人向北方草地逃走。

七七抗戰開始，曾參加平綏路抗戰。天鎮戰役由晉綏軍第 61 軍獨立阻擊日軍以贏得時間，以便部署其它部隊。命令第 35 軍由平綏路後撤至雁門關內構築陣地；集結於綏東豐鎮第 35 軍轉進寧武陽方口；又調雁門以西的第 35 軍全部急進平型關。第 35 軍董其武、孫蘭峰兩旅歸陳長捷指揮，計劃用於團城口方向。由於閻錫山顧慮雁北方面有平綏鐵路，恐敵用於增兵。於是平衡布置劉茂恩第 15 軍、楊澄源第 34 軍、王靖國第 19 軍，傅作義第 35 軍置於雁門關內作為策應。四個軍被 300 多里以外並不多的兵力牽制，而拼死與板垣師團作戰的是孫楚第 33 軍、高桂滋第 17 軍以及陳長捷、郭宗汾兩個預備軍投入兵力又陸陸續續。用「壁上觀」來形容前四個軍，並不為過，閻錫山用兵不當。

平型關撤退後，傅作義時任第二戰區第七集團軍總司令在忻口一帶負責部署軍事。35 軍董其武 218 旅、孫蘭峰 211 旅（當時 35 軍未設師，直轄為旅）開往忻口參加會戰。作為預備軍與日軍進行了二十多天的陣地戰，打擊了日軍的囂張氣焰。董其武參加忻口作戰被日軍炮彈炸傷臂部。當時，他怕影響軍心不許聲張，只簡單包紮一下仍堅持在火線指揮。後因受晉東娘子關方面作戰的不利影響，忻口會戰提前結束，大軍向南撤退。閻錫山指定傅作義指揮所部第 35 軍及其它部隊守太原城，自己就向交城方向轉移。八路軍駐晉辦事處同時撤離太原。1937 年 11 月 7 日，日本侵略軍阪垣師團、文岸三郎師團兵臨太原城下，先以飛機投彈轟炸城垣和市區，再以大炮為掩護實施強攻。日寇的強攻受到太原守軍的堅決抵抗，未能得手。但城東南角被炸成豁口。太原戰況異常危急，35 軍副軍長曾延毅棄城逃跑。孫蘭峰 211 旅，楊維垣 213 旅，董其武 218 旅等部，分別守備太原東城、南城、北城，繼續頑強抵抗。敵我雙方損失慘重。11 月 8 日，午後，傅作義將軍在敵我力量懸殊、繼續死守太原將會使守城將士全部犧牲的緊急關頭，下令撤出太原戰鬥。傍晚，親率守軍二千餘眾由大南門突圍撤出，太原失守。部隊轉移到西山中陽、石樓一帶收容部隊。

當綏遠省方面主席傅作義不在任上，主力部隊在山西抗戰時，綏遠空虛。代主席的民政廳長兼國民兵司令袁慶增並未組織民眾抗敵，率省機關及第 35 軍後方機關、憲兵、民兵組織撤往山西保德縣，實際放棄了綏遠。歸綏、包頭、五原等要地盡被日軍、偽軍佔領。太原失守後，35 軍退守在晉西石樓、柳林、軍渡一帶的整軍，準備回師綏遠。當進軍到綏南清水河、和林格爾一帶時，遇到日軍的截擊。1938 年初秋又返回偏關、河曲休整。

1939 年春，傅作義被任命為第八戰區副司令長官設有副司令長官部，指揮一方。這樣一來閻錫山二戰區管的少了，相對的有獨立性。經過戰爭壯大了軍隊，培養了指揮人員。35 軍進入河套地區，返回故地。建立了三個師，即：董其武 101 師、孫蘭峰新 31 師、袁慶榮新 32 師和劉春方騎兵團、劉振蘅 25 炮兵團。由 1939 年 12 月到 1940 年 4 月連續進行了包頭、綏西、五原三大戰役，三戰三捷。

1939 年冬，抗日戰爭進入第三個年頭，日寇逼湘北、陷南寧、虎視崑崙關，戰局進入艱苦階段。當時駐軍綏西的第八戰區副司令長官、綏遠省主席傅作義將軍，為了配合湘北戰役，於當年 12 月 19 日，指揮所部步騎兩萬餘人，經過周密佈署，攻城部隊夜行晝伏，經四百里的長途奔襲，出其不意，一舉攻入日本侵略者佔據的軍事戰略要地——包頭。包頭戰役經三天四夜的浴血鏖戰，速戰速決，勝利地完成任務之後，便主動撤離。此役往返行程近千里，歷時半月，殲滅包頭守敵兩個團及援敵 300 至 400 人，毀敵坦克 4 輛。汽車 60 餘輛。

日本侵略者不甘心包頭之戰的可恥失敗，調集了平綏、同蒲兩線的日偽軍三萬餘人，汽車千輛、坦克數十輛，配合空軍，由日寇黑田重德中將親自率領第 26 師團，由小島率騎兵集團、第二混成旅團以及王英的偽綏西聯軍，於 1940 年 1 月末，分三路犯我綏西，妄圖將我軍圍殲於河套地區。敵人所到之處，燒殺淫掠，廬舍為墟，人民群眾倍受荼毒。傅作義將軍以堅定的必勝信心作了縝密的運籌，針對當時敵強我弱的特點，制定了「避不利，找勝利」、「集小勝為大勝」的作戰方針。在五百里渠道縱橫的河套平原上，我全體官兵冒著零下四十度的嚴寒與敵周旋達七十多天。其中著名的戰事有步兵師及騎兵師在烏鎮的阻擊戰；101 師在折桂鄉、狼山灣的反擊戰；新 31 師在敵側烏拉壕、黑石虎之戰；以及各部隊先後在臥羊臺、蓿亥灘、馬七渡口、蠻可素等地的戰鬥。或攻其據點，或襲其汽車，或擊其側翼，或擾其後方，截其

彈糧，使敵首尾難顧，疲於奔命，完全處於被動挨打的境地。尤其在中國共產黨抗日民族統一戰線的光輝指引下，河套地區各級戰地動員委員會中的共產黨員、進步力量積極配合，廣泛發動群眾，全力擁軍支前。因而情報靈，道路熟，軍糧能夠補充，傷員得到救護。在這一階段上百次戰鬥中，取得了斃傷敵2100餘人，摧毀敵汽車100餘輛，坦克5輛，獲戰馬300餘匹的戰果。我軍也付出了慘重代價，僅101師即有團長王贊臣負傷，連長高炳讓及排長數人犧牲，士兵傷亡100餘人。大批官兵遭敵人施放的毒瓦斯而面部受傷，在冰雪中凍傷的尤多。

　　綏西戰役後傅作義將總結了三個多月對敵作戰經驗，作出了收復五原的決定和作戰部署。五原屏障西北，為塞上名城。它面黃河，背陰山，東襟綏包，西控寧隴，渠道縱橫，沃野千里，是河套的糧倉，大西北的抗日前哨，處於十分重要的戰略地位。1940年3月19日反攻五原的炮聲打響了。新31師師長孫蘭峰為攻城總指揮，與新32師同時奇襲五原新舊兩城。攻新城的突擊隊，秘密渡過義和渠，穿過十大股，猶如神兵天降，奪城關，攻隘口，搶佔制高點，封鎖敵退路。以掏心戰，分塊圍殲戰法，協同一致，浴血向前，經過激烈的爭奪，攻佔了日偽軍在五原城精心構築的大部據點，一群一群的俘虜被押解到集中地。敵人的指揮中樞已是四面楚歌，但敵酋憑著鋼筋水泥構築的平市官錢局及屯墾辦事處等指揮據點，作垂死掙扎，拒不投降，妄圖守點待援。傅作義將軍身冒敵十二架飛機的狂轟濫炸，親臨前線指揮。我新31師副師長王雷震、團長安春山、五臨警備旅團長曹子謙，甘冒彈雨，身先士卒，全體官兵，前仆後繼。在我炮火摧毀了敵人的牆堡工事後，終於攻佔了敵人的最後據點，全殲守敵。特務機關長桑原中佐當場被擊斃，水川中將及偽綏西聯軍中將司令王英，在混亂中乘隙逃竄（水川逃出後，被我游擊部隊擊斃）。敵司令部被徹底摧毀，敵軍全面崩潰，日偽軍各自奔竄。3月22日，五原新城全部光復。

　　袁慶榮率新32師在3月20日深夜進攻五原舊城、前後在補紅、廣盛西等處偽蒙軍，遇到頑強抵抗，雙方傷亡均重。袁師長負傷，賈晏如團的營長趙壽江及連長張步青陣亡，營長楊廷壁胳臂被打斷，裹傷指揮戰鬥。趙壽江營僅餘官兵七名，猶冒敵炮火，奮戰到底，戰況極為慘烈。嗣經101師301團馳援，守敵被我全部擊潰。3月21日下午，五原舊城全部為我克復。

　　在五原攻城的同時，我101師師長董其武指揮的烏加河打援部隊，迎著敵偽陸空軍的聯合攻擊和猛烈轟炸，消滅了烏加河守橋之敵，破壞焚燒

了敵人賴以通過汽車、坦克的三座大木橋。我新六旅炸開烏拉壕大堤，滔滔濁流淹沒了交通道路。我據守毛庵子渡口的全體官兵，以血肉之軀，奮力拼搏，數次擊退日偽軍用橡皮船強渡烏加河的嘗試，阻滯了日偽援軍數百輛汽車於烏加河北岸，使我軍能勝利攻克五原，殲滅頑敵。但我軍傷亡亦極重，各部隊在戰鬥中犧牲的官兵達 1100 餘人，他們的鮮血，灑遍了五原大地。

五原戰役我軍取得巨大勝利，全軍振奮，舉國歡欣。當時報刊稱之為「五原大捷」。在這次五原殲滅戰中，共擊斃日酋水川伊夫中將、步兵聯隊長大橋大佐、特務機關長桑原荒一郎中佐及其特務人員偽蒙軍顧問中島少佐、警務指導官內久保作、特務官員池田浜崎以及尉官以上的警官、到五原勘礦的技術官員等 300 餘人，日兵 1100 餘人，斃傷偽蒙軍 3000 餘人。生俘日軍指揮官觀行寬夫、警務指導官淺沼慶太郎、西田信一等 50 餘人。俘虜偽蒙軍包括鄔青雲部、趙城璧團投誠偽軍共 1800 餘人。繳獲各種火炮 30 餘門，汽車 50 餘輛，輕重機槍 50 餘挺，步槍 3000 餘枝、毒氣筒 1000 餘個、電臺 2 部，以及橡皮艇及其它軍用物資。擊壞、焚毀敵之武器裝備等不可勝數。

自 1939 年 12 月中旬至 1940 年 4 月在塞上荒漠和冰天雪地中，歷經包頭、綏西和五原三大戰役，連續苦戰 115 天，部隊大量減員，但敵方損失較我更巨。日軍傷亡 4600 餘人，偽蒙軍 3 個師被殲滅，5 個師潰不成軍。特別是日本皇族水川中將被擊斃，這是繼八路軍於 1939 年 11 月在淶源擊斃所謂「名將之花」的日酋阿部規秀中將後四個月中被擊斃的第二個日軍中將。日本朝野為之譁然，敵華北駐屯軍與關東軍內部也引起互相攻訐。自此，困處綏包的日偽軍，再不敢越我雷池一步。

傅作義自 1933 年長城抗戰以來，滿懷愛國熱情，戎馬倥傯，成為國民黨中堅決抗日的名將。蔣介石為了安撫綏遠軍隊，35 軍外又給了騎兵第 4 軍和暫編第 3 軍兩個軍的番號，組成第 7 集團軍。1940 年 4 月並請傅作義赴重慶醫治傷寒病。

1940 年綏西、五原大捷以後，日軍無力西顧，綏遠相對比較穩定。著手對綏省政治、經濟進行若干改革。為擺脫綏省財政困難，整頓金融和稅收，將平市官錢局改組為綏遠省銀行。傅提出銀行「以服務為目的，不以營利為目的」的方針，將平市官錢局歷年經營的積累，除留下固定資金 50 萬元外其餘全部繳納省政府轉入地方金庫。同時，嚴禁煙土走私，提高煙土稅率，使

煙土稅成為軍餉的主要來源之一。成立戰地復原委員會，負責處理漢奸逆產和整理土地。為此成立了處理逆產委員會和土地整理委員會（後改地政局）。沒收附逆漢奸所有土地，制定《土地法》，對王公大戶的地產進行清理。將其執照外的土地收歸省政府所有，轉租給農民耕種，政府按「三五成租」收租。這樣，農民能夠「耕有其田」，政府也可以得到大量糧食，保證軍需供應。

　　同年，在狼山縣境，創建軍耕農場，安置隨軍烈士家屬和傷殘官兵。利用丈餘公田，在臨河、五原、晏江、狼山等縣創辦了五個合作農場。1941 年1、2 月間，又提出「民養軍，軍助民，軍民合作發展糧食生產」的口號，開展屯田活動。對促進生產發展，繁榮河套經濟起了很大作用。成為抗戰時期安居樂業的「塞北江南」。

　　1942 年 5 月 4 日，傳作義召集軍政高級幹部會，頒發職官十二戒條，規定：「絕不貪污腐化」，「絕不吸食鴉片煙、賭博」，「絕不蒙上欺下、弄權欺世」，「絕不接受人民下級饋贈」，「絕不與商人來往、不兼營商業」等等，違者給以懲罰。

　　1943 年提出「治軍治水並重」的口號，發放農田水利貸款，大興水利。成立了水利指揮部，統一調配軍工、民工。軍工所修幹渠達 1700 里，支渠超過 1 萬里，水澆地面積達 1000 萬畝以上。1945 年夏，傳作義請黃河水利委員會測量隊到河套，進行從寧夏石嘴山到後套的黃河流速、降波、河床變遷等一系列勘察。積累了珍貴的治理黃河的第一手資料。傳作義主政綏遠幾年間，凡到過河套地區的人，都有耳目一新之感。這在抗戰時期，確是絕無僅有的業績。

　　經過戰爭壯大了軍隊，培養了指揮人員，擴大了幾個軍。如 1940 年 7 月第 35 軍，軍長魯英麟、轄安春山第 31 師，李銘鼎第 32 師，郭景雲第 101 師；暫編第三軍，軍長董其武，轄王雷震第 17 師，楊維垣第 27 師，有四個旅正在訓練準備編成軍；騎兵第四軍，軍長孫蘭峰轄王贊臣暫編第 10 師（原綏察騎兵新編第三師），王子修暫編第 11 師（原綏察騎兵新編第四師）。不過傳作義屬下的幾員「大將」崗位在集團軍中常發生變動調換。孫蘭峰任過暫 3 軍軍長，袁慶榮擔任過騎 4 軍軍長。綏遠地區民風樸厚純良，徵來的兵員素質好，成份都是農民，沒有兵痞軍混一類人。軍人家屬有適當的安排，流傳著「三石糧食一匹布，老婆交給保隊副」說法。自 1940 年以後，軍隊得到休養訓練。抗日戰爭勝利後，一個雜牌軍得到各方面的器重，成為內戰的重要資

本。軍隊的番號去掉了「暫」字，傅作義系統轄有 35 軍、111 軍、103 軍、104 軍和三個獨立、騎兵旅。

1945 年 5 月，傅作義赴重慶參加國民黨第六次全國代表大會，被選爲中央委員，並升任第 12 戰區司令長官。早在 8 月 11 日，傅作義接受蔣介石東進受降命令，即宣佈就任第 12 戰區司令長官，成立 12 戰區「復員委員會」，自兼主任，下設綏蒙、天津、東北三個組。15 日，分兵綏遠、察哈爾、熱河。

解放戰爭中損兵折將，「大將」魯英麟、郭景雲、李銘鼎、彭毓斌均戰死。傅作義、董其武率領十萬大軍在北平、綏遠起義，歸順解放軍。

第三十六軍　參與崑崙關之戰　戰績不佳

軍長原爲贛軍劉興 1926 年升爲國民革命軍 36 軍軍長、江右軍司令官。1932 年周渾元爲軍長，屬熊式輝部隊。隨後該軍在湘江、赤水一直和紅軍作戰。部隊長駐四川，有監視川軍之意。

1938 年周渾元病逝，該軍 96 師師長姚純升爲軍長，轄劉采庭第 5 師、余韶 96 師。1939 年 12 月 16 日，桂林行營下達了反攻南寧的作戰命令。中國軍隊參戰部隊序列爲：第 38 集團軍總司令徐庭瑤所部：第 5、第 6、第 99、第 36 等五個軍，共約十三個師。崑崙關爲南寧北側之天然屏障，該軍參加崑崙關戰役。該軍作戰不力，全軍覆沒。而切影響第 2 軍的戰績，爲了接應該軍，第 2 軍第 9 師師長鄭作民犧牲。戰後姚純被撤職。贛軍 36 軍的歷史結束。國防第 5 師是一支善於打攻守戰的部隊，因爲徐庭瑤指揮不當而敗北。整頓後師長爲劉雲翰。後來鄂西會戰時受陳誠之命，歸 32 軍建制，第 5 師是這次戰役的主力，戰後改隸屬於 94 軍建制。

1940 年原 167 師師長趙錫光任 36 軍軍長，歸第一戰區指揮，但戰事不多。後被胡宗南收編，由李世龍任軍長，趙錫光調任第 24 軍。解放戰爭期間，36 軍劉超寰爲軍長，陝中會戰後越秦嶺南逃，後在成都起義。

第三十七軍　三次戰長沙　扼守汨羅江

原湘軍毛炳文爲軍長。1935 年隨朱紹良到陝西堵截紅軍，駐軍陝西。淞滬戰爭開始，其陶峙岳第 8 師調上海參戰，受胡宗南 17 軍團指揮，損失慘重。整編後第 8 師納入胡宗南系統，升格爲 78 軍。此後毛炳文則不再領軍。

新的 37 軍陳沛任軍長，轄：羅奇第 95 師、李棠第 140 師兩個師。1938 年參加武漢會戰，屬關麟徵 32 集團軍。1939 年 9 月參加第一次長沙會戰。當

新牆北岸全部警戒陣地和前進陣地陷敵之後，關麟徵令第 37 軍除留羅奇師守備營田外，悉調至前線協同第 52 軍鞏固新牆南岸陣地。當晚，由於敵我調整態勢，正面戰鬥暫趨沉寂。但集結臨湘之敵第 3 師團之一部（約一個聯隊），於同日拂曉前密乘船隻，協同敵洞庭湖艦隊約千餘人，在敵酋東藤少將指揮下，先以一部在鹿角、九馬嘴兩處分別強行登陸。23 日午前，敵第 6、第 13 兩師團沿新牆河岸發起全線總攻，並以主攻指向新牆鎮、榮家灣之間鐵道正面。當天午後，榮家灣、新河鎮、楊林街三處陣地同時被敵人突破。此時，竄入洞庭湖海陸混合之敵──洞庭支隊，乘新牆河南岸第 15 集團軍崩潰之際，經荷葉湖竄入湘江之營田附近。在飛機掩護下，於 24 日拂曉分別在營田及其附近之新洲、白魚圻等處強行登陸，與守備該地之第 37 軍羅奇師發生戰鬥。

1941 年 9 月又參加二次長沙會戰的汨羅江戰鬥。19 日晨，敵主力部隊陸續分經楊林街、關王橋及長湖大荊街公路直趨汨羅江岸。第 37 軍正在南岸嚴陣以待，北岸亦有我先頭部隊向前搜索。當天上午，敵前鋒與我軍於長樂街北遭遇，激戰時許，敵被擊斃甚眾。接著敵騎兵、炮兵配合數千步兵三面來犯，我守軍一連浴血阻擊，因寡不敵眾，傷亡殆盡，長樂街為敵所佔。晚 7 時許，磨刀灘敵人開始強渡，守備在南岸的我軍奮力阻擊，激戰通宵，敵未得逞。20 日凌晨，敵以飛機、大炮掩護，再行強渡。上午 7 時許，敵我雙方在伍公市、歸義、河夾塘一線展開激烈戰鬥。37 軍和 26 軍處於最前線，所損失最大。12 月又參加第三次長沙會戰，仍守汨羅江一線，擔任遲滯敵軍的任務。

1943 年陳沛升任 32 集團軍副總司令，羅奇升為軍長。95 師由何旭初任師長，140 師由毛定松任師長。1944 年參加長衡會戰，戰於醴陵，攻佔湘潭市。衡陽失守後，轉到廣西戰場，在桂林外圍與日軍橫山勇部激戰，予敵以重大殺傷。

內戰中參加上海戰役，戰敗逃臺。

第三十八軍　陝西男兒無所懼　殺向河東血染袍

軍長趙壽山是 17 路軍楊虎城手下的著名將領。1929 年，趙壽山接連任國民革命軍第 17 路軍第 51 旅旅長、第 17 師師長、第 38 軍軍長。「西安事變」中，趙將軍是西安城內軍事行動的總指揮。

1937 年 7 月 7 日，盧溝橋抗戰爆發。當時正在盧山受訓的陸軍第 38 軍第 17 師師長趙壽山，7 月 8 日首先請纓北上抗日。不久，38 軍之第 17 師與第

177師之第529旅，在陝西渭北地區集結誓師，於7月21日從陝西三原縣出發，24日抵達河北深縣待命。8月2日奉命進駐保定，佈防於保定以北之漕河車站至新安鎮一線阻擊敵人。第177師之第529旅奉命由河北保定前線調到山西忻口對日作戰。

9月中旬，日本侵略軍以三個師團八、九萬兵力沿平漢鐵路兩側向南進犯，部署在保定以北平漢線上的孫殿英民軍一觸即潰。此時，平漢鐵路前線總指揮劉峙乘火車倉皇南撤到豫北，華北前線部隊，指揮無人。蔣介石命第52軍軍長關麟徵爲臨時指揮官，指揮張耀明的第25師、鄭洞國的第2師和趙壽山的第17師守保定。第17師佈防於保定以北之漕河防線，但一部分兵力分割給友鄰部隊使用。日軍首先向第17師陣地進攻，經過激戰，陣地反覆易手，敵不能前進。敵人遂兵分兩路向第17師的左翼友鄰部隊防地進攻，陣地被突破。關麟徵軍兩師南撤，9月24日保定失守，第17師與關麟徵失去聯繫，且有被日軍包圍之勢。趙壽山師長與旅、團長研究之後，撤至阜河一線繼續阻擊敵人，並與敵展開白刃格鬥。兩次戰鬥斃傷敵數百人，自己也有重大傷亡。部隊遂向石家莊以東轉移，至晉縣一帶收容整頓。

10月初，沿平漢線南犯之敵，在進攻石家莊的同時，以一部兵力西進，企圖奪取娘子關，與由晉北南下之敵會攻太原。此時，保衛娘子關對於穩定華北戰局有著極其重要的意義。當時在娘子關一帶有孫連仲的第26路軍、馮欽哉的第27路軍和曾萬鍾的第3軍。第17師奉命歸馮欽哉指揮，但馮指揮部位置不定，電臺無法聯繫。蔣介石派黃紹竑爲第二戰區副司令長官，擔任娘子關前線指揮官。當時，奉閻錫山、黃紹竑命令，第17師防守娘子關、舊關一線。由於日軍向西推進的速度較快，與我向娘子關前進的第17師距離較近。趙壽山師長接受防守娘子關外圍的任務後，即率領部分兵力主動出擊，使敵在獲鹿附近滯留了兩天。第17師趁此機會在雪花山、乏驢嶺一帶進行了部署。第17師在井陘、雪花山、乏驢嶺與日寇浴血奮戰了九晝夜，爲保衛太原贏得了時間，同時也付出了很大的代價。10月21日，日軍20師團一部，在師團長川岸指揮下，以步兵、炮兵、空軍聯合兵種向我17師劉家溝陣地猛烈攻擊。我守軍經兩晝夜激戰，大量殺傷了日軍，自己也所剩無幾。趙壽山師長爲了鉗制西進的日軍，親率一個團，向井陘方向出擊，重創日軍，並繳獲了大量軍用物資。在戰鬥中，共產黨員連長張登第率全連戰士堅守陣地，全部壯烈犧牲。經過反覆爭奪，日軍惱羞成怒，不斷增兵，而且以燃燒彈、

毒氣彈向我方陣地進攻，17 師傷亡慘重，不得不撤至乏驢嶺陣地，繼續堅持戰鬥。此時，全師旅以下指揮幹部僅剩旅長一人、團長二人、營長以下幹部不及三分之一，士兵僅剩三千多人。第 17 師奉命由娘子關正面轉移到北面的驢橋嶺時，舊關陣地已被敵佔領，正在擴大突破口。第 38 軍教導團在李振西團長率領下，由河北轉進到娘子關，奉黃紹竑命令，隨即投入戰鬥。後突破我舊關以南第 3 軍防線的日軍向陽泉推進。第 17 師左右翼的友軍均已撤退，被迫撤出陣地，向西轉移。此次戰役，由於指揮混亂，有的部隊消極怯戰，不能緊密配合，且單純防禦，死守陣地，沒有取得應有的戰果。第 17 師由於抗戰堅決，作戰勇敢，將士傷亡奇重。該師開赴保定前線時，一萬三千多人，娘子關戰役後，僅剩三千多人。由於該部作戰有功，第 2 戰區副司令長官黃紹竑來電嘉獎稱：「17 師此次攻守很盡力，損失奇重，殊堪嘉獎」，並賞銀三千元，以慰勉。隨後，第 17 師向陽泉、太原撤退。

當 17 師在娘子關鏖戰之時，38 軍 177 師 529 旅參加忻口會戰，歸陳長捷指揮。在南懷化即與敵遭遇。雙方戰鬥激烈，各有傷亡。1057 團從陝西還帶來了一個都是十幾歲流浪的窮孩子少年連。原計劃只是到前線見習，孰料戰鬥隊形的變化，後隊變了前隊。當敵人衝到面前時孩子兵奮起抵抗，協同作戰，反把敵人打垮。有個孩子兵，身材矮小，一個高個子的日本軍衝了過來，小兵倒了而槍未倒，那個日本兵撞在上著刺刀的搶上被刺死了，傳為奇談。忻口撤退時，隨裝甲部隊撤走。經太原、汾陽到離石休整。原旅長許權中調回陝西，由楊覺天繼任。

通過磧口整訓，17 師廣大官兵抗戰精神為之一振。1938 年 2 月，得到重返戰場的命令，17 師經清澗、延川，在永和關渡河，經隰縣開到洪洞。洪洞西距八路軍總部不遠，朱德總司令到洪洞 17 師師部，對連以上幹部講了話，並和趙壽山師長聚談終日。3 月，17 師繼續東進到晉城一帶，與先期到達的 529 旅一同劃歸第二戰區東路軍序列，受彭德懷副總司令直接指揮。在長治、高平、晉城、陽城、垣曲一帶山區開展游擊戰爭。

5 月，177 師主力由夏陽渡、榆林渡、芝川鎮和朝邑東渡，攻佔張營鎮，切斷同蒲鐵路，襲擊猗氏，挺進聞喜，收復晉南三角地帶的 13 個縣。繳獲的日軍文件中說：「偵悉張營之戰，支那軍 177 師係楊虎城部」，「驍勇善戰，不可輕敵」。

1938 年 7 月，38 軍編入 31 軍團。孫蔚如任軍團長，下轄 38 軍和 96 軍，趙壽山任 38 軍軍長，兼 17 師師長，轄 17 師和獨立 46 旅，旅長孔從洲。李

興中任 96 軍軍長，兼 177 師師長，轄 177 師和獨立 47 旅，旅長王鎮華。原 38 軍教導團、騎兵團改為軍團直屬。在陝部隊全部東渡，開赴晉南抗日前線。在晉東南的 17 師和 529 旅奉命歸還建制。

8 月 8 日，日軍 20 師團在川岸指揮下，分四路向中條山地區進犯。其中一路 2000 餘人，由張店鎮沿張茅公路南犯，直撲茅津渡。17 師展開阻擊、側擊。經 38 軍、96 軍共同反擊，日軍於 14 日退回運城、張店。步兵第 20 師團參謀長杵村久藏少將被擊斃。為此，日軍華北方面軍總司令寺內壽一不甘心失敗，16 日由北平飛抵太原親自督陣，17 日視察晉南地區。20 日，日軍沿鐵路南進，決心爭奪黃河渡口。22 日，日軍在飛機掩護下展開進攻，23 日，日軍佔領永濟、芮城，經 96 軍及 46 旅堅決反擊，次日日軍退出芮城。在攻擊永濟之敵時，102 團團副共產黨員楊法震壯烈犧牲。教導團奉命自韓陽鎮馳援，3 營營長共產黨員張希文和全營官兵大部壯烈殉國。17 師夜襲安邑敵後，打得日軍不得不由南段收縮回撤。當時西安的一些報紙報導說：「西北整個得以安定，皆賴我英勇壯士在北岸艱苦支撐所賜。」不久，日軍 20 師團長川岸北調，改由牛島任師團長。

1938 年 9 月 13 日，日軍在師團長牛島的指揮下，以 5000 多人的聯合部隊，分兩路向中條山地區進攻。經各部隊的 3 晝夜激戰，終將日軍擊退，取得了中條山地區第 1 次反掃蕩的勝利。11 月 4 日，不甘失敗的日軍，又集中 4000 多人的聯合部隊，分三路向中條山地區進攻，我軍在正面對日軍展開抗擊，經過多次反覆衝殺，日軍不得不退回原地，我軍取得了第 2 次反掃蕩的勝利。牛島師團屢犯中條山地區屢遭失敗，遂於 12 月初，集中同蒲路南段所有兵力近萬人，兵分兩路向西進犯，又被 38 軍游擊隊、山西決死隊打得丟盔棄甲。11 月 4 日，日軍在炮火的掩護下，兵分三路，向中條山地區全面進攻。經過近 10 天的反覆衝殺，日軍不得不返回駐地。我軍第 3 次擊敗日軍的掃蕩。

至此，31 軍團改為第 4 集團軍，孫蔚如任總司令，下轄 38 軍和 96 軍，趙壽山任 38 軍軍長，李興中任 96 軍軍長。

1939 年 1 月 23 日，日軍牛島師團在空軍配合下，以 4000 餘兵力炮火掩護下，分路向中條山守軍 38 軍陣地磨凹、馬家嶺、黃龍坡進犯。經過兩日激戰，斃傷日軍六七百人，我亦傷亡 500 餘人。24 日，永濟、韓陽鎮、六管村的日軍千餘人，在飛機大炮掩護下，又向中條山兩端進犯，我 46 旅之一部，26 日向日軍反擊，並擊落敵機一架，俘獲駕駛員兩名。2 月初，日軍又向獨

立 47 旅陣地進攻，我軍浴血抵抗，副旅長邱鐵生、團長李家驥光榮殉國。至此，日軍第 4 次掃蕩被粉碎。我軍在激戰中，有一支參軍還不到 3 個月，由三秦子弟和山西、河南子弟組建的新兵團 1000 多人，與 2000 多名日本鬼子在黃河灘上廝殺在一起，由於鬼子人多勢眾，裝備精良，我新兵團在犧牲了幾百名年輕戰士後，被逼到了黃河岸邊的高百八十米的懸崖上。眼前是瘋狂的日軍，身後是滔滔黃河，在經過一番生死拼搏之後，在「寧跳黃河死，不作亡國奴」的吼聲中，800 多名壯士視死如歸，縱身跳下高崖，隨滾滾波濤，魂歸東海。這些 20 歲左右的青年，用自己的血肉之軀，鑄就了中華民族抗戰史上又一絕唱。這些英雄們的精神與日月同輝，他們的英魂與山嶽同在。後陸軍中將前田治於 1940 年 5 月 23 日被中國軍隊衛立煌部截擊，擊斃於山西晉城。

繼 1939 年「三二九」大掃蕩之後，6 月上旬，日軍再次發動了更大規模的「六六」戰役。這次日軍使用的兵力有：牛島實常第二十師團的 4 個聯隊，前田治第 37 師團的 1 個聯隊，第 28 騎兵聯隊，並配有野炮第 26 聯隊，山炮第 1 聯隊，共 3 萬餘人。在山口集成飛行隊 30 多架飛機的支持下，兵分 9 路，由芮城縣的陌南鎮到平陸縣的張店四州山等地，構成一個半弧形包圍圈，向第四集團軍陣地實施了全線進攻。日軍此次作戰的目的，是要將「第四集團軍所屬的第 38 軍、第 96 軍殲滅於芮城以東茅津渡以西地區，同時以山炮 30門炸毀隴海路靈寶鐵橋，徹底破壞隴海線之運輸」。「六六」戰役，進行了半個月，這是第四集團軍在中條山進行的最大的也是最慘烈的一次戰役，我軍傷亡及失蹤官兵達 8800 餘人，日軍傷亡約 5000 多個。此次戰役粉碎日軍對中條山的大規模進攻，在戰略戰術上都是成功的。戰後，第一戰區司令長官衛立煌到中條山巡視，稱頌第 38 軍是「中條山的鐵柱子」。報紙新聞向全國報導稱：「晉南大戰，我軍又造成光輝的勝利。」

從 1938 年 6 月到 1940 年 11 月三年半時間，防守中條山西麓堯王臺至同蒲路之間防線，防止敵軍南侵風陵渡，與日寇曾「八戰中條」這可不是「疏雨過中條」，而是「血雨腥風」。1940 年 8 月 20 日，八路軍在華北戰場發動了「百團大戰」，彭德懷電示 38 軍配合作戰，要求抽調部隊進入鐵路沿線破壞交通，牽制日軍。38 軍按彭德懷的指示，派全軍各團輪流出擊。出擊部隊在安邑、運城、聞喜、夏縣一帶，先後數十次，打得敵人縮守據點，不敢妄動。在「百團大戰」巨大威力打擊震撼下，僅僅一個月時間，晉南形勢大變，廣大軍民揚眉吐氣。就在這時，蔣介石下令調第 4 集團軍離開中條山，駐河南

洛陽、鄭州之間，守衛河防。38 軍全軍上下強烈要求拒受蔣命，拉進太行山，繼續抗日。經請示八路軍前總，未獲同意。38 軍執行黨的指示，顧全大局，撤軍河南，經受新的考驗。第 4 集團軍調離後，中條山和高平地區尚集結了 11 個軍，加上河防部隊總計兵力 20 餘萬。但在 1941 年 4、5 月間，日軍集中了數萬兵力，以鉗形合圍與中央突破之方式進攻中條山，中國軍隊損兵折將，向黃河以南、以西潰逃，中條山終於失守。

第 38 軍調往豫西洛陽一帶，擔任黃河河防。1941 年 10 月 2 日，黃河北岸日軍強渡黃河，進佔鄭州，第 4 集團軍在滎陽、廣武地區與敵展開鏖戰。11 月初至 12 月上旬，17 師、177 師和友軍圍攻黃河南岸日軍橋頭陣地，大小戰鬥 30 餘次，因無重火器，久攻不克。於是在日軍陣地周圍構成封圍線，將日軍長期監圍，滎陽、廣武、汜水、鞏縣廣大群眾，參加挖工事，運糧彈，護傷員，形成軍民一致團結抗戰的動人局面。1942 年第 38 軍在鞏縣一帶駐防，此時較為安定，該軍還進行一些社會工作。軍部曾一度設在小黃冶村。軍長趙壽山籌資為該村建校一所，名為「社亭小學」。該村村民為紀念這一義舉，特立「惠我後生」碑一通。

1944 年 4 月中旬，日軍發動河南戰役，以主力步兵 20 師團和 37 師團、裝甲第 3 師團加鈴木旅團經黃河鐵橋南下，突破邙山封圍線，進攻滎陽西南地區。第 4 集團軍在鞏縣以東奮勇阻擊，530 團堅守虎牢關據點 7 晝夜。虎牢關之役共斃傷日軍 2500 餘名，177 師傷亡 400 餘官兵。在登汜陣地和韓城鎮兩次大戰中，均予日軍以重創。

趙壽山加入中國共產黨，蔣介石有所察覺。1944 年 4 月，升任趙壽山為第 3 集團軍總司令，「明升暗降、調虎離山」駐防甘肅武威。趙壽山離開部隊後，1945 年 6 月，又將原 17 路軍主要負責人孫蔚如將軍調到湖北恩施，任第 6 戰區司令長官。將原有的兩個軍縮編為一個軍，任命蔣的嫡系張耀明為 38 軍軍長，陰謀將原 17 路軍徹底吞併。1945 年 5 月，在豫西戰役中，96 軍與日軍血戰官道口，在交戰中，共產黨員連長張國華指揮全連向山頭衝擊，身負重傷，排長余得水帶領全排戰士與敵衝殺，不幸陣亡，但終將日軍擊退，保障了關中的安全。

38 軍所屬部隊 17 師、55 師，在中共地下黨組織的領導下，從 1945 年 7 月到 1946 年 5 月，先後回到晉冀魯豫解放區。該軍兩個師受趙壽山影響，由孔從洲等率領 1945 年在河南起義。1946 年 9 月 13 日，根據黨中央命令，成

立西北民主聯軍第 38 軍，任命孔從洲爲軍長，劉威誠、陳先瑞爲副軍長，汪鋒爲政委，38 軍編爲解放軍。這支部隊就在劉伯承、鄧小平同志指揮下，參加解放戰爭，爲解放全中國繼續奮勇前進

　　未參加起義的餘部由姚國俊、李振西領軍，駐軍陝西。陝中戰役失敗後，退至四川，於茂縣放下武器。

第三十九軍　參加宜昌豫南諸戰役

　　安徽地方軍隊改編爲中央軍，劉和鼎爲軍長。1934 年進軍福建，攻擊福建人民政府。此後長期駐守閩北。轄劉尚志 56 師和羅啟疆 34 獨立旅（後爲暫編 51 師）。淞滬戰中，奉命防守瀏河到白峁口沿江防線。滬戰撤退後，調開封一帶守河防，曾奉命協助 53 軍爲阻日軍在中牟縣境內趙口挖掘黃河大堤，主持決堤的是商震第二十集團軍。1938 年 6 月 3 日開始在中牟趙口作業時，擔任決堤任務的第 39 軍提前在堤岸內側，構築了必要的掩蔽部和交通壕，設置了僞裝被覆等，並告誡士兵遇敵空襲或探照時要肅靜沉著。因決口兩岸內斜面過於急峻，遂致傾頹，水阻塞不通而告失敗。又命新 8 師師長蔣在珍於 6 月 7 日在鄭州以北花園口關帝廟西重新掘堤。6 月 8 日新 8 師在花園口實施決堤時，師部專門派出一個團的兵力在周圍警戒，對附近居民則謊稱日軍將至，將他們疏散出去。對於參加決堤作業的下層官兵，也宣稱決開黃河是爲了水淹日軍，乘勢殲之。時值大雨，決口愈沖愈大，水勢漫延而下，京水鎮以西一片汪洋，盡成澤國。

　　河南戰後 39 軍移駐湖北，軍部駐滕家堡。所轄 56 師（師長孔海鯤）駐羅田；暫 51 師（師長林茂華）駐黃安、麻城。此外，還有鄂東游擊總指揮程樹芬指揮的游擊縱隊、安徽保安處所屬保安團以及第 21 集團軍直屬部隊。但由於鄂東方向的 39 軍和游擊縱隊戰力薄弱，成爲防務的致命弱點。黃水入淮後，日軍從安徽立煌縣分三路後撤：第一路過史河，經商河、鐵沖走商城；第二路經葉家集竄向固始；第三路經霍山，與漫水河之敵會合後，回竄英山西河。各軍遂投入了追擊和堵擊撤退日軍的戰鬥。日軍經英山西河、羅田石橋鋪、匡河回竄浠水。由於 39 軍消極避戰，這股日軍於 15 日順利到達浠水。

　　39 軍後又參加宜昌、豫南諸戰役。在棗宜會戰中在中央兵團，擔任大洪山到桐柏山的戰線戰鬥任務。因作戰有功被記功一次。爲變守勢爲攻勢，第 5 戰區令第 31 集團軍會同第 1 戰區第 2 集團軍從豫西南下，將大部分日軍反包圍於襄東平原地區，進行猛烈攻擊。第 33 集團軍主力向棗陽攻擊，其餘部隊

向鍾祥日軍攻擊，牽制其後方。中國軍隊在向日軍反攻中將其擊退，先後收復唐河縣、桐柏，粉碎了日軍的合圍計劃。經 4 天苦戰，予南返日軍以重創，收復襄陽。左集團軍第 39 軍奉令化整爲零，進入山區分散游擊。右集團軍河東部隊及江防軍連日發動進攻，襲擊日軍後方，切斷交通，完成任務後撤回襄河西岸，收復隨縣。日軍退回鍾祥、應山等原駐地，恢復戰前態勢，會戰宣告結束。

戰區鑒於態勢嚴峻，決定左集團軍以桐柏山爲根據地，以 39 軍和 13 軍之一部留置大洪，桐柏山等山區，以游擊襲擾敵人。以右集團軍襄河東岸部隊側擊北進之敵，並以 45 軍夾擊敵人後，退回襄河西岸加強河岸防守。39 軍進入大洪山加強襲擾日軍，並收復茅茨畈等地，阻擊南返日軍第 3 和第 13 師團部分部隊，予敵相當殺傷。但該軍損失亦大，故遵戰區命令退回山區，13 軍亦進入桐柏山區相機擾敵。

1944 年劉和鼎升任二十一集團軍副總司令，劉尚志任軍長。抗戰勝利後該軍被編遣，二人都去軍職。內戰時建立的 39 軍王伯勳爲軍長（前整編第八師師長），曾奉命去葫蘆島援錦州，但未成行，而參加淮海戰役。後由廣東去臺。

第四十軍　臨沂抗擊板垣有功　太行裹挾降敵有過

西北軍龐炳勳部，中原大戰後投靠東北軍，龐任 40 軍軍長。第四十軍，軍長仍爲龐炳勳，副軍長馬法五。該軍轄第三十九師，師長仍由龐炳勳兼任、該師轄劉世榮、李運通 2 個旅。1933 年參加長城抗戰。七七事變後曾應援京津，抵保定以南。臺兒莊會戰時，龐部駐守臨沂，抗擊日軍勁旅板垣師團，將其擊潰，榮立戰功，促成臺兒莊大捷。日軍第 5 師團阪本支隊於 1938 年 3 月 9 日開始在飛機、大炮及坦克的掩護下集中兵力從湯頭向臨沂東北地區的第 40 軍發起進攻。守軍雖然拼死抗擊，但陣地仍不斷被敵人突破。沂河以東、湯頭以南的白塔、沙嶺、太平、亭子頭等處先後失守，已直逼臨沂，古城危在旦夕。

第 40 軍被壓迫至臨沂城郊地區。爲了頂住日軍的瘋狂進攻，龐炳勳緊急調整了作戰部署，命令 116 旅守衛正面，115 旅爲右翼，229 團和特務團爲總預備隊，並命令各部死守陣地。正在城東沂河對岸的據守橋頭堡的部隊，便是那個曾被軍政部下令要遣散的特務團。這一仗打得太慘烈了，龐炳勳不僅將自己的衛隊送入了第一線，而且連馬夫、伙夫、擔架兵、運輸兵也都投入

了戰鬥，身邊只留了幾名貼身衛士和傳令兵，這是他 38 年的戎馬生涯中第一次下這樣徹底的決心。為了保衛臨沂，他準備把自己的「老命」連同 5 個步兵團這點老本全部拼光，絕不保存實力，似乎只有這樣，他的良心才能得到安寧。

正當龐炳勳 40 軍與日軍在臨沂外圍激烈爭奪，面臨滅頂之災的危急關頭，李宗仁就已電令張自忠的第 59 軍「即日由滕縣輸送到嶧縣轉赴臨沂，接龐（炳勳）任務，擊破莒、沂方面之敵，恢復莒、沂兩縣而扼守之」。此時，第 59 軍正向臨沂轉進中。李宗仁為了使龐炳勳軍與張自忠軍能更好地協同作戰，特派戰區參謀長徐祖詒代表戰區司令長官去臨沂指導作戰。並致電龐炳勳，大意為：臨沂為臺兒莊及徐州屏障，必須堅決保衛，拒敵前進。除已令張自忠部來增援外，並派本部參謀長前往就近指揮。龐炳勳接電後大喜。重新調整部署，縮短了戰線，以第 115 旅防守桃園至蔣家莊之線，以第 116 旅防守蔣家莊至黃山之線，以第 229 團、補充團及軍、師直屬隊為總預備隊，控制於臨沂城關地區，以第 39 師師長馬法五為前線總指揮。由於日軍將主力用於對付 59 軍，龐炳勳部正面日軍兵力大減。龐炳勳抓住有利戰機，率部猛襲日軍側背，有力地配合了 59 軍的正面攻擊。素來頑強的日軍板垣師團，在 59 軍、40 軍的痛擊之下，終於喪失了繼續戰鬥的意志，狼狽撤回河東，然後掉頭向北逃竄。臨沂大捷至此告成。後退至商丘，與日軍遭遇，損失慘重。又轉進到河南整補。

馮玉祥曾經是龐炳勳的老上司。來到河南舞陽縣視察工作，正遇龐炳勳的隊伍由前方撤到這裡。40 軍人員損失很大，在這裡招了兩個星期的兵，只招到了幾個人。馮玉祥知道了這個情形，就在舞陽城裏發動了一個軍民聯歡大會。那天講話的時候，到的有上萬老百姓，事先預備了許多板凳，讓老先生們和老太太們都坐在板凳上，然後再講。這次話講完了，一個星期龐炳勳就補充了八千多人。他們都覺得這特別的怪哪！怎麼兩個星期才招了幾個人，這一個星期就這麼踴躍呢？實在說，一個是人不說不知，木不鑽不透，你不跟他說，他怎麼曉得呢？還有一個那就是歷史的關係，人的關係，人與人不同就在這一點。後來龐炳勳在武昌看見了馮玉祥，說了許多千謝萬謝的話。從上面的一段話，說明抗戰前期，各軍還是靠招募的辦法，補充兵員，特別是在戰爭區域更是這樣。

經整補後，駐軍太行山區武安、涉縣一帶。1938 年 5 月下旬，日軍攻佔夏縣、聞喜等地後，又兵分三路向南橫掃，直逼黃河岸邊，企圖強渡黃河，

攻佔澠池，截斷隴海路，威脅洛陽、潼關。蔣介石急令第一戰區、第二戰區發起反攻，阻敵南下。第二戰區以第 13 軍、第 40 軍爲主力，向敵後夏縣、聞喜發起強攻，迫使日軍向後龜縮。

1939 年初晉豫戰場晉軍收復吉縣、大寧，西北軍收復風陵渡。日軍大舉進犯中條山失利。3 月日軍調新編成的日軍第三十五師團（師團長前田治中將）從新鄉沿道（口）清（化）鐵路向西進攻。佔領、沁陽、濟源縣城後，向沁陽北部的校尉營、西萬、萬善、盆窰等一帶集結，妄圖打通豫晉通道，以完成對八路軍太行軍區、太嶽軍區和該地區國民黨軍隊的包圍，進而分割、蠶食、摧毀我晉冀豫抗日根據地。

國民革命軍第 40 軍 39 師 115 旅奉命阻擊日軍來犯。數千官兵與我抗日游擊隊合力抗敵，奮力阻擊 3 萬侵華日寇於太行山南麓。在這場阻擊戰中，115 旅分別在東（常平——碗子城）西（窰頭——關爺坡）兩線阻擊日寇。115 旅旅部及所屬第 229 團防守西線，由旅長黃書勳指揮，主陣地設在窰頭；230 團及共產黨區幹隊防守東線，由副旅長史振京負責指揮，主陣地設在常平。5 月 1 日，東線五路日寇同時發動進攻，遭遇我方抗日官兵沉重打擊，鬼子遺屍滿坡，一次次落荒而逃。經過數日強攻、偷襲，日寇未能攻下常平山口。最後，日軍孤注一擲，傾巢出動，調來 3 架飛機助戰，常平山口失守，雙方在常平村展開了一場短兵相接的肉搏戰。日寇死傷近千人，我方也傷亡慘重，副旅長史振京陣亡。經過激戰，在久攻不破之後，鬼子向我關爺坡陣地發射了毒氣彈，大部分戰士被毒氣窒息死亡，6 月 17 日深夜，少數倖存人員在黃旅長帶領下撤出陣地。主力撤出陣地，留下一個排做掩護，這個排堅守碗子城同鬼子展開血戰，從拂曉激戰到太陽落山，子彈打光了就用石頭砸鬼子，他們最後把僅有的手榴彈捆在一起，待鬼子逼近時猛然拉開導火線，與鬼子同歸於盡。

「常平阻擊戰」是中國軍隊以一個旅的兵力，對抗日軍一個裝備精良的師團，進行的一場華北地區最大、最慘烈的一次戰役。3000 餘名抗日將士血灑疆場，2000 多名日寇拋屍山野。雖然參戰的將士大都犧牲了，但是阻擊敵人的作戰目的達到了，他們給日軍以重大殺傷，減輕了太行山根據地的作戰壓力，爲根據地做好抗擊日軍的第二次「九路圍攻」爭取了時間。旅長黃書勳積勞成疾 1940 年 12 月 1 日，病卒於軍，葬於林縣。夫人儀卿，在丈夫死後殉節。留下二子，一女，由在西安經商的叔父黃書馨撫養成人。

40 軍 115 旅在殘酷的生死戰鬥中，仍不忘掩埋戰死的將士忠骸，並勒石留名。1999 年，沁陽市文化局副局長李建國，偶然發現了抗日陣亡將士墓碑。古道熱腸的他，為尋找犧牲將士的親人，建立紀念碑，而四方奔忙，終於得到善果，使部分英靈回歸故里。

圖為常平阻擊戰建碑奠基儀式。右第二人為本書主編

1940 年龐炳勳為第 24 集團軍總司令，轄本部 40 軍及孫殿英暫編第 5 軍。百團大戰後，日軍感到後方壓力很大，1942 年起日軍不斷對華北敵後抗日軍進行掃蕩。盜墓賊孫殿英率部投敵，經過戰鬥 40 軍受很大損失。殘部千餘人由 106 師師長馬法五率領渡過黃河。龐炳勳因腿瘤不便行動，藏在磁縣彭城山洞中。因其副官下山給龐炳勳買鴉片煙，被孫殿英偵知，親自帶日軍將龐炳勳俘獲投敵。

1943 年 5 月 14 日，龐炳勳、孫殿英聯名通電投日。追隨龐、孫投日的將官還有第 24 集團軍參謀長趙星彩，冀察戰區挺進第四縱隊司令侯如墉、副司令于光輝、參謀長李志希、第 106 師副師長李震汾，暫編第 5 軍副軍長楊明卿、參謀長馮春田，暫編第 3 師師長楊克尤、副師長王遂慶、暫編第 4 師師長王廷英、副師長王瑞亭等。龐炳勳在宣佈投日的同時，任汪偽軍事委員會委員、晉冀魯豫「剿匪」總司令兼和平救國軍第 24 集團軍總司令等職。

　　師長馬法五率部轉移黃河南，繼續參加抗日戰爭，並被委爲 40 軍軍長。解放戰爭中該軍在邯鄲地區被擊潰，馬法五被俘。後李振清爲軍長。1949 年 5 月 5 日，四十軍暫編第九縱隊司令王三祝部在安陽被殲。餘部在新鄉向四野投誠。

第三篇 抗戰開始整頓的地方陸軍常規編制各軍

第四十一軍 勇川軍視死如歸 王將軍以身殉國

七七事變後，川軍出川抗日。國民政府軍事委員會第 41 軍番號給予了川軍，軍長孫震。川軍前後組織了 12 個軍，共 30 萬人，分批出川投入抗戰。第一縱隊（後改稱第 22 集團軍）下轄 41 軍（孫震部）、45 軍（鄧錫侯部）、47 軍（李家鈺部）。經川陝公路開赴抗日前線。從 1937 年 9 月起，集團軍的 10 萬川軍腳穿草鞋，身穿單衣，進入北國的嚴冬戰場。22 集團軍還沒上戰場，卻首先碰到了大自然的考驗。寒冷、飢餓中，沒有人抱怨，沒有人喊苦。41 軍與 45 軍兩個兄弟部隊都是以集團軍形式協同作戰。

1937 年 11 月第 41 軍部隊到達山西，即趕到娘子關晉東接應孫連仲 26 軍團，在固關以南、東西回村參加作戰，掩護主力 26 軍團撤退。撤退時部隊向祁縣、平遙轉進，到洪洞集結收容整理。在娘子關附近戰鬥中傷亡和失蹤的官兵約計三千餘人。閻錫山不給川軍發武器彈藥服裝，連作戰地圖也不給。他們的軍需補給都得自己就地解決，槍械彈藥的更換、補充更無人問津。只要能弄到糧食、衣物，他們便顧不得那麼許多戒律，連買帶搶。潰退時，遇到軍械庫也砸開大鎖，擅自補給。一時間，山西是連潰敗帶自擾，烏煙瘴氣。閻錫山一個電話打到武漢軍委會，控告川軍，請軍委會令川軍立刻走人，第二戰區養活不起。這時候李宗仁第 5 戰區急需要兵，川軍轉移到第 5 戰區。李宗仁對川軍這個遠離故土的戰士非常盡心，從第 5 戰區庫存中，撥出大批子彈及迫擊炮，交兩軍補充。第 22 集團軍的第 41 軍和第 45 軍，奉命開赴臨

城、滕縣一帶守備。集團軍總部及 41 軍軍部率直屬部隊及 124 師之一部駐臨城。45 軍軍長職務由 125 師師長陳鼎勳升任，125 師師長職務由副師長王士俊升任。

當得到日軍磯谷師團大舉南侵的情報後，3 月 10 日孫震爲加強滕縣守備，重新調整部署。令 122 師和 364 旅、124 師、127 師均進駐滕縣。陳離爲第一線指揮官，負責指揮防守滕縣北香城、界河一線的 45 軍；王銘章爲第二線指揮官，負責滕縣守備。同時，孫震又令王銘章爲第 22 集團軍前方總指揮，統一指揮第 41、45 兩軍作戰。王銘章率部進入滕縣後，立即進行戰鬥部署。他令 364 旅張宣武團進駐滕縣以北 15 里的北沙河，布置第二道防線；令 366 旅王文振團進駐滕縣東北的平邑、城前，以掩護 45 軍陣地的側背，並防備臨沂方向日軍第 5 師團的側擊。

3 月 14 日拂曉，日軍第 10 師團瀨谷支隊步、騎兵 7000 餘人，配備大炮 20 餘門，坦克 20 餘輛，在 30 多架飛機掩護下向滕縣外圍 45 軍第一線陣地展開全線進攻。中國軍隊憑藉既設陣地，勇敢迎戰。川軍的武器裝備儘管在戰前得到一些補充，但仍很差，輕、重機槍是四川土造的，不僅數量少，而且質量差，經常發生故障。15 日黃昏時，界河陣地已被突破，龍山被敵包圍。由城前返回的第 366 旅僅先頭 1 個營撤回滕縣，主力在城頭村附近與日軍迂迴主力部隊遭遇，被迫向臨城方向退走。至 15 日夜，滕縣城關地區的部隊雖然番號很多，但實際戰鬥部隊僅有 11 個步兵連、1 個迫擊炮連，共約 2000 餘人；此外還有師、旅部的 4 個特務連約 500 人，滕縣地方武裝約 500 人。總計約 3000 餘人。由北沙河退人城中的第 122 師第 364 旅第 727 團團長張宣武受命爲滕縣城防司令，統一指揮城關各戰鬥部隊。他部署由城前退回的第 398 旅的 1 個營防守東關，令第 727 團 1 個營防守東、北面城牆，令由臨城趕來的第 41 軍特務營防守西、南城牆；其餘爲預備隊，控制於東門內。日軍瀨谷支隊進至滕縣附近時將部隊區分爲兩隊。其支隊主力進攻滕縣，第 63 聯隊配屬一部炮兵及坦克，由辛莊、中頂山迂迴至滕縣以南，切斷滕縣中國軍隊的退路，並向臨城攻擊前進。

湯恩伯指揮的第 85 軍第 4 師先頭部隊在到達滕縣以南的南沙河時，與向臨城迂迴的日軍第 63 聯隊先頭部隊遭遇。湯恩伯抱定「避免臨城決戰」的方針，急令第 85 軍以「第 89 師第 267 旅佔領臨城、官橋正面，主力向東西集山、鳳凰莊一帶集結」，沒有派部隊增援滕縣。這樣，22 集團軍急切盼望湯恩

伯軍團的先頭部隊第 85 師增援的希望化為泡影。由於增援滕縣的援軍未能及時派出，使滕縣守軍的壓力驟增，形勢急劇惡化。

17 日，日軍由塌處突上城牆，迅速向東、西城牆擴大戰果。守軍殘部由西門退至西關車站。不久，東關及西城門樓均為日軍佔領，僅餘城內、北門及東北城角的守軍仍在繼續抗擊。此時天色已暮，日軍已突入城關。王銘章命令城內各部與日軍展開巷戰，自己登上西北城牆，親自指揮警衛連一個排進攻西門城樓。因日軍火力猛烈，城牆上毫無掩蔽，該排全部陣亡。這時，王銘章決定到西關車站組織該地殘部繼續防守，行至西關電燈廠附近，遭到西門城樓的日軍密集火力射擊，王銘章不幸腹部中彈，趔趄倒地。隨從們忙扶他起來，他疾呼：「抵住，抵住，死守滕縣！」這時又一陣密集的槍彈掃來，王銘章又一次負傷。他見大勢已去，危城難守，自己已負傷數處，不能行動，遂高呼：「中華民國萬歲，抗戰到底！」即用手槍，飲彈殉城。他的參謀長趙渭賓，副官長羅甲辛，少校參謀謝大埔、第 124 師師參謀長鄒慕陶及隨從 10 餘人，也都同時為國捐軀。滕縣縣長周同聽說王師長殉難，急忙從城北趕來，撫摸著王銘章的遺體大哭，悲痛欲絕。緩步登上城牆，環顧四周，長歎一聲，墜城身亡。王師長英勇殉國的消息傳到城內，受重傷的 300 名士兵以他為榜樣，寧死也不落入敵手，於是互相以手榴彈自炸，全部壯烈犧牲。王銘章為保衛滕縣流盡了最後一滴血，是臺兒莊會戰中中國方面犧牲的最高指揮官。18 日午前，滕縣淪入敵手。

滕縣保衛戰自 1938 年 3 月 14 日早晨開始，至 18 日中午結束，共 4 天半，計 108 小時。守軍第 41 軍守城部隊自第 122 師師長王銘章以下傷亡 5000 餘人。在滕縣附近界河、龍山、南、北沙河一帶作戰的第 45 軍，自第 127 師師長陳離以下也傷亡四五千人。滕縣整個陣地化為灰燼。進犯的日軍傷亡也十分慘重，死傷達 2000 餘人。為臺兒莊大捷打下基礎。

臺兒莊大捷後，41 軍轉戰豫、鄂等地與日寇對峙。曾參加武漢會戰屢立戰功。

1939 年 2 月隨棗會戰。第 22 集團軍奉命開赴鍾祥、京山兩縣所屬之流水溝、張家集、周家集、袁家臺於及隨縣所屬之均川一帶，接替第 21 集團軍。守備正面寬達二百餘里的地段，與日寇相對峙。3 月下旬，在京鍾路方面的日寇第 4 師團部隊與襄花路方面的日寇第三師團部隊，對我同時發動攻勢。在流水溝方面之 41 軍 124 師經與敵戰鬥後，即向襄樊退卻。122 師在周家集、

袁家臺子等地與約一個旅團之敵進行了一天的戰鬥。因正面過寬（約有 40 華里），122 師見戰況不利，決向棗陽撤退。為了避免包圍受殲，急從棗陽附近向北經由唐河、南陽、鄧縣而退往襄樊。此次戰鬥，全集團軍傷亡損耗兵員約三千餘人。棗陽城在陷落時，又遭敵縱火破壞。1939 年 5 月該軍參加了隨棗會戰，擊敗進犯襄陽，棗陽，唐河鎮一帶的敵第三師團。8 月，又將竄擾高城，唐縣鎮一帶之敵三師團擊敗。9、10 兩月，孫集團以第 41 軍攻克隨縣城外擂墩和滾三各重要據點；第 45 軍攻克淅河，馬坪間各交通點。

　　1940 年 5 月進行棗宜會戰。會戰前第 22 集團軍總部則在襄樊督率其所屬的 41 軍從事整訓。1940 年 5 月中旬，敵集中大軍於信陽、隨縣、鍾祥，發動對棗陽及襄河東西兩岸的攻勢，將其攻擊重點置於我軍右翼。首先在 33 集團軍陣地突破，即沿襄河東岸北進。此時 22 集團軍總司令孫震因赴渝參加會議，所屬 41 軍奉命受襄陽第 11 集團軍總司令黃琪翔指揮參加作戰。124 師受命守備襄樊，122 師馳赴田家集支持 33 集團軍，合力阻止敵寇北進。該師在田家集附近與敵寇作戰一晝夜，因戰況不利，隨即轉到襄樊與 124 師共同擔任這一地區的守備。由 124 師師長曾蘇元任襄樊守備指揮官，統一指揮兩師部隊。122 師擔任右自小河左岸起，至劉家集、歐家廟到襄城南門之線的河防守備；124 師則擔任襄樊兩城的守備。5 月下旬，襄河東岸之敵續向退守坰口、板橋店一帶之 33 集團軍部隊進攻，戰鬥激烈。該集團軍總司令張自忠遂親自渡河前往指揮，在南瓜店附近的戰鬥中殉職。第 22 集團軍的 41 軍部隊在河防失守後，即向南漳所屬的石門、茨河及襄陽以西的泥咀一帶撤退。在這次戰役中，41 軍部隊於敵人渡河後棄守襄陽；敵寇於進佔時放火將南門及南關一帶燒毀，並以炮火轟擊樊城，將該鎮河街燒毀一部，使襄樊人民生命財產受到很大損失。

　　1941 年 5 月，在隨縣、應山之敵第三師團主力及所指揮的混成旅團、半島兵團，分股向我襄花公路進犯。應山敵軍一個支隊首先出動，向高城附近 124 師 372 團防地攻擊。經過一天的戰鬥，敵人西進至青苔鎮時即轉向西南的唐王店前進，在此受到 124 師 371 團的阻擊。此時在隨縣之敵亦發動攻勢，其一股配有一個坦克中隊，向厲山附近的 41 軍 124 師 370 團陣地攻擊。經過戰鬥後，敵又繼續西進到唐縣鎮附近。122 師遂遵照軍的命令，在唐縣鎮附近佔領陣地，迎擊敵人。從隨縣出動的另一股敵人，則向均川、安居之 45 軍進攻。由厲山西進之敵在唐縣鎮附近與由唐王店方面而來之敵合力向 41 軍攻擊

後，除以主力追擊我軍外，另以一部南下，經河源店向環潭前進，與由隨縣西進之敵會攻 45 軍。該軍乃向棗陽方面撤退。因敵人繼續西追，41 軍即由棗陽以北經新野向老河口方面撤遲；撤退中，又遭到敵騎的襲擊，部隊被衝散，人馬武器及通信器材損失很大。45 軍則由棗陽退到樊城以北呂堰鎮。敵軍在進至樊城附近後，仍折回鍾祥、京山、隨縣、應山一帶的原防地。22 集團軍隨即在襄樊地區對部隊從事整補。

　　1942 年 5 月，隨縣之敵以約一個旅團的兵力，向守備厲山之 41 軍前沿陣地攻擊。41 軍部隊予故重創後，逐次向靜明鋪、唐縣鎮、萬福店、棗陽西退。敵軍進至棗陽附近即折向東南經環譚、安居退回隨縣。

　　1943 年孫震以第 41、45 兩軍各一師，向雲夢，應城挺進，威脅敵後。爲策應鄂西作戰，他以兩個挺進師，挺進大洪山以南，襲攻皀市，應城，孝感，京山，雲夢，安陸之敵，均多斬獲。1944 年 1 月孫震再度策應江南作戰，以第 122 師挺進京鍾路攻擊鍾祥，襲占長壽店。以第 127 師挺進京山之孫家橋，官橋鋪，斬獲甚多。8、9 月，策應長衡作戰，再挺進鍾祥、京山，佔領洋梓市，突入京山城。

　　1945 年 3 月，敵以六個師團約十萬餘人，附近飛機百餘架及戰車、野炮，由軍團司令鷹孝指揮，大舉進攻鄂西、鄂北，威脅四川重慶。孫震分調各部固守襄樊與老河口，並佈防於谷城及襄河西岸，李官橋之丹江西岸等地，拒敵西進。血戰月餘，聚殲進犯之敵，獲得嘉獎。4 月 6 日，敵寇調來一個聯隊的炮兵，把城牆轟塌若干道缺口，又令工兵對城牆進行爆破。日軍從那些缺口處，交替發動多路進攻。結果，一次次衝進城去的日軍，都被守軍用手榴彈全部殲滅，無一生還。4 月 8 日日軍在付出慘重代價之後，終於佔領了老河口城。此時，陳宗進指揮第 41 軍正好攻下谷城，推進到漢水西岸。見老河口已升起太陽旗，便下令就地佔領陣地，構築工事，與日軍隔河對峙，互放冷槍冷炮，誰也不敢到江邊汲水。直到 8 月 15 日，老河口城上的太陽旗落下，掛起白布片，日寇投降，抗戰勝利。

　　後曾蘇元、胡臨聰相繼任軍長。解放戰爭中在淮海戰役該軍被殲滅。殘部由嚴翊爲軍長，隨 16 兵團董宋珩、曾蘇元在四川什邡宣佈起義。

第四十二軍　將軍鬢添幾莖白　士兵血染一莊紅

　　西北軍系統孫連仲部。抗戰之初第 27 師師長爲馮安邦，第 27 師是孫連仲的基幹部隊，孫連仲曾任過該師師長。由於是孫的「嫡系」，因此經孫連仲

爭取列為國民黨軍隊「調整師」編制，其裝備、軍械雖不如蔣介石嫡系部隊，但較第 2 集團軍的其它 2 個師稍為優良。在娘子關戰役中，師、旅長均身先士卒，率部痛擊日軍，擊斃日軍步兵第 70 聯隊聯隊長鯉登大佐及以下一千二百餘人。娘子關戰後，馮安邦升任 42 軍軍長，黃樵松接替馮安邦任第 27 師師長。並轄吳鵬舉獨立第 44 旅。經魯南轉到河南。1938 年 3 月 24 日接到孫連仲命其部速開臺兒莊的命令後，該軍主力部隊第 27 師由師長黃樵松率領，從賈汪附近地區出動，3 個梯隊徒步向臺兒莊前進。下午 6 時，部隊抵達臺兒莊南站附近。繼而參加臺兒莊大戰，正面迎敵，戰鬥慘烈。

在臺兒莊一線 31 師與日軍拼殺的同時，27 日，位於臺兒莊東的 27 師開始向日軍據守的村寨發動進攻，79 旅一部 6 時將裴莊攻下，7 時又擊潰劉橋之敵。第 80 旅 159 團將岔路口、後棗莊、楊家廟、張樓各村收復，160 團攻克邵莊，並將劉家湖之敵包圍。日軍據寨抵抗，炮兵也連續射擊，坦克車輛往返衝突，戰況激烈。第 27 師遂電請孫連仲總司令，請炮 7 團協助向劉家湖之敵進行炮火壓制，雙方戰至中午，戰況有所緩和。下午，日軍以步騎兵五六百人、坦克 7 輛，在猛烈炮火掩護下，進行反攻，敵軍且戰且增。中國軍隊官兵拼戰不退，師長黃樵松親至陣前督戰，士氣激昂，戰鬥十分激烈。相持至下午 7 時，戰況才漸趨和緩。28 日下午孫連仲將由集團軍指揮的炮 7 團一個營（山炮 8 門）及由第 31 師指揮的坦克防禦炮 2 門調歸第 27 師使用。29 日晨 3 時半，27 師第 79 旅向敵開始猛攻。中國官兵奮勇異常，將裴莊之敵擊潰。

徐州會戰後孫連仲部撤往駐湖北廣水一帶休整。42 軍駐應山。利用部隊休整機會，編印了《軍民日報》，刊載戰地消息，反映部隊訓練、軍民關係等情況，激勵將士作好戰鬥準備；同時成立了抗戰幹部隨營學校，招納新生，補充戰鬥中的減員。經過短期補充休整，開往大別山北麓潢川一帶，投入保衛大武漢的戰役。1938 年 8 月，武漢會戰大別山北麓戰役開始。9 月上旬，在潢川以南地區與日軍進行過一些戰鬥。中旬，日軍 13、16 師團等部繼侵佔葉家集、商城等地後，沿商（城）麻（城）公路進犯大別山，集主力攻擊商麻公路上的戰略制高點鴉雀尖，發誓要拿下這一戰略要地。黃樵松親自指揮保衛鴉雀尖。當戰鬥激烈之時，師指揮所從山腰搬到山頭，黃樵松和參謀人員晝夜圍看地圖，指揮作戰。黃師與敵人在商麻公路鏖戰月餘，直到 10 月下旬武漢撤守前夕，日軍始突破大別山。1940 年，豫南日軍分數路向我進犯，5

月 1 日在明港附近遇到黃樵松等部左右夾擊，損失慘重，至 5 日被殲 2000 餘人。這一消息轟動了後方，各報都在顯著位置上加以報導。5 月 18 日，黃樵松爲配合友軍進攻信陽，派出一團人乘夜穿過敵據點，突入敵人佔領的信陽車站一帶，出其不意地消滅了一批日軍，並放火焚燒了敵倉庫。這一行動，也曾給全國軍民以鼓舞。27 師經老河口退到南陽休整補充。後奉命由武漢外圍向襄陽轉移途中，遭遇日軍轟炸，馮安邦將軍不幸殉國。所部整編，42 軍的 27 師和獨立第 44 旅都併入 30 軍。42 軍番號給胡宗南。

胡宗南組建的 42 軍，將各個戰區成立的補充兵訓練處和師管區所徵募的新兵團改編爲正規軍。在西北地區 42 軍轄：羅列 48 師、李禹祥預備第 7 師、吳允周 191 師三個師，由楊德亮任軍長，嚴明任副軍長，駐防新疆。1944 年 9 月中旬第 8 戰區司令長官部決定成立伊犁指揮所，駐在伊犁的該軍預 7 師副師長杜德孚爲指揮官統一指揮。1945 年 1 月由蘇聯支持的阿合買提江與哈巴也夫指揮下的武裝暴動（史稱三區革命），伊犁城內空軍教導隊營房與鬼王廟相繼失守，當部隊突圍至皮爾清溝（距伊犁 20 餘公里）時遭叛軍騎兵追堵衝擊，副師長杜德孚與參謀長曹日靈、21 團團長姜宣銓相繼陣亡，殘部所剩無幾，最後只有 200 餘人逃到迪化。突圍部隊被殲滅的同時，位於精河沿線的增援部隊均遭叛軍夜襲，援軍被各個擊破，42 軍預 7 師師長李禹祥、新 2 軍 45 師師長郭奇被俘。

1947 年趙錫光爲軍長（整 42 師），在西北地區參加內戰。解放戰爭中在新疆隨陶峙嶽起義。12 月下旬，新疆國民黨軍起義部隊改編爲中國人民解放軍第 22 兵團，陶峙岳任司令員，王震兼政治委員，轄第 9 軍，趙錫光任軍長，張仲瀚任政治委員。部隊除番號改變外，原建制和官兵沒變，各級軍官只有晉升沒有降職調離。部隊改編後集中學習休整了 3 個多月，通過訴苦對起義將士進行人民解放軍的宗旨、紀律和爲人民服務的教育，宣傳官兵平等、官兵一致，反對軍閥作風。政工幹部言傳身教，不打人、不罵人，說話和氣；生產吃苦在前，享受在後，晚上查夜看士兵的被子蓋好了沒有，給沒文化的士兵教識字，學文化，尊重支持行政領導。老部隊的好作風、好傳統通過政工幹部的播撒，在起義官兵中生根、發芽、開花、結果。起義部隊很快成爲新型的人民解放軍。

1950 年，部隊開到瑪納斯流域開荒造田，種糧食，也種棉花。石河子地處瑪納斯河流域，北緯 45 度，歷史上從未種過棉花，1952 年冬，蘇聯植棉專

家迪托夫來到石河子，經對當地氣候、水源、土壤作了調查後，簽訂了植棉協作合同，開辦了植棉培訓班，年底，瑪納斯河流域 2 萬畝棉花獲得大豐收，平均每畝籽棉近 400 斤，比原來提高產量 3 倍。

趙錫光將軍兼石河子城建處處長，與戰士同吃同住，一切從頭學起，包括城市建築知識。在石河子新城初創的歲月裏，一天睡眠不足 5 個小時，那時按規定，他該吃小灶，但他不願意享受，胃病也越來越嚴重，臨終前他沒回雲南老家而又返回到石河子，至死還守衛著這片土地。

第四十三軍　淞滬戰中犧牲重　併入二十九軍中

抗戰開始川黔軍 26 師為底班，建立第 43 軍，郭汝棟為軍長，只轄一個師參加淞滬戰。據何聘儒先生回憶：26 師裝備可憐，「一個連僅有士兵八九十人，只有一挺輕機槍和五六十支步槍。有的槍使用過久，來復線都沒有了，還有少數步槍機柄用麻繩繫著以防失落，武器之窳劣，可以想見……」日軍飛機大炮狂轟濫炸，傷亡慘重，戰士誓與陣地共存亡，前仆後繼、毫無懼色。軍士「劉芳第二次重傷時還在說：『為抗日犧牲，死而無憾！』」255 團中校營長，代理團長強兆馥左腿被敵彈打穿、頭部中流彈，仍堅持指揮……該師官兵就是英勇頑強地鏖戰了七晝夜，多次擊退日軍進攻，被譽為參加淞護抗戰的七十多個師中成績最好的五個師之一。該師付出的代價也極為慘重：全師 4 個團長，兩個陣亡。14 個營長，傷亡 13 個，連、排長共傷亡 250 餘名。每個連留存下來的士兵僅三、五人，最多不過八、九人……全師四千多人，這場仗打後僅剩下六百多人！在淞滬戰中，與敵拼殺於江灣、大場一帶傷亡怠盡。又奉命死守松江，郭率部五百人與敵寇死戰，戰士全部犧牲。後該軍撤併，郭汝棟回鄉休養。所屬 26 師由師長劉雨卿帶領到江西武寧整補。隨後參加武漢會戰的馬當保衛戰。馬當是長江最重要的要塞之一，地處江西彭澤縣境內，與江中的小孤山遙相對峙，成犄角之勢，水流湍急，形勢險要。並在兩岸山峰險要處設有炮臺、碉堡、戰壕等工事，水面布置 3 道水雷防線，前後共佈雷 1500 餘枚。同時配置重兵防守。馬當要塞由江防要塞守備隊第 2 總隊、第 43 軍第 26 師一個營、守備第 1 營和第 2 營，以及炮兵第 8 團、第 41 團、第 42 團各一部等守備守衛湖口。馬當要塞失守後，日軍波田支隊等部在海軍的協同下，沿江繼續西進，當日即攻佔彭澤。7 月 1 日起，以陸海空軍協同作戰，猛攻作為九江門戶的湖口，第 26 師劉雨卿部奉命死守湖口，經過數日激戰，

敵波田支隊以施放大量毒氣突破了中國守軍陣地，7 月 4 日，湖口失守。到冬季 26 師改隸 29 軍，劉雨卿升爲 29 軍副軍長。

1939 年 12 月第一次反共高潮中，山西的犧盟會和新軍的決死縱隊與共產黨軍隊攪在一起，與閻錫山的決裂。閻及其與舊軍有聯繫的保守的追隨者被迫流亡到黃河對岸的陝西秋林。11 月，舊軍在胡宗南派來的中央軍協助下接連發生的血戰，有些投向共產黨。而有些決死隊叛軍依附閻錫山編成了第 43 軍，第 43 軍番號則歸了晉軍，趙世玲、劉效曾先後任軍長。

後駐軍中條山與日軍作戰，同時與八路軍經常磨擦。解放戰爭中在太原被殲。

第四十四軍　川軍許師長　正氣留瀟湘

川軍系統。1937 年王贊緒任軍長。武漢會戰中，才出川不久的 29 集團軍作戰英勇。1938 年 7 月守軍覃連芳部、劉汝明部、王纘緒部聯合死守廣濟。44 軍守衛廣濟龍頂寨一帶與日軍血戰，三次搶奪龍頂寨。日軍前進不得，便施放毒氣數十次，共犧牲三千人。廣濟爲一盆地，易中毒氣，守軍遂移到廣濟以西之界嶺南北之線阻擊敵人。日軍占廣濟後，又並力攻打田家鎮要塞。9 月，日寇的一支海軍沿長江西犯。44 軍 149 師王澤濬令 447 旅旅長孫黼阻擊。該旅 893 團在黃柏城附近的九狼山與日寇登陸的海軍陸戰隊一個大隊遭遇，激戰通夜。川軍士兵用四川土製的「麻花手榴彈」，炸得日寇人仰馬翻，紛紛向軍艦逃跑。扔下的皮背包和呢子大衣，全部爲川軍繳獲。這一仗，447 旅陣亡營長周道昌、傷亡連長以下官兵 200 多人。但打死了日寇指揮登陸的大隊長，生擒了曹長荒木重知注等人，繳獲軍用品 500 多件。

1939 年王纘緒升任 29 集團軍總司令，150 師師長廖震升任軍長。轉戰於湘、鄂戰場抗日。先後參加隨棗會戰、棗宜會戰，常駐大洪山地區。廖震升爲副總司令後，1943 年王澤濬爲軍長，王澤濬是王纘緒的兒子。王纘緒在劉湘手下當師長時，王澤濬就在他父親兼師長的領導下當旅長，並且兼成都市的城防司令。他出身將門，少年得志，頗有一點不可一世的派頭。他這個旅有三個團共六千人，不僅人員充實，且裝備精良。配備的迫擊炮、輕重機槍、衝鋒槍、擲彈筒都比較新式。這次又是蔣介石親自點名要他星夜馳赴前線，更是聲價十倍。在楊森這位老前輩面前，他自然拘於禮法，表現出一副謙恭樣子，但內心深處卻自命不凡。該軍下轄 149 師、150 師、161 師、162 師四個師，參加常德會戰，戰鬥十分激烈。第 150 師許國璋師長剛接到集團軍轉

來戰區頒佈不得退過沅江的嚴令，乃率部死據陬市，寸土必爭。但第 150 師本擋不住如狂潮般的第 116 師團，不到半天便幾乎全軍覆沒。許國璋師長眼見日軍即將突破，急派師屬工兵連前往阻擊。工兵連不到半小時便死傷殆盡。許師長乃親率 450 團殘部上前衝殺，身受重創。第 150 師幾乎全軍覆沒。許師長重傷昏迷，被警衛抬上渡船後送。許國璋將軍醒來時見到自己已經渡過沅江，部隊大部潰散，聯絡中斷，大為震憾，悲憤交集。在擔架上痛斥左右誤己，身為師長怎麼可以丟下部隊隻身後退。立刻奪過身邊衛士佩槍自盡，左右救之不及。王瓚緒總司令聞耗，電調第 162 師副師長趙璧光上校代理第 150 師師長一職，率殘部與第 161 師一道撤過沅江右岸整理。在常德外圍戰鬥中也擊斃了敵酋布上照一。

1943 年 10 月常德會戰前將第 74 軍及第 100 軍撥歸第六戰區節制，這兩個軍正向第六戰區行進中。常德會戰開始，第 100 軍急速開往石門。第 44 軍撤退澧水防線。22 日日軍主力已經正面與第 74 軍前鋒接戰，第 29 集團軍至此已退居次要角色，而第 44 軍則在王瓚緒總司令照顧下後撤退過沅江整理，退出戰場。日軍突破第 44 軍防線之後，也不再窮追，而將注意力集中在王耀武集團上。第 44 軍因此逃過被壓迫到常德外圍而遭殲滅的命運。

1944 年劃歸第九戰區指揮，在湖南寧鄉整頓。3 月中旬整頓完畢後，150 師師長為趙璧光、161 師師長為熊執中、162 師師長為何葆恒。隨後開赴湘陰，參加長衡會戰，與敵激戰於茶陵、瀏陽、安仁等地。

解放戰爭在淮海戰役中被殲。該軍重建，陳春霖為軍長，防守大巴山，後潰散。

第四十五軍　血戰滕州城　抗戰責任重

屬川軍系統。出川抗戰時鄧錫侯為 22 集團軍總司令，陳鼎勳為第 45 軍軍長。轄 125 師和 127 師。1937 年 11 月先入晉省，45 軍受令在聞喜、侯馬集結待命，繼又受令進駐洪洞。到洪洞不久，命令扼守洪洞、沁源一線，并派出部隊向平遙附近進擊。122 師推進後，擊潰敵方游擊部隊，將平遙城收復。直到 22 集團軍於 12 月奉調魯南為止，保持這種狀態。

集團軍所屬各軍於 12 月下旬出發，12 月底逐次到達徐州、碭山等地。隨即按照李宗仁的命令以 45 軍北開滕縣、鄒縣間地區佈防。西尾令其礬谷司令官指揮日第 10 師團及 106 師團的部隊，配以飛機、坦克於 12 日對我在界河、香城之線發起攻勢，我 45、41 兩軍部隊憑據既設陣地拼死抗擊。在激戰三日

之後，我方因傷亡重大，戰線過寬，遵照命令，部隊退守滕縣一線，繼續阻擊敵南進，以待增援。滕縣保衛戰自 1938 年 3 月 14 日早晨開始，至 18 日中午結束，共 4 天半，計 108 小時。第 41 軍守城部隊，自第 122 師師長王銘章以下傷亡 5000 餘人。在滕縣附近界河、龍山、南、北沙河一帶作戰的第 45 軍，自第 127 師師長陳離以下也傷亡四五千人。滕縣整個陣地化爲灰燼。進犯的日軍傷亡也十分慘重，死傷達 2000 餘人。陳離在滕縣戰役中負傷回武漢醫治，朱德曾致電慰問，中共中央副主席周恩來以及吳玉章、董必武等都親去醫院看望。

在 16 日，當日寇圍攻滕縣城戰況緊急之際，湯恩伯軍團開到了臨城，卻不直接增援滕縣。湯遂將部隊向棗莊方面開去，以致 41 軍、45 軍部隊在滕縣成了孤軍作戰。兩軍部隊據城固守，激戰至十七日，傷亡慘重。

集團軍於滕縣戰役後，調駐徐州市的大營房及拾屯、竹垞一帶休整。在此期間接任徐州附近九里山、雲龍山一帶既設陣地，沿澗頭集至韓莊之線運河的守備任務。當時的部署大體如下：41 軍的 122 師殘部擔任澗頭集附近的守備（由四川運來補充的新兵約一個團留駐徐州訓練）；45 軍擔任右翼與 122 師銜接，左至韓莊之線運河的守備；41 軍的 124 師殘部爲預備隊，位於利國驛，集團軍總部位於柳泉（曾一度進駐利國驛）。爲了切實掩護友軍側翼，曾令 41 軍的 124 師、45 軍的 127 師數次渡過運河攻擊韓莊、劉樓之敵。5 月 18 日下午下達退卻命令，指定經徐州、蕭縣、亳州向鹿邑退卻。部隊經五河縣渡淮水以後，由嘉山、滁縣間越過津浦鐵路，再經固始、潢川地區西進於信陽附近，越過平漢鐵路開赴建樊。到達襄樊從事整補。

1938 年 8 月，徐、蚌方面日寇，經皖北向豫南進犯，企圖攻佔武勝關，將平漢鐵路截斷包圍武漢。當進至河南的固始、潢川地區就與孫連仲的 2 集團軍發生了戰鬥。其時 22 集團軍正在襄樊地區整補。奉第五戰區命令，抽編兩個師開赴信陽集結，以策應第 2 集團軍作戰。孫震其時因事回川，遂由參謀長稅悌青轉令 41、45 兩軍各抽編一個師（曾蘇元師、王仕俊師）沿澗頭集至韓莊之線運動，統歸 45 軍軍長陳鼎勳率領，於 8 月先後出發，經棗陽、桐柏開到信陽集結。

9 月初旬，日軍越過固始、潢川向西急進，情勢緊張。45 軍奉命向羅山挺進歸第 17 兵團司令胡宗南指揮，其時胡的部隊正開始在信陽集結。9 月中旬，潢川失陷，孫連仲第 2 集團軍部隊向光山以南地區撤退，致使潢川至信

陽公路的正面開放。此時 45 軍在羅山以東之竹杆鋪南北、及羅山東北到息縣方面佈防，構築工事，準備迎接敵寇。18 日，日寇約一師團突向 45 軍陣地發動攻擊，雙方激戰三晝夜。日軍除集中優勢兵力外，並使用催淚瓦斯，致使 45 軍傷亡甚重。因右側胡宗南部被擊敗後撤，導致 45 軍側翼空虛，孤軍難於作戰，遂向湖北棗陽以北之鹿頭鎮撤退，繼而奉命仍回到襄樊整補。是年秋又奉命開進隨縣均川、厲山一帶擔任守備。

1939 年冬，決定利用冬季向應（山）隨（縣）方面之敵發動一次攻勢。第 22 集團軍於 12 月下旬遵命以 45 軍向淅河、馬坪之敵進攻；以 41 軍（配屬野炮一營）向隨縣城、擂鼓墩、滾山各據點之敵進攻。122 師 364 團在當地群眾的有力協助下，曾於一個夜間將擂鼓墩據點收復，並奪獲三八式野炮一門和一部分武器、彈藥與裝備。124 師對據守滾山之敵，曾數次利用夜暗實行仰攻，奮勇前進，一度攻進滾山據點的外砦。因日軍死守內砦的核心工事並得到增援，以致我軍功虧一簣。自其時天下大雪，行動益為困難，下令停止攻擊。陳離傷癒後任 22 集團軍第 45 軍副軍長兼 127 師師長。師部移駐老河口，與李先念部是友鄰。陳離請李先念到師部來住了 6 天，多次向新四軍贈送槍支彈藥、電臺、被服等軍用物資。

1939 年守備老河口的是第 45 軍 125 師和第 41 軍的 368 團，統由第 125 師師長汪匣峰指揮。第 22 集團軍的炮兵部隊，在漢水河西岸擺開陣勢，對進攻老河口的日軍日夜轟擊。被包圍壓制在城西北角的日軍第 25 聯隊，佔據有利地形拼死頑抗。中島曹長帶了一個機關槍小隊，企圖攀越城牆打出去，在城牆下遭到守軍炮擊，全隊被炸死。日軍第 2 中隊長夏目大尉、聯隊炮中隊長鍛冶大尉等先後戰死。聯隊長古澤大佐命令燒毀密碼本，準備全體戰死。

1940 年 5 月中旬，敵集中大軍於信陽、隨縣、鍾祥，發動對棗陽及襄河東西兩岸的攻勢。將其攻擊重點置於我軍右翼，首先在 33 集團軍陣地突破，即沿襄河東岸北進。22 集團軍防守隨縣以北戰線。戰後 22 集團軍所屬之 45 軍在均川、安居一帶；41 軍在厲山、高城一帶；與原在淅河、馬坪、隨縣、應山一帶之敵相對峙。

1941 年 5 月，在隨縣、應山之敵第三師團主力及所指揮的混成旅固、半島兵團，分股向我襄花公路進犯。應山敵軍一個支隊首先出動，向高城附近 124 師 372 團防地攻擊。從隨縣出動的另一股敵人，則向均川、安居之 45 軍進攻。由厲山西進之敵在唐縣鎮附近與由唐王店方面而來之敵合力向 41 軍攻

擊後，除以主力追擊我軍外，另以一部南下，經河源店向環潭前進，與由隨縣西進之敵會攻 45 軍。該軍乃向棗陽方面撤退到樊城以北呂堰鎮。敵軍在進至樊城附近後，仍折回鍾樣、京山、隨縣、應山一帶的原防地。22 集團軍隨即在襄樊地區對部隊從事整補。

戰役後，45 軍即在襄陽歐家廟、東津灣等地整訓。12 月中旬集團軍遵照第五戰區命令，指派 45 軍前往接替 29 集團軍大洪山地區的守備任務，並於扁擔山、張家集、薛家集、客店坡一帶陣地加強防禦工事。12 月下旬，日寇乘我交接之際，竟集結一個旅團的兵力，首先向我左翼客家坡陣地攻擊，並隨著戰況的發展，由東向西逐次對我薛家集、張家集、扁擔山陣地進攻。我 125 師部隊憑藉工事不斷予以阻擊，一攻一守的戰鬥持續了七天之久。敵見其攻勢受挫，乃兵分兩路，一由周家集、跑馬寨，一由客店坡、青龍山，向京山退回。戰後 45 軍仍在扁擔山，張家集、薛家集、客家店之線與其當面之敵相對峙。41 軍則在襄樊進行短期整訓後，又遵命東開屬山一帶擔任守備任務，與隨縣附近之敵相對峙。

1943 年孫震指揮第 41、45 兩軍各一師向雲夢、應城挺進，威脅敵後。為策應鄂西作戰，以兩個挺進師，挺進大洪山以南，襲攻皂市、應城、孝感、京山、雲夢、安陸之敵，均多斬獲。1944 年 1 月孫震再度策應江南作戰，以第 122 師挺進京鍾路攻擊鍾祥，襲占長壽店；以第 127 師挺進京山之孫家橋，官橋鋪，斬獲甚多。8、9 月，策應長衡作戰，再挺進鍾祥、京山，佔領洋梓市，突入京山縣城。

1944 年中原戰役之後，即進佔河南方城。孫連仲第 2 集團軍據守南陽附近。22 集團軍總部駐在樊城。所屬 41 軍及暫歸指揮的 69 軍（軍長米文和）均在襄樊附近整訓。45 軍主力 127 師及暫編第 1 師在大洪山地區擔任守備，所屬之 125 師則在老河口歸戰區司令長官部直接指揮，擔任該地區的守備。新近由第一戰區調回的 47 軍則在鄧縣附近整訓。

1945 年 3 月中旬，日寇集中其在河南的五個師團及騎兵第四旅團約十餘萬人的兵力，附以飛機百餘架及戰車、野炮等部隊，由軍司令鷹森孝指揮，以豫西的南陽、西峽口及鄂北的老河口、襄樊為目標，於 3 月 19 日大舉進攻。向老河口進攻之敵 26 日與我 125 師發生戰鬥。此時，劉峙命令 22 集團軍立即派部隊馳援老河口。41 軍當即奉命由樊城出發，向進攻老河口之敵進行側背攻擊，協同 125 師作戰。同時集團軍電令守備大洪山之 45 軍軍長陳鼎勳率

其所部之 127 師及暫 1 師趕回襄樊加強對老河口方面作戰之支持。在馳援老河口的途中，得知有敵兩個縱隊，由新野方面向西南前進，判斷其企圖似將截擊我援軍。因之，41 軍決定轉向雙溝東進；45 軍則從鄧縣與老河口之間的間隙部越過公路。45 軍所屬之暫一師在師長李才桂的率領下，脫離指揮，擅自行動，西渡丹江跑到了均縣所屬之黃龍灘；127 師則繞至老河口以西的山地。總部在得知上述情況後，一面命令 125 師固守老河口，一面命令 41 軍立即由雙溝附近折回，指定其由太平店、仙人渡附近渡河到谷城集結待命。又令 127 師向進攻老河口的日寇右側背予以有力的打擊。中國軍隊右集團軍向日軍後方進擊，收復新野，固守襄河東岸，與日軍對峙，直至日本侵略軍投降。

抗戰勝利時該軍軍長為孫元良。解放戰爭期間由中央系統趙霞、陳沛先後主軍，該軍從上海逃臺。

第四十六軍　桂南會戰協防日寇　桂柳反攻力克賓陽

1936 年樊崧甫為軍長，轄董釗、陳安寶兩個師。1937 年抗戰開始時駐軍潼關，豫北戰場宋哲元不戰而逃，程潛非常氣憤，曾命令第 46 軍軍長樊崧甫嚴密戒備黃河南岸，無戰區長官命令，不得放任何部隊渡過黃河，並炸毀了鄭州黃河鐵橋。當臺兒莊周邊戰爭正緊張狀態時，4 月 23 日到達徐州前線。除帶去的董釗 28 師、周士冕 49 師（都是陝西子弟）外，黃國梁 92 師臨時歸其指揮，開往郯城支持 59 軍，在碼頭鎮、丁字溝、狼子湖與日軍交戰，以確保運河以東安全。第五戰區司令長官部把應該控制的 46 軍也投入碼頭鎮地區，陷於苦戰。湯軍團不僅沒有集結，一直在邳縣以北地區逐漸陷入陣地戰狀態。徐州東面敵軍自 5 月 17 日起向運河全線攻擊，一部由貓兒窩、大里莊渡運河與當地守軍 46 軍、22 軍激戰。迄 18 日晨起又先後突破運河車站、臺兒莊、禹王山等處陣地。李宗仁命孫連仲相機向蕭縣以南突圍西進。湯恩伯在徐州以西十餘公里的孤山集集中抽調到來的兵力，部署向淮北到來之敵反攻，5 月 19 日撤出魯南戰場。46 軍輾轉退到漢口。不久，黃國梁 92 師升格為 37 軍，董釗 28 師升格為 16 軍，49 師在武漢會戰時歸 60 軍指揮，後歸第 6 軍。樊崧甫調任，46 軍解體。

新建立的桂軍系統 46 軍，1937 年秋成立於南寧。主幹是由 175 師抽出來的兩個團，結合地方團隊組成。何宣任軍長，轄黎行恕 170 師、馮璜 175 師、黃固新編第 19 師。抗戰開始桂軍三個軍調出廣西，留下 46 軍守衛廣西。

1939 年 11 月參加桂南會戰。日軍在防城、龍門等地登陸，進攻南寧。蔡廷鍇任第 36 集團軍總司令，從年底至翌年初，在桂南會戰中指揮桂南及廣東南路各部，包括 46 軍和`64 軍對敵作戰。在同年 11 月至 1940 年 1 月的桂南會戰中，敵雖從山東抽調第五師團，協同臺灣旅團，並藉艦隊掩護于欽州灣西岸登陸，沿邕欽路北犯，陷邕寧。然我桂林行營白崇禧部卻以 15 萬兵力發起反擊，並由蔣介石令杜聿明之第 5 軍機械化部隊和一百架飛機參戰反擊。我軍與日軍在崑崙關反覆鏖戰，艱苦卓絕。18 日我軍即攻克崑崙及九塘，19 日攻克大高峰坳，以後繼續攻克五、六、七塘。20 日因日軍增援反陷大高峰坳、崑崙關、九塘後，我又集中兵力於邕寧路反攻，卒於 12 月 31 日再克崑崙關。翌年 1 月 4 日再克九塘，致使日軍第 5 師團潰不成軍，其 12 旅團傷亡殆盡，損失一個師團以上。其企圖截斷中國西南國際交通線的目的，完全沒有達成。

1942 年何宣去職任軍委會高參，周祖晃、黎行恕先後主軍。1944 年長衡戰役後，駐兵衡陽城的橫山勇發動一次大規模進攻，企圖殲滅衡陽西北，西南兩面集結的中國軍隊。8 月下旬。以高密集大兵團，呈包圍態勢向城西洪橋地區的中國軍隊第 79、第 46、第 62 三個軍發動閃擊進攻。由於日軍企圖大露，三個軍退避轉移。結果，日軍氣勢洶洶而來，卻撲空而去。橫山勇決計繼續西進，包圍閃擊湘桂邊境重鎮零陵地區的中國軍隊主力。9 月 7 日，日軍佔領零陵城，卻又是空城一座。日軍以七個師團的兵力，連續兩次殲滅戰都落空，使橫山勇感到非常羞愧苦惱。

1945 年 4 月在陸軍總司令何應欽指揮下，發動桂柳反攻作戰。27 日，第 2 方面軍以第 46 軍一部攻佔都安後，主力向都陽山脈進擊，節節迫近南寧，地方團隊蜂起響應，部隊進展迅速，於 5 月 27 日 64 軍攻克南寧，30 日 46 軍克賓陽。到 7 月 28 日 94 軍、20 軍收復桂林。四個月來，如同風捲殘雲，日軍節節敗退，直至投降。

日寇投降後，陳練成為軍長，內戰時在山東萊蕪被解放軍殲滅。重建的 46 軍由譚何易為軍長，與解放軍作戰。後殘部經越南富國島到臺灣。

第四十七軍　萬里中原抗戰來　前方忽報將星落

川軍系統。1935 年國民政府軍事委員會整頓川軍後，李家鈺任軍長。1937年 9 月，李家鈺率全軍由西昌出發，沿川陝公路徒步北上，抵寶雞乘隴海鐵路火車剛到西安，奉蔣介石電令，急赴山西前線禦敵。李家鈺對軍部人員概

歎道：「47 軍出川之際，時值農曆中秋，長途跋涉四十餘日，關山四千里，抵黃河北岸，已是初冬了……一片冰雪地，人馬僵凍，我部官兵還穿著單衣草鞋！」47 軍至河南博愛才穿上棉衣，緊接著開拔山西長治，防阻日寇西犯。在晉東南長治等地與日寇血戰。

1938 年 2 月中旬，日軍在大量空軍掩護及優勢炮兵坦克配合下，向東陽關進犯。47 軍 178 師官兵所用步、機槍、迫擊炮等，都是川造，命中率低，還常卡殼。川軍雖奮力抵抗，但武器懸殊，死傷累累……20 日上午，日軍炮火轟垮一個缺口，城樓也起火，敵人從缺口向城上猛衝。守城司令李克源旅長等督促士兵肉搏巷戰，殺敵極多，逐街輪番戰鬥至夜才從南門撤出。長治一戰歷時兩天，敵我傷亡均在千人以上，足見戰鬥之激烈。山西民眾對 47 軍紀律嚴明、愛護百姓和英勇抗戰十分感佩。山西黎城縣縣長何公振安排地方民眾埋葬川軍陣亡官兵，舉行追悼會。並在東陽關建立「川軍抗日死難紀念碑」一座，在黃帝陵建川軍廟一所，在每年農曆 2 月 17 日演戲紀念，以誌不忘。

長治城陷落後，李家鈺決心西渡黃河，入陝整頓隊伍以利再戰。但行抵榮河縣渡口以木排試渡，均被洶湧波濤擊沉，便率 47 軍東返，沿中條山山麓，向夏縣以南鐵路沿線警戒。軍部駐南村。1938 年 6 月初，李家鈺命令 178 師 1063 團團長孫介卿說：「為迫使日敵退出風陵渡，解除對黃河南岸、隴海鐵路炮擊的威脅，47 軍奉命攻擊安邑縣城。」孫介卿團奉命攻入城內。日軍逃走後，又糾集聞喜、夏縣和運城之敵千餘人，南北疾進圍攻安邑城。敵眾我寡，戰鬥僅一上午，城被攻陷，孫團傷亡過半，團長孫介卿隻身逃出。李家鈺以孫作戰不力，將其槍決，從此川軍官兵殺敵更堅決。1938 年初秋一路敵人向 178 師毛家山前沿陣地進犯，從早至午戰鬥激烈。三連炊事員李發生送飯到前線，見到敵人與士兵們正在戰壕邊拼刺刀。李發生放下飯挑子，手持扁擔，怒吼一聲驚天動地，乘敵不備奮力打死打傷日軍數名。但立即又衝來幾個嗷嗷怪叫的敵人，圍攻李發生，李扁擔舞得呼呼風生。這時全線官兵乘勢衝出戰壕，打得日軍狼狽而逃……李發生身上被刺刀戳傷八處，不顧滿身流血，親自把繳獲敵人的三八式步槍三支背下戰場。李發生「扁擔殺敵」的英勇事蹟上報中央，受到蔣介石和戰區明令嘉獎。

47 軍在山西作戰兩年多，屢立戰功，擊斃、擊傷日偽軍近萬人。1939 年冬，軍委會任命：李家鈺晉升為第 36 集團軍總司令，除仍兼 47 軍軍長外，還直轄駐山西的第 17 軍高桂滋部。1941 年，36 集團軍奉命東移，擔任黃河

沿岸防衛任務。總部移駐河南省新安縣北的古村，距洛陽90里。此時守備洛陽的第14軍張際鵬部也劃歸36集團軍。

1944年春，日軍爲了打通「大陸交通線」，援救其侵入南洋的孤軍，發動了「中原會戰」。

4月底，日軍在小浪底渡河。李家鈺立刻命令104師迅速向小浪底進發，佔領雲夢山，阻擊日軍下元熊彌部，掩護友軍部隊撤退。李家鈺親到前線督戰。主帥親臨，川軍士氣高昂、義無反顧，衝到日軍第一線陣地展開慘烈肉搏時，一營人片刻間只剩下一百多人。下午，吳團的官兵乾啃了兩個「鍋魁」，又猛衝上雲夢山頂。第二天，部隊撤到雁翎關。在雲夢山打了一場硬仗！雖然死傷近千人，但我們也打死了幾百名敵人。

原駐防的14集團軍移駐洛陽，李家鈺專任36集團軍總司令，李宗昉升爲47軍軍長，駐洛陽以西的新安。1944年4月過黃河經中車的日軍，22日陷鄭州。一路南下，一路西犯，洛陽告急。當時第15軍武廷麟部同14軍94師張世光部守洛陽。在新安的部隊有原來的47軍及由西安來增援的27軍林偉宏預8師拱衛洛陽。5月12日敵軍分三路向新安進犯，以包圍洛陽。該部178師310團在雲頂山、薄姬廟山、象山等高地上，掩護36集團軍總部和孫蔚如第四集團各部撤退。日軍動用飛機、大炮狂轟亂炸，步兵向山頭猛攻。尤以薄姬廟最爲激烈。該廟乃祀漢文帝生母薄姬。劉邦收魏豹時納薄氏爲姬，生文帝，封於代。呂后專權時，因薄姬未寵幸，得以去代隨子就國。堅守薄姬廟的部隊，只有一個連的兵力，且處於孤立無援的境地。抗日將士同仇敵愾，勢與陣地共存亡。在阮連長的指揮下，打退敵人的一次又一次的進攻，連長不幸殉國，其夫人繼續指揮戰鬥，一直堅持到深夜。後日軍攻上山頭，守軍與敵展開肉搏，大部壯烈犧牲。當地人民只知道連長姓阮，是南方人，眾烈士都沒有留下姓名。不過人們沒有忘記，至今還懷念著他們。

與此同時新安縣重鎮鐵門亦失守，178師532團團長彭士復陣亡，餘部退至和尚溝。此時第一戰區司令長官蔣鼎文率先西退，群龍無首，部隊各自盲目後撤。5月17日，李家鈺在澠池縣山中一小集鎮翟涯鎮，與從洛陽西撤的第14集團軍副總司令劉戡、14軍軍長張際鵬、新8軍軍長胡伯翰、暫4軍軍長謝輔三等將領相遇。因各軍擁擠一途，場面極度混亂。幾個將領會商後都說：「必須統一指揮和派遣掩護部隊，再圖反攻！」眾人一致推李家鈺出任統一指揮官。李家鈺慨然說：「我47軍願承擔後衛掩護任務，掩護各軍轉進！」

47 軍李宗昉軍長率兩個師向西前進。行軍序列是：178 師是先頭部隊，總司令部隨其後，李宗昉軍長則和 104 師在總部之後跟進。總部輜重較多，行動遲緩，停停走走。5 月 21 日上午，李家鈺新獲情報，敵人因追擊新 8 軍軍長胡伯翰部，距自己宿營的陝縣東姚院只約十餘里了。11 時半，當 36 集團軍總部剛由東姚院出發未半里，就遇敵人由陝縣張村射來的炮彈數發。李家鈺考慮人員安全和為加快行動，臨時改變行軍計劃，通知打前衛的師李家英師長不要等了。之後，總部就由趙家坡頭至西坡（即秦家坡）經雙廟到南寺院這條路線向陝縣進發。他們不曉得這是一條危機四伏的路！

日軍居高臨下，集中三八機槍射擊黃呢軍裝的顯著目標。不到半小時，第 36 集團軍總部人員全被日軍機槍暴雨般傾瀉的子彈射中。李家鈺不幸身中數彈，額上和左肋均被洞穿，壯烈殉國，終年 53 歲。同時殉國的高級軍官還有步兵指揮官、曾任 310 旅少將旅長的陳紹棠、少將副官長周鼎銘等多人……這次犧牲慘重，上至集團軍總司令，下至士兵，僅生還 2 人。

47 軍特務營趕到高地，袁營長看見敵人多穿便衣，還誤認為是先退至此的河北民兵喬明禮部發生了誤會。他用杵路棍挑起雨衣，向敵人高聲喊話：「不要弄錯了！」話音未落，一排機槍掃過來，把他兩腳打斷。他咬緊牙關滾下高地，向軍長報告戰情。軍長李宗昉驚聞噩耗，非常悲憤。1944 年 5 月 21 日，川軍第 36 集團軍總司令李家鈺悲壯殉國是在抗日戰場上犧牲的川軍最高級將領。

47 軍後退入河南南部境內，依託於「鄉親」第 22 集團軍照應。隨棗一帶情勢緊張，即將其司令長官部遷到均縣所屬的草店。當日軍向老河口進攻時，22 集團軍派部隊馳援老河口。41 軍由樊城向進攻老河口之敵進行側背攻擊；守備大洪山之 45 軍趕回襄樊加強對老河口方面作戰之支持。在鄧縣的 47 軍則因中原會戰時傷亡慘重，沒有作戰能力，受命撤到均縣附近的青山港一帶集結整休。

抗戰勝利後，該軍與孫震四十一軍整編合併。解放戰爭中汪匣鋒、楊熙宇先後為軍長，在淮海戰役中被殲。殘部在四川什邡起義。

第四十八軍　蒙城周將軍殉難　敵酋冢田攻中炮

屬桂軍系統，韋雲淞、蘇祖馨、張義純先後主軍為抗戰勁旅之一。淞滬抗戰韋雲淞為軍長，轄賀維珍 173 師、王贊斌 174 師、區壽年 176 師，與日寇激戰於蘊藻浜，實施反突圍，激戰二十餘日，犧牲慘重。

　　1938 年在淮河阻敵支持徐州會戰。4 月下旬津浦路南段的日軍北犯渦陽、蒙城。173 師副師長周元帶隊開赴蒙城。從 5 月 11 日開始進行守城戰，激戰四晝夜。在突圍時副師長周元壯烈殉國。後到鳳臺縣收容散兵。這次戰鬥後該師一個團的兵力，只能編兩個連加兩個排。敵人亦傷亡千人以上。後 173 師劃歸 31 軍領導，

　　1940 年 12 月奉命在長江沿岸截堵新四軍北上。後與敵戰鬥在鄂豫皖地區，控制大別山區。韋雲淞陞遷，軍長為蘇祖馨，軍部駐霍山深溝鋪。所轄 138 師（師長李本一）駐太湖、潛山；176 師（師長譚何易）駐桐城、廬江。

　　1942 年 12 月 18 日，日本 11 軍司令官塚田攻中將乘坐的軍用飛機在太湖田家灘附近的筋竹沖，被 138 師高炮部隊擊落，日本大將撞在炮口上。那一天，天氣晴朗。幾個炮兵，正在趁著好天氣擦拭武器。因怕炮彈年久失效，想放幾炮試試。正當他們擺好高射炮要放的時候，沿著長江飛來一架日軍飛機，於是炮兵們就以這架飛機為目標，迅速開炮，一炮就把敵機擊中了。說來也巧，乘坐這架飛機的是駐漢口日軍第十一軍軍司令官塚田攻大將，這日正由南京飛返漢口，同機十一人全部喪生。這是我國軍隊在抗日戰爭中擊斃的日軍陸軍軍階最高的將領。19 日，日軍即分三個方向向大別山進攻進行報復。日軍 68 師團由蘄春經黃梅進犯太湖；116 師團一部由安慶西攻潛山；第 3 師團分由宋埠、浠水進攻羅田。前兩路負責尋找塚田攻的屍體並牽制 48 軍；後一路則作為主攻，以期擊潰 39 軍直取立煌。同時，合肥之敵也在大蜀山等地頻繁活動，以牽制六安的 7 軍。12 月 19 日，日軍 11 軍 68 師團由蘄春經黃梅、宿松進犯太湖，13 軍 116 師團一部由安慶攻擊潛山，數日之內連陷潛山、太湖等縣。25 日，敵 68 師團攻佔彌陀寺，找到了塚田攻的屍體。

　　這時，48 軍軍長蘇祖馨發現集團軍總部對戰局處置不當，隨即改變本軍部署，決心以阻擊摧毀進犯之敵為目的，以誘敵深入，集中優勢兵力將其擊滅。27 日拂曉，138 師、176 師猛烈反攻太湖、潛山，數度衝殺，敵死傷枕藉。28 日，176 師 528 團攻擊高河埠，突入市街與敵混戰，斃傷敵百餘人；526 團在陳家鋪戰鬥又殲敵 180 餘人。30 日，彌陀寺之敵在花涼亭、龍山宮附近遭 138 師 412 團伏擊，傷亡百餘人，馬 20 餘匹。31 日，412 團、413 團於龍山宮河灘殲敵百餘，至 17 時，太湖方向敵傷亡共達 500 餘人。1 月 1 日，為牽制 48 軍主力，日軍 116 師團一部北犯桐城。176 師節節阻擊。2 日，日軍一部進至金神墩，遭 176 師伏擊，傷亡甚重。3 日，日軍猛攻桐城，176 師依既設

陣地與敵激戰。8 日，蘇祖馨率 48 軍軍部及直屬隊之大部轉至岳西湯泉畈。翌日，日軍開始撤退，48 軍即展開追擊。10 日，138 師收復太湖，176 師收復桐城。11 日，138 師收復潛山。12 日，又克宿松，13 日，138 師攻入黃梅，與敵激戰後形成對峙。

　　解放戰爭期間張文鴻爲軍長，曾參加衡寶戰役，後在博白、陸川地區被殲。

第四十九軍　東北軍轉戰湘鄂贛浙南方諸省

　　東北軍系統。西安事變後劉多荃爲軍長。抗戰開始，部隊位置在津浦路北段。1937 年 10 月與龐炳勳 40 軍合力與敵在姚官屯血戰六晝夜。後調來上海參加淞滬戰，守衛羅店一線。戰後轉到安徽。1938 年初有人向中央報告，在繁昌、青陽等縣，從淞滬戰場退下來的潰兵截掠百姓，尤以 49 軍 105 師紀律最壞。在戰亂中受害最重的總是老百姓。後該軍來自東北，卻一直轉戰於湘、鄂、贛、浙等南方各省，立有戰功。

　　1938 年 3 月參加南昌保衛戰。該軍除轄主幹師王鐵漢 105 師外，還轄張言傳暫編第 9 師。南昌修河戰役損失很大，傷亡逃散有兩個團之多。因戰爭失利軍長劉多荃降兩級留用，副軍長、參謀長撤職。師長撤職留用，帶罪立功，到高安整補。9 月又參加第一次長沙會戰，歸 19 集團軍羅卓英指揮，防守錦江南岸陣地，但未參加主戰場決戰，該軍損失較少。

　　1941 年 3 月參加上高會戰。該軍又增加了王克俊 26 師，調入史克勤暫編第 13 師，調出暫 9 師歸 70 軍。日軍獨立混成 20 旅爲南路兵團，在 16 日強渡錦河後，遭到第 49 軍的痛擊，被迫向曲江方向退卻。日軍第 34 師團爲中路兵團，是進攻上高的主力。18 日，日軍攻陷高安，但在上高一線卻遭到第 74 軍的頑強阻擊。爲了加強第 19 集團軍的力量，第九戰區又從贛西北抽調第 70 軍投入上高會戰。這次戰役日軍投入六萬五千人，中國軍隊投入七萬二千人，基本是旗鼓相當。但是中國軍隊取得了決戰勝利，斃傷敵軍兩萬四千多人，擊斃指揮官岩永少將、聯隊長濱田大佐及大隊長四人。以日軍慘敗而告終

　　1941 年 12 月，太平洋戰爭爆發。此時劉多荃任 25 集團軍副總司令，王鐵漢任 49 軍軍長。在第三次長沙會戰結束後，日軍南下政策得勢。針對日軍的軍事行動，軍事委員會從抗戰全局著眼，調第 49 軍、第 86 軍、第 79 師以

及第 63 師歸第 10 集團軍指揮，控制金華、蘭溪及其以東富春江南岸一帶地域，作好對付杭州方面之敵的戰鬥準備。5 月 27 日，敵陷龍遊，我金華、蘭溪守軍愈形孤立。第 49 軍第 26 師向進犯金華之敵進行阻擊後，28 日放棄蘭溪，29 日放棄金華，向北山轉移。第 25 軍、第 49 軍轉進衢江南岸遂安、古市地域，確保雲和、松陽之線，阻敵南犯，並向佔領浙贛線及麗水之敵襲擾游擊。在廣大戰場上，各個部隊四處出擊，並配合地方武裝，破壞鐵路、倉庫、撤運物資，使敵人搶獲物資的東運計劃受到擾亂。我軍在沙溪及信江兩岸擊潰敵三個聯隊，獲重大戰果。此後，第 25 軍調贛東南城；第 100 軍調歸駐臨川的第 32 集團軍指揮，守臨川撫河東岸。第 10 集團軍指揮第 49 軍、第 88 軍駐衢州，與金華、蘭溪之敵相對峙。1944 年日軍發起長衡戰役。同時橫山旅團攻擊浙江金華白沙溪 49 軍 26 師陣地，受到 26 師的堅決抵抗。6 月 11 日旅團長橫山武彥在獅子山陣地趾高氣揚的指揮戰鬥，被中國軍隊擊斃。

解放戰爭期間增援東北，後中央系統的鄭庭笈爲軍長，在遼瀋戰役中被殲。

第五十軍　抗日出川　轉戰蘇皖浙贛

川軍系統。1937 年 8 月奉命出川抗日，原番號爲 23 軍，潘文華任軍長，轄郭勳祺 114 師、楊國禎 147 師、陳萬仞 148 師。同時一路出川的還有唐式遵 21 軍。開始由水路出川，下船後步行或乘火車先到鄭州、新鄉，又轉到浦口。此時淞滬戰爭已到尾聲，日軍由浙江金山衛登陸，爲防止被包抄，中國軍隊向西撤退。該軍受命在廣德、泗安一線阻擊日軍，拱衛南京。由浦鎮過江，經溧水到達防地。11 月下旬即與敵人接戰。

劉湘死後，爲穩定四川局勢，潘文華回川，該軍被分解調整。114 師師長郭勳祺升任軍長改番號爲 50 軍，仍歸唐式遵第 23 集團軍部下。50 軍軍長郭勳祺與新 4 軍第 1 支隊司令員陳毅早在大革命時期即有「患難舊交」。駐軍皖南的川軍 23 集團軍第 50 軍和新 4 軍的關係最初也很密切，兩軍多次親密合作。顧祝同爲了部署殲滅新 4 軍，將在 50 軍工作的中共黨員參謀處長殺害，並將郭勳祺調爲 23 集團軍副總司令，由原 144 師師長范子英任軍長，轄劉儒齊 44 師、孟浩然 145 師、田鍾毅新 7 師。所以當時新四軍要從銅繁渡江北移，是完全不可能的。再加上其它軍隊三面包圍：東有冷欣部隊，南有張文清、莫與碩之部隊，西有范子英、陳萬仞之部隊等，圍迫之勢，業已造成。故據

當時估計，如新 4 軍當時經銅繁北移，除遭遇敵人之阻襲外，其渡江部隊將先遭無爲江邊軍隊之襲擊，而後續部隊則將遭江南軍隊之威脅。如是首尾夾擊，新 4 軍這一有力的抗戰部隊，眞個休矣。

1942 年在浙贛一帶與日軍作戰。擔任皖南贛東由荻港到湖口長江沿岸的防務。浙東麗水、溫州也相繼收復。唐式遵第 23 集團軍仍轄第 21 軍和第 50 軍聯合作戰。劉雨卿第 21 軍轄第 146 師、第 147 師、第 148 師。范子英第 50 軍轄第 144 師、第 145 師、新編第 7 師守備開化、常山一帶。1944 年田鍾毅任軍長。

抗戰勝利後參加內戰，解放戰爭期間，在廣東陽江地區被殲。

第五十一軍　東北軍勁旅山東抗敵

東北軍于學忠部在九一八事變後改稱國民革命軍第 51 軍。在長城抗戰時，即參加中國軍隊戰鬥序列。1933 年 5 月，《塘沽協定》簽訂之後，冀東 22 縣劃爲非軍事區，不能再駐有軍隊。蔣介石密令 51 軍軍長、河北省主席于學忠，以河北省政府的名義，另外成立 5 個特種警察總隊，訓練之後，開入冀東。于學忠從 51 軍抽調團長張慶餘、張硯田和部分營、連級軍官，又從河北各縣徵新兵萬餘人，組成了河北特警第一總隊和第二總隊。這兩總隊即構成冀東保安隊的主力，總隊相當於師級，總隊長相當於少將。另外還有第 3、第 4 總隊，是漢奸李濟春從僞滿帶來的僞軍組成。同時還有第五總隊，係冀東土匪胡協五所部。1935 年 5 月《何梅協定》之後，中央軍調出河北，于學忠的第 51 軍奉命調往甘肅，因警察總隊歸屬地方，不能與 51 軍同時行動。于學忠臨行前，密召第 1、2 總隊長張慶餘、張硯田等，囑令：「好好訓練軍隊，以待後命。」同年 11 月，殷汝耕割據冀東 22 縣，在通縣（即通州）成立冀東防共自治政府。其後，將警察總隊更名爲冀東保安隊，歸殷汝耕政權統轄。內部人事安排仍維持原狀。

同年 12 月，宋哲元出任冀察政務委員會委員長後，張慶餘和張硯田密請哥老會的首領張樹聲介紹往見宋哲元。二張也向宋表示，今後一心一德爲國效力。29 軍參謀長張樾亭將冀東保安隊編入戰鬥序列。1937 年 7 月 28 日二張密議決定夜 12 時在通縣起義。12 時，保安隊封閉通縣城門，斷絕市內交通，佔領電信局及無線電臺，並派兵包圍設在文廟的冀東自治政府，把漢奸殷汝耕捉住，並禁閉起來。同時派兵前往西倉，細木中祐被亂槍擊斃。張慶餘決

定，趁當夜日軍尚未合圍，放棄通縣，開往北平與 29 軍合兵一處。抵北平城下，始悉 29 軍已行撤出。日軍將押解囚車士兵衝散，將殷汝耕劫走。官兵衝鋒肉搏，傷亡亦眾。起義軍已成孤懸之旅，趁天色尚暗，化整為零，全軍分為 120 個小隊，每隊 50～60 人，由連長或排長率領，分批開往保定集合。

抗戰之初 51 軍軍長于學忠，轄周光烈 113 師、牟中珩 114 師，由甘肅調來膠東，與沈鴻烈的青島守備隊、第三艦隊在青島共同擔任海上防衛。後由膠東移軍淮南，阻敵北上，支持了臺兒莊會戰。第五戰區李宗仁命其在臨沂方面堵截日軍前進。部署就緒，密切注視著敵人的動向。日軍打通津浦線的作戰計劃，分為兩個階段。第一個階段為南路主攻，北路助攻。南路日軍四個師團，作戰時間從 1938 年 1 月 26 日至 2 月 21 日，差不多一個月。南端敵軍指揮官畑俊六大將，於 12 月中旬，指揮 8 個師約 8 萬之眾，先後自鎮江、南京、蕪湖渡江北上。日軍第 3 師團主力攻陷滁縣後，循津浦路正面北進至盱眙、張八嶺附近；另一部分攻佔揚州後，即進擊邵伯、天長一線，以掩護鎮江防線。第 9 師團一部攻陷裕溪口後，循淮南鐵路北進至巢縣、全椒，企圖直趨蚌埠。日軍以為拿下蚌埠已是易如反掌之事，孰料行至明光以南，即為李宗仁部署的李品仙的第 11 集團軍和于學忠的第 51 軍，利用淮河、淝河、澮河等地形堵截，雙方血戰月餘，不分勝負。敵軍在此停留，竟不能越雷池一步，這大出畑俊六所料，十分惱怒。於是畑俊六遂自南京調集援兵及坦克、野戰炮等重武器，傾巢來犯。敵人洶洶而來，李宗仁感到硬拼硬堵要吃虧，待敵援軍聚集明光一帶時，李宗仁命坐鎮蚌埠的李品仙將 31 軍於 1 月 18 日自明光全線西撤山區，伺機出擊，將津浦路南端正面讓開。于學忠的 51 軍佈防淮河北岸，憑藉險要地形，拒敵越河北進。敵援軍雖以餓狼撲食之勢猛撲明光，結果撲了個空，沒有捕捉到主力。接著日軍攻下定遠、懷遠等地，但一無所獲。此時西撤的 31 軍遵李指示，從敵軍左側向東出擊，將津浦路之敵截成數段，圍而殲之。淮海前線之敵，後路忽被斬斷，不知凶吉，費九牛二虎之力迅將 31 軍從津浦線向西壓。李宗仁遂命部隊採用敵進我退、敵退我進的戰術，牢牢地盯住津浦線。此時參加過淞滬會戰的 21 集團軍北調合肥，日軍有後顧之憂不敢隨意北進，一時津浦路南端戰事，形成敵我雙方對峙局面。

第五戰區李品仙、廖磊兩個集團軍及于學忠第 51 軍，與日軍激戰多次，敵我雙方形成隔河膠著的局面。1938 年 2 月，59 軍奉命支持淮北于學忠部。張自忠在固鎮指揮 59 軍與日軍血戰七天，奪回曹老集、小蚌埠，穩定了淮河

防線。北路助攻的日軍，也無法取得進展。第二階段爲北攻南守。北路作戰的日軍，是磯谷廉介第 10 師團和板垣徵四郎第 5 師團，由左右及津浦正面三路前進。守軍第 51 軍在懷遠至五河間淮河北岸憑險抗拒日軍，並以一部向蚌埠附近側擊，牽制日軍。4 日，日軍在飛機、大炮火力掩護下，兩次強渡淮河，均受到第 51 軍 114 師和 113 師阻擊，殲滅渡河登岸之日軍 700 餘人，與第 31 軍、第 51 軍在淮河北岸共同反擊日軍。支持了臺兒莊大捷。

徐州會戰後繼而南調豫、鄂大別山北麓。後該軍又調赴魯南。1939 年 1 月成立蘇魯戰區，于學忠任蘇魯戰區總司令，率戰區總部及 51 軍 113 師進駐穆陵關長城沿線山區，牽制日軍。沈鴻烈領導的山東省政府也遷據穆陵關西南 35 公里的東里店。該戰區還管轄在蘇北的繆徵流 57 軍。此後該軍處境錯綜複雜，該戰區駐有日軍、僞軍、八路軍還有中央系統的沈鴻烈部（後爲李仙洲部）。既要打仗又要處理各方關係。

51 軍對敵作戰堅決，不斷打擊日軍，大小數百戰。1938 年 6 月 51 軍 114 師師長方叔洪率部在魯南馮家場與日軍主力遭遇。方將軍身先士卒，指揮部隊作戰，不幸中彈犧牲。1941 年春節，新年第一天的太陽剛剛出山，馬站的百姓還沉浸在過年的喜慶氣氛中，沭水據點的日僞軍五百多人就來進犯馬站，炮轟文昌山前的 51 軍陣地，然後分三路向我方陣地猛攻。駐守馬站的是 113 師 674 團，主戰場是 2 營陣地。2 營利用文昌山周圍的有利地形與工事，痛擊來犯之敵。1942 年 1 月底，在日軍華北派遣軍司令官畑俊六指揮下，調集 4 個師團和 3 個混成旅團 5 萬餘人，僞治安軍 5 萬餘人，共計 10 萬餘人，在 28 架飛機的掩護下，對駐守穆陵關東側南北兩道長城之間圈裏一帶的蘇魯戰區總部及 113 師發動鐵壁合圍大「掃蕩」。2 月 7 日，日本侵略軍從安丘南逸、賈孟一帶大舉南侵，113 師奮起阻擊。51 軍 113 師又在穆陵關阻擊掃蕩的日寇。時我軍中正流行瘟疫，得病者發高燒，幾乎每天都有一些病死者，戰鬥力大大削弱。儘管如此，51 軍依然頑強作戰，視死如歸，堅守穆陵關，與日寇血戰到底。日寇收買漢奸引路從西面繞道包抄，51 軍突遭日軍側後攻擊，處境危險，邊打邊撤，傷亡數百人。

唐王山、虎眉山和擂鼓山三大山頭，位於沂水東北部與安丘接壤的北線長城，綿延 20 餘里。1942 年 8 月 20 日凌晨，日軍向 113 師駐地安丘縣課家峪進行炮擊，戰區總部和師部組織非戰鬥人員向唐王山轉移，特務團和 678 團負責保衛總部，674 團在虎眉山與周圍敵人作戰。51 軍 1 個團駐守擂鼓山

以牽制東南兩面之敵，677 團在外圍作戰。這三個山頭排列成一線，113 師利用有利地形與日軍展開激戰。下午 3 時，113 師登上了唐王山。日本侵略軍 2 萬餘人，大炮百門，飛機 10 餘架，輪番向唐王山射擊。下午 5 時，113 師向東北方向撤離，678 團為了掩護總部轉移，堅守到晚 7 點方撤。堅守擂鼓山的 51 軍一個團打退了日軍的 3 次衝鋒，斃傷日偽軍 200 餘名。這次戰鬥共進行了 5 天 5 夜，共消滅日偽軍 400 餘人。是役，戰區總部司令于學忠上將胳膊負傷，戰區總部中將參謀長王靜軒、戰區總部中將副官長陳策、113 師少將副師長潘國屏受重傷。1942 年 11 月 2 日拂曉，集結於沂水城、東里店、大關等處的 8000 餘名日偽軍，對泰石路以北地區進行「拉網掃蕩」，將山東戰工會、山東軍區機關和特務營、抗大一分校一部、沂中縣大隊、沂蒙軍分區直屬團和 51 軍一個不滿員的營，合圍在穆陵關西南齊長城邊線的對崮峪。51 軍某部佈署在山的東北部參戰傷亡較大。此役共計斃傷日偽軍 600 餘人。1943 年 2 月 20 日開始，25000 多日偽軍對城頂山一帶進行「拉網式合圍」大掃蕩，將 113 師師部 674 團圍困在城頂山。我軍據險死守，奮力拼殺。戰鬥至白熾化時，短兵相接，殺聲震天。674 團團長劉斌中彈陣亡，2 營孫營長宣佈自己代理團長繼續指揮戰鬥，率千餘人突出重圍。是役血戰六天六夜，殲敵千餘人。51 軍官兵傷亡也極為慘重，陣亡將士 460。在于學忠率總部突圍時，戰區政治部中將主任周復，在突圍中與敵血戰，壯烈殉國，成為八年抗戰中我軍犧牲的最高文職官員。1943 年 10 月，國民政府軍委會在重慶為周復將軍召開追悼大會，追贈周復為陸軍上將，入祀「忠烈祠」。

51 軍除了對付日軍，還要打擊偽軍。偽軍在此戰區勢力很大，與 51 軍爭「地盤」。1943 年元月，山東省政府新編第 4 師師長吳化文投降日寇，勾結日軍對 51 軍進行殘酷的掃蕩，企圖佔領 51 軍陣地，進而消滅八路軍，獨霸山東省。日軍調集膠東、沂水、蒙陰、臨朐和偽軍吳化文部共 20000 多人，分五路向 51 軍進攻。為減少損失，避免決戰，陣地被敵偽佔領。4 月 11 日，51 軍決心奪回失去的陣地，向日偽軍全線反攻。12 日，該軍輜重兵團第一營奉令進攻北莊之敵，當即與敵展開巷戰。後敵人逃竄至大北莊集中兵力負隅頑抗。第一營久攻不下改用火攻，濃煙烈火席卷敵巢，敵人狼狽逃串。5 月 12 日，吳化文帶領日寇向 51 軍進行報復性的進攻，將 51 軍一部包圍在穆陵關西南 20 公里的南線長城張良墓一帶。在張良墓山頂上，戰鬥極為激烈。據守該陣地的輕重兵團與敵進行 7 次搏鬥，損失慘重。張團副、一營營副，一連

劉連長、三營李營長均犧牲在陣地上。張良墓血戰，斃傷日偽人千餘人。但我軍戰士 2000 多人，只有 300 多人得以突圍。

　　于學忠的 51 軍還要處理好與魯南八路軍的關係。當時山東省政府主席、魯蘇戰區副總司令兼山東游擊總司令沈鴻烈，魯蘇戰區游擊第三縱隊司令秦啟榮極力反共。而控制沂蒙區北部的東北軍第 51 軍至少採取中立態度。8 月間蔣介石為了緩和關係，將沈鴻烈調走，任命第 51 軍軍長牟中珩為山東省主席，于學忠與蔣介石的矛盾有所緩和，東北軍同八路軍的關係卻逐漸惡化。此時，第 51 軍正在北沂蒙一帶與山東縱隊搞摩擦。如果八路軍北上，很可能遭到日偽軍和國民黨軍隊的夾擊。

　　八路軍在抗擊李仙洲進攻根據地的同時，羅榮桓也注視著北面于學忠部的動向。八路軍需要于學忠有所動作。不出所料，隨著李仙洲進入山東，蔣介石同于學忠的矛盾便直接表現為李仙洲同于學忠的矛盾。李仙洲尚未入魯時，便大挖于學忠的牆角，派人聯絡屬於于學忠管轄的山東各地方實力派，加委封官，于學忠更加心存疑懼。為保持自己在山東的地位，于學忠即以省政府主席牟中珩的名義，將山東所有小股地方武裝，統編為縣和專署的保安隊，使李仙洲無隙可乘，同時對向李仙洲頻送秋波的保安第二師張步雲部，以不聽指揮為名，實行軍事討伐。

　　于學忠的防地在沂、魯山區和諸（城）日（照）莒（縣）山區。沂山位於沂水縣北，魯山位於萊蕪縣東，兩山峰巒連綿，山崗聳立，形勢險要，西連泰山，南連蒙山，北抵膠濟鐵路，東達諸城、莒縣、安邱，縱橫數百里，構成山東中部最大山區，是山東的屋脊。諸、日、莒山區，是濱海區北部的重要地區，北與沂山山區相銜接，南與甲子山區相連，是溝通濱海區與膠東區聯繫的重要依托。這些山區本來是八路軍的「地盤」。抗戰開始時，共產黨領導的游擊隊首先開闢了這些地區作為根據地。可是，1939 年春季以後，先後為沈鴻烈、于學忠等部所佔據。國民黨的山東省政府和魯蘇戰區總部，都集中到這些地區，于學忠的日子也不好過。在國民黨內部，他得不到重視；在統一戰線內，他本可以與八路軍站在一起，但又心存疑慮；在外部，他又受日偽軍的不斷打擊。抗戰以來，于學忠部已遭到重大損失，部隊減員，地盤縮小，士氣低落，處境十分困難。而原屬於沈鴻烈系統的吳化文部，於 1943 年 1 月間公開投敵，吳化文當了偽和平建國軍第三方面軍司令，在日軍的支持下向于學忠發動進攻。已劃歸李仙洲管轄的張步雲部，也進逼日、莒山區，

使于學忠部處境更加險惡。在這種情況下，于學忠太需要同盟者了！從 1939
年于學忠部進入山東以來，共產黨與他們一直保持著良好的關係。當于學忠
遭到蔣介石、沈鴻烈排擠時，共產黨向他表示同情，並從各方面支持他們抵
抗頑固派的壓力，掩護他們與大後方聯繫的交通線，乃至供給他們給養，配
合他們反擊日軍的「掃蕩」等。但是到「八三」事變及甲子山戰鬥以後，雙
方關係一度非常緊張。1943 年 2 月間，雙方關係開始緩和，八路軍主動伸出
了友誼之手。當時于學忠部遭到日軍「掃蕩」，八路軍主動給予配合，允許于
學忠的部隊退入八路軍的防地，于學忠因此對八路軍的態度轉好。羅榮桓因
勢利導，派人與于學忠疏通關係。3 月間，雙方互派代表聯繫，4 月間，約定
恢覆電臺聯絡。

　　1943 年 4 月下旬，李仙洲部劉春霖師由魯南繼續向天寶山區進犯，妄圖
迅速東進，與于學忠會合，搶佔沂蒙山。6 月間，李部的第二梯隊到達湖西，
並向冀魯豫八路軍展開進攻。由於于學忠與八路軍已心存一種默契，所以他
沒有在行動上給予配合，于、李之間的矛盾卻越來越大。6 月間，蔣介石看到
此情，便以調整全國抗戰態勢為名，將蘇魯戰區同蘇魯皖戰區合併為第 10 戰
區，調于學忠出魯整訓，實際上也就是罷了于學忠「蘇魯戰區總司令」一職。
同時，蔣介石要李仙洲入魯接替于學忠，升任李仙洲為第 28 集團軍總司令，
兼蘇豫皖第一路挺進總指揮，又把于學忠原在山東所轄的地方武裝劉桂堂新
36 師、趙保原暫 12 師、張步雲保安 2 師都撥給李仙洲。

　　于學忠部即西去調往豫東，51 軍由湯恩伯接管。于學忠失去軍權，任軍
事參議院院長。八年抗戰，一個能征慣戰的軍，大部分是在勾心鬥角，搶佔
攤點中度過的，實為可惜。也是個中國縮影。梁漱溟先生曾經造訪過該戰區，
敘述甚詳，錄之如下：

　　「當時山東省政府沈主席在魯南沂水縣之東里店，于總司令在上高湖，
八路縱隊司令部則在蒙陰王莊。我們一部分同仁編成的政治部第三政治大隊
亦駐於附近。我們奔赴魯南，意在與各方會見。不意正會見的幾天，敵人舉
行他所謂的魯南大掃蕩，從四面八方攻進來（軍事上所謂分進合擊），于軍方
師長叔洪陣亡。從此我們輾轉於山谷之間，度其遊而不擊的生活約近一個月。
最後轉至費縣境，稍得休息，便由魯南返回魯西。

　　蘇北與魯南、與魯西南皆相接境。但魯南情形不同於蘇北，亦與魯西南
不相同。魯南是中央大軍（于學忠部、繆徵流部、沈鴻烈部）與八路軍（張

經武山東縱隊、陳光 115 師）都有的。論政權，除敵偽政權外，皆屬於省政府，當時尚無八路自建政權之事。沂水、臨沂、莒縣、蒙陰等數縣亦在我方手中。省政府在東里店已有半年以上之安穩，小鄉鎮竟富有精美酒食（如冰啤酒汽水等）常開盛大宴會。于（學忠）、沈（鴻烈）、繆（徵流）所駐相隔多不過百餘里，少者數十里。我趕到東里店的一天，主席，廳長，委員，專員，總司令，軍長，師長等，都聚會一處，雍容雅談。此不僅為敵後各戰地所無，抑以現在的魯南回想那時，亦將有唐虞三代不可復得之感（現在繆已變動。于沈仍在魯南，但情形大不同了）。大半年安居無擾的省政府和高度繁榮的小鄉鎮，我將趕到幾天前就被敵機炸完。因為敵人一面從四外分進合擊，一面從頂上來轟炸。省政府亦只有實行游擊，多數人員均行解散。所謂各時情形不同，此又一證明。還有我前敘由魯南返回魯西，全不是初時經過景象，亦證明此意。

　　山東局勢混亂。日軍入侵後，國民黨所屬部隊多數留在省內，因而共產黨的武裝和根據地比西邊薄弱和分散。直到 1938 年後期，徐向前和羅榮桓指揮的八路軍第 115 師和第 129 師的大部隊才進入該省，與山東縱隊和地方游擊隊（包括近遭日軍殺傷的一支大部隊的殘部）會合。這些行動導致與日軍和各種從屬於國民黨的團夥衝突，當時他們都比共產黨人強大。直到 1940 年後期，中共與這些國民黨軍的衝突比與日軍的衝突還要殘酷。中共知道他的中國對手互相嚴重猜疑，而且他們對中共的態度也大不一樣。主要的國民黨軍隊並未緊密地依附於中央政府或蔣介石，他們歸獨立的、有時是桀驁的地區司令官指揮。共產黨的策略被概括為幾句口號：「發展進步勢力，爭取中間勢力，孤立頑固勢力」；「取悅上層，羅致中層，襲擊下層」；和「爭取于學忠，孤立沈鴻烈，消滅秦啟榮」。然而，不像其它華北根據地，共產黨人花了幾年時間都不能使山東的國民黨軍保持中立，若不是日軍掃蕩削弱了他們，共產黨人當時甚至可能沒有能力這樣做。到 1940 年 11 月，徐向前聲稱已取得相當大的進展，但他承認山東還不是鞏固的根據地。中共的努力在沿山東——河北交界的部分地區、魯中泰山周圍和半島最東端附近最為成功。他承認其它地方「進步力量尚弱」。八路軍正規部隊可能有 7 萬人，遠低於黨中央的要求——15 萬正規軍和 150 萬到 200 萬自衛隊。事實上一直沒有實行系統的經濟改革。大家熟悉的沒收、徵收救國糧、捐獻和公債與傳統的稅收體制並存，只是對後者加以調整，以照顧較貧困的農民。」

解放戰爭中由于學忠舊部周毓英主軍。51 軍在棗莊戰敗。陳毅、粟裕等置淮陰、漣水地區國民黨軍隊的北進於不顧，集中主力星夜隱蔽北上，會同原在魯南的部隊，發起魯南戰役。歷經十八個晝夜的激戰，這個戰役殲敵兩個師部、五個旅共五萬多人，俘虜中將師長馬勵武、周毓英以下三萬六千多人，繳獲一百零五毫米榴彈炮四十八門，山炮、野炮四十一門，坦克二十四輛，汽車四百七十四輛，使華東人民解放軍的武器裝備得到很大改善，完滿地實現了毛澤東提出的作戰任務，取得在魯南打更大的殲滅戰的勝利。51 軍又於上海戰役中被全殲，新任軍長王秉鉞被俘。

第五十二軍　魯南臺兒莊曾苦戰、湘北草鞋嶺立戰功

關麟徵原為 25 師師長，隸屬第 17 軍參加長城抗戰，守衛古北口。關麟徵在戰場上負傷，由副師長杜聿明代行指揮。後由黃杰第 2 師接替南天門防務。戰後第 25 師、第 2 師組建成 52 軍，關麟徵為首任軍長。第 2 師師長為鄭洞國、25 師師長為張耀明。七七事變後由咸陽開赴前線保定，曾參加保定以北漕河戰役，和邯鄲以南漳河戰役。後退到河南。

1938 年春為了策應津浦北段的正面作戰，第 52 軍即開往商丘集結待命，後輸送到韓莊站下車。臺兒莊會戰中 52 軍是攻擊兵團擔負戰場上關鍵性的任務。會同第 85 軍、第 75 軍在臺兒莊附近向敵展開猛烈攻勢。臺兒莊大戰前日軍磯谷師團瀨谷支隊攻陷滕縣。當晚攻佔臨城（今薛城），以一部沿津浦線南下，攻佔韓莊，企圖直犯徐州，遭到佈防於運河沿線的我第 52 軍鄭洞國第 2 師的阻擊。後日軍拼力爭奪臺兒莊，佔領市街。中國軍隊展開街壘戰，逐次反擊，肅清敵人，奪回被日軍佔領的市街。日軍為解臺兒莊正面之危，以第 5 師阪本支隊（相當於團）從臨沂馳援，進至蘭陵北面的秋湖地區，即被第 52 軍包圍。

臺兒莊會戰時 52 軍受湯恩伯 20 軍團指揮。在關鍵時刻，李宗仁見湯軍團遲遲不來，於 28 日晚 10 時給湯恩伯發去電令：「臺兒莊方面孫集團陷於膠著狀態，敵我均在困難中，貴軍應為有力之援助迅速南下夾擊之。」但湯軍團這時的行動仍然遲緩。30 日晨，第 52 軍始抵臺兒莊東北約 25 公里處的蘭陵鎮，隨後向西南方推進。湯恩伯接此電令後，知軍令不可再違，方開始督促所部加緊進攻，他本人也於當晚前往洪山鎮、蘭陵鎮指揮。52 軍接令後，其主力於 31 日拂曉前，從距臺兒莊以北十幾公里處的甘露寺，向日軍側面壓

過來。在中國軍隊優勢兵力的猛攻下，日軍節節敗退。戰至午後 3 時，中國軍隊先後攻克馬莊、大莊、張樓、賈家埠、小集、蘭成店、三佛樓等地，收復村莊十餘座，將戰線向前推進 4 公里。至此，臺兒莊一線防禦的壓力暫得到緩和。31 日，臺兒莊及其附近日軍已被第 2 集團軍和第 20 軍團第 52 軍完全包圍。正當中日兩軍在臺兒莊進行陣地爭奪的殊死戰之時，在臺兒莊北部外圍的戰線上，日軍阪本支隊對第 52 軍側背形成威脅。4 月 3 日，第五戰區發起全線反攻，激戰數天，殲滅日軍瀨谷支隊大部、阪本支隊一部共萬餘人。其餘日軍殘部於 7 日向嶧城、棗莊撤退，臺兒莊會戰勝利。曾在徐州會戰臺兒莊會戰中與第 52 軍較量過的阪垣徵四郎評價說：「關麟徵的 1 個軍應視為普通支那軍 10 個軍。」

1939 年 8 月湘北主攻方向，岡村集中了其精銳第 6 師團、奈良支隊、上村支隊及海軍陸戰隊一部分。守衛這一地區的中國軍隊是以關麟徵為總司令的第 15 集團軍（下轄第 52、第 79、第 37 軍共三個軍）。9 月 18 日，該路日軍約 5 萬人配有飛機支持，向新塘河以北的中國第 52 軍前沿陣地發起攻擊，一場激戰由此展開。新牆河全長只有 80 里，此時第 52 軍是關麟徵手下最能打的一個軍，軍長張耀明，新成立第 195 師，由 25 師 73 旅旅長覃異之任師長。集結岳陽方面之敵第 6、第 13 兩師團，各以一個大隊附炮兵一部，分向第 52 軍趙公武、覃異之兩師警戒陣地金龍山、雷公山、銅鼓山等地先行炮擊二小時。8 時許，步兵開始進犯。敵、我不斷增援，相持至 19 日拂曉後，兩處陣地因比較突出，工事全被敵炮轟毀。守兵趙公武部胡春華營自戰鬥開始即誓死堅守陣地，已與敵相持達三晝夜。在戰鬥中，除 7 個負重傷的士兵先後退出陣地外，其餘自營長以下全部與陣地共存亡，無一生還。黃昏前，陣地陷入敵手。18 日、19 日兩天，雙方在下燕安、大橋嶺等陣地反覆爭奪，張耀明本著逐次抵抗、消耗敵人的方針，頑強作戰。失去陣地後，常常「幾經肉搏衝擊，又完全奪回」。52 軍各師均英勇抗敵，其中以守衛草鞋嶺陣地的官兵英勇犧牲精神，尤為悲壯。草鞋嶺陣地守軍是 52 軍第 195 師第 1131 團第 3 營，全營官兵 500 餘人，營長史思華少校。從 20 日開始，日軍奈良支隊 5000 餘人開始向草鞋嶺猛攻，史思華營以一當十，利用險要地形頑強抗擊，激戰兩天全營傷亡過半但沒有丟掉陣地。日本人十分吃驚，他們一直以精良的裝備同人數多於自己的國軍作戰，屢戰屢勝已經使鬼子覺得：他們的鐵蹄踏到哪裏，哪裏就會被攻克。而現在固守陣地的僅僅一個營卻硬是把他們兩個聯

隊擋在了小小的草鞋嶺面前。他們不敢再輕視眼前的國軍，支隊長奈良於是親自跑來進行新的調整、部署。

按照師長覃異之給該營下達的任務主要是遲滯日軍，為全師調整部署爭取時間。現在，史營已經在此阻擋敵人近 3 天了，任務已經完成。黃昏時分，覃異之師長的電話接到了陣，覃異之說：「如無法支持，不得已時可向東靠。」史回答說：「軍人沒有不得已的時候。」。史思華和戰士們決心殺身成仁。第二天太陽傍晚，第 3 營官兵全部陣亡。日軍支隊長奈良晃少將，畢恭畢敬地向他的敵人躬身……戰後，為褒獎史思華營的悲壯事蹟，國民政府在當時激戰的地點專門修建了一座紀念碑。

後移駐雲南。劉玉章擔任軍長。抗日戰爭結束後，駐軍遼南打內戰。遼瀋戰役中經營口海運上海。上海戰役時逃至舟山，保存建制。

第五十三軍　從東北轉戰到滇南　呂正操部留冀抗日

東北軍張學良部，萬福麟為軍長。轄楊正治第 108 師、繆徵流第 116 師、孫德荃第 119 師、周福成第 129 師、朱鴻勳第 130 師。

長城抗戰期間萬福麟守軍第 4 軍團的防線為葉柏壽、大城子、凌南、喇嘛洞、於溝鎮、義院口之線。正面約 400 華里，構築了線式陣地，工事簡陋，後方交通困難，一線突破，全線即有瓦解之虞。該軍團的兵力部署為：第 130 師防守葉柏壽至大城子間陣地，第 119 師防守大城子至凌南間陣地，第 129 師控制平泉、三十家子間地域，第 108 師防守凌南至喇嘛洞間陣地，第 116 師防守喇嘛洞至義院口間陣地，第 106 師控制叨爾磴、湯道河間地域，炮兵第 11 團配置於左翼凌源附近。

日軍於 2 月 23 日開始進攻，25 日佔領朝陽。3 月 1 日，日軍挺進支隊第 16 旅團乘汽車沿公路南進，下午進至葉柏壽時遭到第 130 師的阻擊。激戰至傍晚，守軍陣地被突破，第 130 師和前來應援的第 129 師第 1 團被迫向平泉撤退。3 月 2 日，日軍繼續攻擊前進，於當日 11 時攻佔凌源，與由綏中西進的混成第 14 旅團會合後，向平泉進攻。第 130 師退至平泉與第 129 師會合後準備重新組織防禦，但由於第 4 軍團其它各師已全線動搖，該兩師亦隨之向喜峰口撤退。

七七事變後，重新編組軍隊，萬福麟受任第一集團軍副總司令兼第 53 軍軍長，負責平漢線以北永定河及大清河一線的防守。在日本侵略軍的猛烈攻

擊下，萬部損失慘重。其中 691 團呂正操部在永清縣境內永定河右岸與日軍交火。在呂正操「死守陣地」的命令下，全團官兵異常英勇，三營主陣地上營長、營副和連長、排長悉數犧牲。但日軍由 69 團和 692 團結合部突破防線，置死守陣地的 691 團於不顧，無所顧忌地長距直入。53 軍軍長萬福麟、師長周福成、旅長叢兆麟無一不倉皇后撤，並下令 691 團作為全軍的掩護部隊隨軍撤退。10 月 10 日下午，691 團先頭部隊進抵束鹿縣半壁店，與日軍騎兵隊遭遇。尖兵連果斷地搶佔村莊，向敵進攻，激戰一小時，斃日軍少尉隊長以下 10 名，並繳獲不少軍用品和戰馬。官兵士氣大振，當夜進駐梅花鎮、四德村。是夜 10 時，日軍進攻梅花鎮，將 691 團第一營團團包圍。

值此危急時刻，萬福麟率 53 軍全線撤退，軍、師、旅長分別打電報讓呂正操丟掉一營，隨軍而撤。呂正操撕碎電報，翻身上馬，帶隊向敵陣衝擊，接應突出重圍。霜重露冷，黑夜如盤。呂正操望著大軍撤退的方向，突然轉身果斷地將手一揮：「就此脫離 53 軍，北上找地下黨，打游擊去！」各營、連長們都同意馬上回師北上。於是，當夜，591 團並未南撤，而朝著軍隊撤退的相反方向，開往晉縣小樵鎮，進入冀中，與中共聯合抗日。

10 月 12 日清晨，一夜惶然的小樵鎮村民一開門，就看到街上躺著正睡覺的 691 團官兵。第二天呂正操連夜召開會議，討論部隊整編和北上行動計劃。在小學堂裏，呂正操主持了軍官和士兵代表會議，呂正操說，今天不是普通的會議，而是商討決定我們大家的前途命運。時局變化還不到半個月，日本人就佔領了華北大片土地，可是中央軍還是一味撤退。如果我們繼續跟著跑下去，不但打不了日本人，而且還有斷送部隊的危險。作為愛國軍人，我們每一個人都負有保衛國土、收復失地的責任。形勢已經不允許我們有任何別的選擇，面前只有一條路：回師北上，像紅軍那樣，到敵後打游擊去！1937 年 10 月 14 日，呂正操率部在小樵鎮宣佈起義，從此脫離國民黨 53 軍，在共產黨的領導下，改稱「人民自衛軍」，人民自衛軍最初編為三個總隊，呂正操任司令員，李曉初任政治部主任，各級領導職務由共產黨員和進步分子擔任。冀中平原上，樹起了第一面共產黨抗日武裝力量的大旗。

日軍繼續沿平漢路向南推進，土肥原師團主力約 3 個聯隊 1 萬餘人，則向已經撤退安陽的萬福麟、高樹勳部陣地猛攻，寶蓮寺陷入敵手。萬福麟聲稱陣地被毀，兩翼受圍，傷亡嚴重，擅自命令放棄湯陰陣地，退至淇河南岸。日軍越過淇河逼近淇縣，萬福麟部又主動退至平漢路西側地區，日軍輕占淇

縣。隨後受命在晉豫邊界林縣、陵川游擊，牽制敵人。1938 年 53 軍退守鄭州，6 月 4 日，敵軍攻打開封之際，53 軍一個團奉令在中牟縣境趙口決堤。5 日，20 集團軍總司令商震親臨趙口督促。與 39 軍共同掘於趙口，但未成功。繼由新 8 師改於花園口開挖，至 9 日，黃河水終於從決口洶湧而出。後又參加湘、鄂諸會戰。洞庭湖西北岸，常德、澧縣、南縣、華容等縣，分別由第 20 集團軍萬福麟之 53 軍、霍揆章之 54 軍擔任警備。6 月，武漢會戰開始，萬福麟任第 26 軍團軍團長兼第 53 軍軍長，負責防守德安、星子一線。9 月，在鄂東南大冶、陽新一線抗擊來犯日軍精銳部隊數日，敵人受到重創，其本部亦傷亡慘重損失很大。武漢會戰後，第 53 軍奉命休整補充，萬福麟調赴重慶任國民政府軍事委員會委員，軍長職務由周福成接任。

調雲南後，由衛立煌支持，成為甲種軍美械裝備。1944 年，滇西騰沖戰鬥，第 20 集團軍霍揆章、53 軍周福成，54 軍闕漢騫指揮第 116、150、36、198 師與日軍第 56 師團作戰。在中緬邊界與日軍作戰中，屢立戰功。曾連下騰沖、龍陵、畹町等敵軍頑固據點。

解放戰爭中的 1948 年 10 月 28 日，東北野戰軍根據中共中央軍委的指示，在部署遼西會戰的同時，就作了追殲瀋陽、營口國民黨軍的部署。11 月 1 日，東北野戰軍攻城部隊向瀋陽市區發起總攻，2 日佔領瀋陽全城，殲國民黨軍 13 萬人，俘國防部派駐東北「剿總」中將部員黃師嶽、第 53 軍軍長趙振藩等 27 名將級軍官。投誠者有第八兵團中將司令周福成，東北「剿總」副參謀長袁克徵等 66 名高級將領，自此東北全境解放。

第五十四軍　扼守田家鎮　殲敵騰沖城

中央軍系統。該軍基礎為原屬 18 軍的 14 師。霍揆彰率領 14 師參加淞滬戰爭。在羅店戰役，重創敵寇。淞滬戰後，擴建為 54 軍，霍揆彰為軍長。轄陳烈 14 師、李芳郴 18 師（原屬譚道源 22 軍）。與 18 軍同屬陳誠系統。1938 年夏參加武漢保衛戰，扼守田家鎮要塞南岸。黃維、方天、闕漢騫先後任軍長。該軍在抗戰期間屢屢參戰，轉戰於鄂、粵、桂各地。

後參加打通滇緬路戰鬥。1944 年，滇西騰沖戰鬥，霍揆章第 20 集團軍所轄周福成 53 軍、闕漢騫 54 軍指揮第 116、150、36、198 師與日軍第 56 師團作戰。8 月 2 日，遠征軍第 54 軍 36 師開始向西南城牆攻擊，將城牆炸開一缺口突入城內，8 月 5 日，美軍飛機集中轟炸四周城牆，炸開 13 處缺口。8 月 14 日，美軍飛機猛轟東門日軍守備隊本部，日軍 148 聯隊長藏重康美大

佐被炸死，由太田正人大尉代行其指揮。經反覆爭奪西南角日軍全部殲滅。17日，攻城部隊自西南角及南門西側陣地城牆缺口陸續進入城內。第36師、第198師，會同第6軍預備第2師、53軍第116師各主力突入市區，展開巷戰，日軍室室設防，而街巷堡壘又星羅棋佈，戰鬥空前激烈，遠征軍各部每天傷亡人數均在500人以上。8月24日遠征軍攻佔西門陣地，9月1日，攻佔東南角陣地並先後攻克城內武侯寺、城隍廟、文星樓、縣政府、秀峰山等陣地。至9月9日，日軍殘餘被遠征軍壓縮到城東北角一隅。此時蔣介石發來訓令：「騰沖必須在『九‧一八』國恥紀念日之前奪回。」攻城部隊加強攻勢。9月12日夜，日軍指揮官太田大尉知末日來臨，遂向軍司令官、師團長發出淒慘的訣別電，燒毀軍旗、密碼本，破壞了無線電通訊設備的殘餘兵力進行最後的抵抗，全部被殲。有殘敵50餘趁深夜暴雨向東門外偷逃亦全部被殲。至14日上午，城內零星之敵被肅清，騰沖完全收復。古城建築亦破壞殆盡。後世史稱之爲「焦土抗戰」。據第20集團軍戰報稱：1944年反攻騰沖以來，歷經大小40餘戰，斃敵聯隊長藏重康美大佐以下軍官100餘員，士兵6000餘名；我亦傷亡官佐1334員，士兵17275名。是役陣亡官兵和死難群眾葬於騰沖國殤墓園。墓園位於騰沖城南，佔地5公頃多，於1945年7月7日建成。

解放戰爭當遼瀋戰役結束，54軍由葫蘆島海運南京，軍援淮海戰役，止蚌埠。又參加上海戰役，守大場。上海解放，該軍逃臺。

第五十五軍　魯軍系統轉戰豫鄂

第55軍原屬東北軍，湯玉麟爲軍長，九一八事變後屬第5軍團，駐守熱河省。1933年春，日軍又進攻熱河。3月3日拂曉日軍佔領平泉，14時日軍一部向承德迫近，19時左右進至承德以東約50公里與第5軍團守軍接觸。第一線陣地及前線陣地各部隊，在中路日軍第8師團和北路日軍第6師團進攻下一觸即潰，在朝陽的團長邵本良和在開魯地區的騎兵旅長崔興武先後投敵。其餘一部退往赤峰，一部退往承德。3月3日晚，當日軍進至承德以東的三溝時，湯玉麟不僅沒有組織防禦，反而下令赤峰附近所屬部隊撤向半截塔，自己率承德地區的部隊撤向灤平、豐寧地區。湯玉麟本人以200輛汽車裝運私產，逃往天津。3月4日11時50分，日軍先頭分隊騎兵第8聯隊128人不費一槍一彈佔領了承德。該軍戰後被孫殿英兼併到41軍。後41軍調西北時亦被青海軍及晉軍夾擊打垮。

　　抗戰時第 55 軍番號給第三集團軍總司令韓復榘部。29 師師長曹福林升任 55 軍軍長，轄自兼 29 師，李漢章 74 師，受第五戰區李宗仁指揮。曾在魯北、魯西南駐軍抗日。李宗仁認爲該軍訓練、裝備以及人員素質較差，遂讓其駐紮山東境內。李宗仁在指揮津浦路艱難抵抗北進之敵的同時，又積極阻截華北日軍南下。津浦路保衛戰，原由第五戰區副司令長官兼第三集團軍總司令韓復榘指揮。豈知駐紮魯境的韓復榘，大敵當前，還爲保存實力打小算盤。12 月 23 日，日軍一部攻陷延安鎮、歸仁鎮後，韓未戰而走，造成了嚴重後果。27 日，濟南失守，日軍由博山、萊蕪迂襲泰安。1938 年 1 月 1 日，泰安落人日軍北方軍第 2 軍礬谷廉介之手。韓復榘連連喪池失地，致北段津浦路正面大門洞開，使日軍得以沿線長驅直入，給徐州會戰投下陰影。李宗仁有些著急，屢屢致電韓奪回泰安，並以此爲根據地阻截南下之敵。韓對李的命令置若罔聞，一錯再錯。爲此，韓遭到蔣介石槍斃的處置，由孫桐萱代任其職。

　　爲確保徐州地區的安全，李宗仁命孫桐萱部向運河以西推進，襲取濟寧、汶上的日軍據點，以牽制敵人主力。孫部第 22 師負責攻取濟寧，於 2 月 12 日晚由大長溝渡運河，14 日晚有一小部攀登入城，雙方短兵相接，血戰數日，終因敵我雙方力量懸殊，入城部隊傷亡極大，17 日晚撤至運河西岸。與此同時，第 12 軍 81 師也直取汶上，於 12 日晚由開河鎮渡運河，一部由城西北攻入城內，與日軍進行激烈巷戰，終因人少勢弱，損失嚴重，13 日奉李宗仁之命撤向運河西岸。19 日，日軍攻陷安居鎮，22 日突破曹福林第 55 軍陣地。25 日，日軍突破杏花村陣地，守軍被迫撤至相里集、羊山集、巨野一線。但李宗仁在這一線布置大量兵力，不斷側擊北段南下之敵，使敵軍在這一帶徘徊不能南進，暫時穩定了戰局，擺脫了危機。日軍津浦線主力南攻不成，遂改變策略，由少壯派軍人板垣徵四郎、礬谷廉介率兩師團企圖會師臺兒莊。臺兒莊位於津浦路臺棗（莊）及臺濰（坊）公路的交叉點上，扼運河的咽喉，是徐州的門戶，在軍事上具有重要地位。日軍一旦得手臺兒莊，便可策應津浦路南端日軍攻勢，一舉拿下徐州。板垣、礬谷兩師團，是日軍精銳之師，大部官兵都是參加過「二·二六」日本政變的，此次進攻，來勢相當兇猛，大有一舉圍殲中國軍隊之勢。在整個臺兒莊戰鬥期間，第 3 集團軍遵照第五戰區的命令，以有力部隊滲入到兗州以北地區進行游擊作戰，以配合臺兒莊的作戰。3 月 23，第 12 軍的第 81 師夜襲兗州，殲敵一部，並將兗州以北鐵路破壞；3 月 26 日，第 55 軍的第 29

師炸毀大汶口鐵路多處，使日軍列車脫軌；3 月 29 日，第 81 師又夜襲大汶口飛機場，炸毀敵機 8 架。有力地支持臺兒莊會戰。

後 55 軍（轄第 29、第 74、第 181 師）入列第五戰區，一直轉戰於鄂、豫一帶。曾參加隨棗、棗宜諸戰役。第 3 集團軍前敵總司令曹福林曾指揮張測民支隊 5 個團及游擊總指揮李明揚所部為堵擊兵團，迅速南下向棗陽、臨城合圍。日軍第 115 師團以步兵第 85、第 86 兩旅團的兵力，從南陽南下，在鄧縣、文渠地區遭到曹福林第 55 軍阻擊。經過一番苦戰，衝破守軍防線，向南強行突進。第 115 師團來到老河口，猛攻數日，同樣毫無進展。

1946 年改整 55 師，轄 29、74、181 旅；46 年 8 月隴海路戰役中第 181 旅被殲滅，後重建。47 年 7 月魯西南戰役中 55 師師部，29、74 旅被殲滅，後重建。48 年恢復 55 軍，轄 29、74、181 師；48 年 11 月淮海戰役中 181 師被殲滅，後重建。49 年 10 月漳廈戰役中被殲滅，殘部逃臺。

第五十六軍　原為魯軍遭瓦解又建川軍

原為韓復榘部隊。谷良民為軍長，轄自兼的 22 師和吳化文手槍旅。抗戰開始，曾在魯北、魯西南駐軍抗日。駐紮魯境的韓復榘，大敵當前，為保存實力，未戰而走，造成了嚴重後果。韓遭到蔣介石槍斃的處置後，56 軍由孫桐萱指揮。56 軍曾奉命攻濟寧。為確保徐州地區的安全，李宗仁命孫桐萱部向運河以西推進，襲取濟寧、汶上的日軍據點，以牽制敵人主力。56 軍第 22 師負責攻取濟寧，於二月 12 日晚由大長溝渡運河，14 日晚有一小部攀登入城，雙方短兵相接，血戰竟日，終因敵我雙方力量懸殊，入城部傷亡極大，17 日晚撤至運河西岸。22 日日軍又突破曹福林第 55 軍陣地。25 日，日軍突破杏花村陣地，守軍被迫撤至相里集、羊山集、巨野一線。但李宗仁在這一線布置大量兵力，不斷側擊北段南下之敵，使敵軍在這一帶徘徊不能南進，暫時穩定了戰局，保障了臺兒莊的側翼。

手槍旅是 56 軍的重要組成部分。旅長吳化文掖縣人。原係西北軍馮玉祥舊部，經馮保送就學於陸軍大學，畢業後在馮玉祥部任參謀。1930 年，任韓復榘第三路軍手槍旅旅長，兼濟南警備司令。韓復榘被處決後，得知孫桐萱要分割手槍旅，電請蔣介石決心脫離孫桐萱部，而留在山東抗日，歸山東省主席沈鴻烈指揮。後升任新 4 師師長，膠東游擊總司令。

1938 年秋，蕭華司令員率領八路軍東進抗日挺進縱隊來到冀魯邊區，駐在樂陵一帶，發動敵後抗日游擊戰爭。10 月，山東省主席沈鴻烈在聊城一帶

遇到日寇「掃蕩」，逃竄到了惠民，並命令吳化文的手槍旅進駐靠近商河一帶。

　　1939 年 1 月吳化文率部進駐沂水縣武家窪一帶。1943 年初，因與沈鴻烈部、于學忠 51 軍爭地盤，發生矛盾。1 月 18 日新編第 4 師師長吳化文、新編第 1 師師長于懷安、魯西保安司令寧春霖於山東臨沂、萊蕪率領所部投敵。投敵兵力 12000 人。投降日軍後改編爲僞軍第 3 方面軍任司令官。隨即勾結日軍對于學忠 51 軍進行殘酷的掃蕩，企圖佔領 51 軍陣地，進而消滅八路軍，獨霸山東省。日軍調集膠東、沂水、蒙陰、臨朐和僞軍吳化文部共 20000 多人，分五路向 51 軍進攻。爲了減少損失，避免決戰，51 軍陣地被敵僞佔領。4 月 11 日，51 軍決心奪回失去的陣地，向日僞軍全線反攻。12 日，該軍輜重兵團第一營奉令進攻北莊之敵，當即與敵展開巷戰。後敵人逃竄至大北莊集中兵力負隅頑抗。第一營久攻不下改用火攻，濃煙烈火席卷敵巢，敵人狼狽逃串。5 月 12 日，吳化文帶領日寇向 51 軍進行報復性的進攻，將 51 軍一部包圍在穆陵關西南 20 公里的南線長城張良墓一帶。在張良墓山頂上，戰鬥極爲激烈，據守該陣地的輕重兵團與敵進行 7 次搏鬥，損失慘重。張團副、一營營副，一連劉連長、三營李營長均犧牲在陣地上。張良墓血戰，斃傷日僞千餘人，2000 多人的 51 軍，只有 300 多人得以突圍。在魯中臨朐一帶製造過「無人區」。吳化文部因戰功，被日軍編升爲山東方面軍第 1 軍。7 月又擴編爲第 6、7 軍兩個軍，山東方面軍改稱第 3 方面軍。該部駐山東魯村、南麻、悅莊地區。

　　1945 年 8 月，日軍投降後，蔣介石電令該部改爲第 5 路軍，進駐兗州。1948 年初夏，第五路軍調濟南，歸第二綏靖區司令官王耀武指揮。不久，第 5 路軍擴編成 96 軍，吳化文任軍長。1948 年 9 月 16 日解放濟南戰役發起，9 月 9 日至 13 日，攻城各部隊隱蔽向濟南城開進。16 日午夜，攻城各部隊發起了全線進攻。經 1 天激戰，西突擊集團殲滅長清、劉河守敵後迫近濟南西郊，東突擊集團一舉攻克茂嶺山、硯池山、回龍嶺等制高點。17 日，蔣介石命令徐州「剿總」副總司令杜聿明指揮第 2 兵團準備經魯西南北上增援，同時還命令第 7、第 13 兵團向徐州集結，準備沿津浦路向北進攻，馳援濟南。根據這一新的情況，華東野戰軍除令攻城部隊繼續猛烈攻擊外，命令阻援、打援兵團迅速進入陣地。18 日，攻城部隊攻克古城、玉皇山等地，並以炮火封鎖了濟南機場，迫敵中止空運。19 日晚，敵整編第

96 軍軍長吳化文率整編 84 師 3 個旅約 2 萬人起義。華東野戰軍的連續猛攻和吳化文部的起義，打亂了敵人的防禦部署，動搖了敵堅守的信心。華東野戰軍在攻克濟南外城大部據點後，於 23 日 18 時向濟南內城發起攻擊，至 24 日黃昏，全殲守敵。第 2「綏靖」區司令長官王耀武企圖化裝逃跑，但在壽光被俘。

在解放軍強大的政治攻勢和軍事壓力下，吳化文於 9 月 19 日率部起義。同年 10 月所部改編為中國人民解放軍第 35 軍，吳化文任軍長。1950 年 11 月至 1959 年任浙江省政府、省人民委員會委員、交通廳廳長。1959～1962 年任浙江省政協副主席、全國政協委員。1962 年 4 月病逝。1938 年徐州會戰後，22 師損失嚴重，吳化文手槍旅又拉出，56 軍被撤消，谷良民被免職，22 師歸併入孫桐萱第 12 軍。隨後谷良民從事實業活動，遠離軍政。李延年曾軍山東，想利用谷良民的舊關係請其帶軍，堅辭不就。解放後谷良民將部分財產捐贈人民政府，雖然逃不過「文革」的衝擊，但還是得以善終，1975 年病逝於協和醫院。

1939 年初蔣介石還想釜底抽薪，便以抗戰名義，給予較高職位，把甫系（即劉湘系）留川將領調上前線，郭勳祺為 50 軍軍長，郭昌明為 56 軍軍長，許紹宗為 67 軍軍長，三個軍番號給川軍。郭昌明本來是劉湘的參謀長，此人四十歲才安家，和一位四川省立女子師範學校畢業的學生結婚。初上任時，他帶著年輕的妻子專程到回水溝劉湘家裏去拜見劉湘夫人。一進門就看見一位很樸素的農村婦女在埋頭洗衣服。郭的妻子上前問道：「大嫂（重慶把保姆叫做大嫂），軍長夫人在家嗎？」那位「大嫂」抬起頭來，沒有答話。進屋把圍裙解下，從容地走出來，徑直走到郭夫人的面前，雙手拍拍身上的灰塵，拉扯拉扯衣襟，冷冷地問道：「你看看，我像個軍長夫人嗎？」然後又立刻尖酸地反問道：「你是哪家的小婆娘？」郭昌明軍長下轄陳蘭亭 163 師、彭煥章 164 師、周成虎（為劉湘內侄）新 18 師。駐軍川、黔、鄂、陝邊區，基本未與敵軍接觸。該軍在解放戰爭中起義。

第五十七軍　東北軍系統戰於蘇魯敵後

東北軍系統。在長城抗戰時第 57 軍軍長何柱國，轄劉多荃第 105 師。當時第 29 軍宋哲元部開赴喜峰口，王以哲 67 軍開赴古北口，萬福麟 53 軍推進到界嶺口以北地區。何柱國第 57 軍把主力布置在北戴河至界嶺口之線。第 9 旅所屬第 627 團駐山海關城西 5 公里的紅瓦店、七星寨一帶，625

團駐城西五里臺、孟家店、角山寺一帶。駐山海關城和北翼城的守軍只有
626 團 1 個團的兵力，分別部署在西南水門、南門、東南角樓等陣地。日本
侵略軍從綏中調來步兵 3000 餘名，野炮、重炮 40 餘門，飛機 8 架，鐵甲
車 3 列，坦克 20 多輛，軍艦 2 艘。日軍完成進攻部署後，終於在 1933 年 1
月 1 日發動了侵榆（關）戰爭。下午 2 點，日本駐榆關守備隊隊長落合，
通知留榆日僑在 5 小時內全部撤入南海日本兵營「避難」。晚 10 點日本兵
營向城內發射重炮彈 5 發。11 點 50 分，日軍向車站及南關一帶展開鳴槍示
威，並指揮偽滿便衣隊企圖進佔山海關城，當即被中國哨兵擊退。何柱國
聞變後，星夜馳返榆關前線。日軍海陸空並用，向南門進攻。雙方拼爭非
常激烈，中國軍隊傷亡十分嚴重，626 團 1 營 3 連連長關景泉、2 連連長劉
虞宸、4 連連長王宏元相繼殉國。626 團 1 營營長安德馨率領兩個班奮勇反
擊，肉搏在大街小直至彈盡糧絕，終因敵眾我寡，安營長也壯烈犧牲。中
國軍隊犧牲的最高軍官是營長安德馨。河北保定人，回族。他犧牲後，在
日本佔領軍的嚴密控制下，人們自發、隆重地組織起對這位英勇抗敵的愛
國軍人的悼念活動，來寄託抗戰的決心，抒發對日寇的仇恨。山海關的回
民群眾，避過日寇的監視，偷偷抱回他的遺體，爲他舉行了悼念活動。靈
柩運回保定安葬時北平、保定各界按照回漢兩族的習俗，在他的故居院內
搭了靈棚，全城群眾紛紛前來祭奠。

　　榆關失陷後，日軍入城大肆搜捕，凡著中山裝者殺，著軍服者殺，寫反
日標語者殺，就連便服內穿灰色褲者也殺。日軍藉口清掃戰場，挨戶搜查，
青年學生尤遭日軍仇視，死於非命者數以千計，青年婦女備受蹂躪，居民財
物劫掠一空。在北寧鐵路，有 3 名中國警察不肯投降，日軍強行在他們背上
插上「歡迎大日本」旗幟，遊街繞全城後，將 3 人殺害。

　　抗戰開始，何柱國調爲第 2 騎兵軍軍長，57 軍軍長爲繆徵流，轄 111 師
和 112 師，率軍出陝駐防蘇北，歸五戰區李宗仁指揮。徐州會戰第一期的津浦
路保衛戰是從 1937 年 12 月中旬開始的。日軍以津浦路南端爲主攻，北段爲
輔攻，分別南北向徐州推進。同時，戰區又令在海州方面的 57 軍派一個旅增
援臨沂。張、龐兩軍與敵激戰適繆軍該旅增援到達臨沂，出其不意實行反攻，
敵主力被迫向北潰退。

　　後留魯南抗敵進行游擊戰，擾亂津浦路敵人。使第 57 軍和 51 軍同處
於複雜環境。境內有 51 軍、57 軍；有日軍長期駐紮；有新到的共產黨領導

的 115 師；有像吳化文那樣的叛變的偽軍；有起義過來的劉桂堂部。處於
紛爭的局面。115 師到山東後，仍繼續同東北軍保持聯繫，開始時雙方關係
也相當不錯。但是隨著蔣介石發動第二次反共高潮，在山東的東北軍部發
生了明顯的分化，進步力量與反動力量之間展開了尖銳的鬥爭。1940 年 9
月，東北軍第 57 軍軍長繆澂流與日軍第 21 師團訂立了反共投降密約，該
軍愛國將領第 111 師師長常恩多與第 333 旅旅長萬毅（共產黨員）率部發
動了「九·二」鋤奸運動，控制了 57 軍軍部，軍長繆澂流逃脫。常恩多隨
即發表了抗日鋤奸通電。但是東北軍中的頑固勢力，在蔣介石的支持下，
不僅保護了繆澂流，而且加緊打擊進步力量，指揮部隊同八路軍搞摩擦。
1941 年 2 月 17 日，第 111 師 331 旅旅長、堅持反共立場並同日偽軍有聯繫
的孫彩煥等，乘師長常恩多患肺結核病重之機，扣押了萬毅。留在該師的
其它共產黨員，有的被迫撤離，有的被關押，有的竟被殺害。在孫彩煥等
人的控制下，第 111 師不斷與八路軍濱海地區的部隊發生摩擦。3 月間，蔣
介石給于學忠發來密電，要秘密處決萬毅。但于學忠捨不得這員虎將，因
此遲遲未予執行。7 月間，蔣介石派特務到 57 軍監斬萬毅。在這危急時刻，
常恩多決心不讓第 111 師落入反動分子手中，就與于學忠總部的少將主任
秘書郭維城緊急磋商，委託他率第 111 師的大部於 8 月 3 日擺脫國民黨的
控制。起事之前，郭維城秘密通知了在獄中的萬毅，萬毅逃出並到達山東
分局的駐地。8 月 4 日，山東分局聞訊召開了緊急會議，研究對付「八·三」
事變的政策。羅榮桓也參加了這次會議，並就這一事件的意義和應該採取
的對策發表了意見。他指出，當前共產黨的方針是「堅持抗戰，反對投降；
堅持團結，反對分裂；堅持進步，反對倒退」。對待國民黨軍隊決不是要去
進行分化和瓦解，但 111 師的事件是蔣介石分裂倒退政策逼出來的。事變
的性質是正義的、進步的，是與全國人民的抗戰、團結、進步的要求一致
的。八路軍必須予以支持。但這個師仍是一支舊軍隊，缺乏群眾基礎，加
上整個東北軍中反動勢力很大，必然要鎮壓和分化這支部隊。因此，在該
部隊可能出現混亂時，共產黨應該從各方面支持他們。羅榮桓提議，派萬
毅和以前從這支部隊撤出的地下黨員王維平立即到 111 師去，與事變領導
人一起穩定隊伍。雖然與會的大多數人支持羅榮桓的意見，可是仍有相當
一部分人對如此處理存有疑慮。他們的理由是，從大局上看，共產黨的主
要方針是要與國民黨進行合作，並且與東北軍合作又是共產黨統一戰線的

重點。一旦八路軍在這一事件中陷得太深，就會與原東北軍發生矛盾，使八路軍在山東樹敵太多，並給國民黨反動派提供口實。

這些人的擔心不是沒有道理。在山東，共產黨太需要同盟者了。如果八路軍再失去東北軍，那麼自己將處於十分不利的地位。但是，事情的發展正如羅榮桓預料的那樣。由於倉促行動，東北軍的反動勢力剛一蘇醒過來，就立即對郭維城所率進步力量進行瘋狂的反撲。孫煥彩糾集一些部隊搶佔了位於日（照）莒（縣）邊界、日莒公路以南的甲子山。參加事變的原東北軍111師大部被迫轉至八路軍的根據地進行休整，師長常恩多在轉移途中病逝。

甲子山所處的地理位置，就像一個楔子伸入當時已是八路軍根據地濱海地區的中部，孫煥彩的行動，也嚴重地威脅著濱海根據地的安全。面對這一形勢，羅榮桓與朱瑞、黎玉、陳光等人共同研究，決定調部隊協助第111師進步力量，在8月中旬發起了討伐叛軍孫煥彩的戰鬥，收復了甲子山投八路軍，112師副師長兼旅長榮子恒投敵，57軍番號撤消，餘部收編到于學忠51軍。繆徵流逃到陝西依附於胡宗南。後原57軍的111師、112師隨于學忠來河南。歸湯恩伯管轄編成暫9軍，未幾又改12軍番號。

57軍番號改由胡宗南使用，以第1軍第8師為骨幹，加入97師新建起57軍，1942年4月丁德隆任軍長，駐軍陝甘寧邊區。1944年劉安祺為軍長，此時日軍大舉進攻河南西部，佔據洛陽，覬覦陝西。劉安祺率領第8師師長吳俊，第97師師長傅維藩，會同第1軍、16軍、27軍一部出潼關。在陝縣、靈寶函谷關一帶阻擊日軍成功，予敵以重創，防止了日軍進入陝西境內。1944年冬晶松溪調任軍長。57軍曾空運貴州晴龍，阻擊入侵川黔的橫山勇11軍。抗戰勝利後參加內戰，徐汝誠為軍長，在陝中戰役中大部被殲。後馮龍為軍長，在四川省邛崍投誠。

第五十八軍　滇軍主力湘贛抗敵

該軍為參加抗戰的三個滇軍之一，其餘為60軍和新3軍。1938年6月在60軍的調整中建軍，龍雲任命孫渡為58軍軍長，轄新編第10師、新編第11師兩個師。1938年7月開赴湖北，長期在湘、鄂、贛一帶與60軍聯合對日寇作戰。11月與雲南部隊60軍、新編第3軍合編為第30軍團，盧漢為30軍團軍團長，在崇陽、上高、奉新與日軍激烈戰鬥。因戰鬥不力，接連失守崇陽、通城。在第一兵團司令張發奎指揮下，30軍團在崇陽一帶與日軍激戰，犧牲

慘重。12 月，第 30 軍團改爲第 1 集團軍，盧漢爲第 1 集團軍總司令，開赴江西對日作戰，歸第九戰區指揮。其間孫渡曾到中央陸軍軍官學校第五分校受訓。

1940 年 9 月日軍侵入越南，昆明吃緊。應龍雲要求，調 60 軍回滇。孫渡升爲第 1 集團軍總司令，魯道源爲 58 軍軍長。58 軍和新 3 軍繼續戰鬥在湘贛邊區一帶。1941 年 1 月 1 日，日軍第 6 師團兵分 3 路大舉進襲通城城郊要點鼓鳴山、賽公橋等地。第 140 師奮起抵抗，憑險阻擊，將日軍前鋒聯隊擊退。日軍以大隊爲單位兵分多路尋路而進，第 133 師、新 11 師依地勢分道圍堵，日軍攻擊之氣焰頓衰。薛岳司令長官窺破好機，急令炮 1 團第 5 連與新 11 師會合，協同進攻通城。新 11 師在炮兵掩護之下驅兵衝殺，連克石背寺、錫山、鼓鳴山、五里牌等日軍據點，僅山炮 1 連，日軍據點工事即成死靶，不僅工事被擊毀，即車運線亦遭打擊。3 月 12 日午夜，炮 5 連六門 75 山炮再度怒吼，新 11 師與第 140 師對通城縣城發起兩面夾攻，日軍在炮擊之下再也不能憑險據守，只好奪路而逃，午夜光復通城。從此之後直到抗戰結束這個鄂南交通重地始終未再淪陷。

1941 年 6 月第二次長沙會戰。敵陸海空軍，合計約 12 萬餘人。敵還強徵民夫 15 萬人，擔任糧彈運輸和修築向長沙進犯之簡易公路。第 56 軍、新 3 軍參加了第二次長沙會戰，到 10 月初結束。大雲山橫亙湘鄂邊境，地勢險要，爲我軍襲擊敵人之隘，敵深感威脅，意欲攻佔。第 4 軍、第 58 軍之新 10 師、新 11 師，第 20 軍第 133 師從各方面合力截擊、側擊敵軍。敵北潰，我乘勝追擊，逼使敵軍退據五龍橋、白羊田附近。12 日，第 58 軍長孫渡指揮新 10 師力攻甘田西南之敵，第 4 軍軍長歐震親率所部掃蕩困據在港口附近的敵人。新牆河戰鬥當敵我激戰於甘田、八百市之際，敵軍第 33 師團第 214、215 聯隊，獨立第 14、18 旅團各三個大隊，陸續分由鄂中、鄂南、贛北秘密集中臨湘、岳陽。17 日晚，簣口附近之敵，突然以大炮轟擊潼溪街，旋復施放毒氣彈，掩護步兵渡河。我第 4 軍、第 102 師一部奮勇抗擊。18 日凌晨，敵軍萬餘人，借大炮掩護，分途向小塘、四六方、潼溪街、杉木橋等處強渡，我第四軍奮力抵抗。上午，敵機數十架在我陣地上空大肆轟炸，第一線陣地全被摧毀，我軍傷亡慘重。數萬敵軍以騎兵數千、戰車數十輛爲先導，蜂擁渡河。中午，竄達長湖一帶。18 日晚，敵主力竄至關王廟、大荆街，我第 4 軍進行抗擊，在消耗敵力後，按預定計劃放開正面，主力轉移至步仙橋、雙石洞、

洪源洞、向家洞一線，協同第 20 軍、第 58 軍對敵進行側擊、尾擊。敵以為我軍潰敗，大軍遂貿然深入。

隨後又進行撈刀河戰鬥。4 日晚 9 時許，薛岳申令：第 4 軍應速由長樂街北渡，協同第 58 軍自東向西截擊；第 20 軍由伍公市、新市渡河追擊敵軍；第 99 軍及第 78 軍速分途向新市、歸義、營田、湘陰之敵逼進。令下，各軍積極行動。5 日晚，各軍均到達目的地。超越敵前第 72 軍，也已趕到楊林街、黃岸市；第 58 軍則早已在洪源洞及其以西地區嚴陣以待。於是狼狽北渡之敵主力，又遭我軍截擊。6 日子夜，第 58 軍、第 10 軍將主力部隊分編為若干襲擊隊，並先編官兵多組，潛伏敵退路兩側，準備截擊。凌晨 3 時，我軍以迅雷不及掩耳之勢，襲擊北潰之敵前衛，敵猝不及防，亂成一團，我軍乘勢衝殺。各潛伏小組亦四起阻擊，遂使敵軍人馬互相踐踏，死傷甚眾。天亮以後，敵一再增援反撲，並用飛機、大炮不斷向我狂轟濫炸，以掩護其主力北逃。敵主力經我軍一再截擊，勢如拉朽。而我第 72 軍又猛攻新牆、筻口，第 4 軍亦趕至關王橋，協同第 58 軍繼續向潼溪街追擊。第 20 軍、第 26 軍、第 58 軍、第 99 軍源源北渡汨水向北急進；各挺進縱隊則四處破壞敵軍交通，焚毀敵糧彈倉庫，聲勢十分浩大。岳陽之敵驚恐萬狀，宣佈特別戒嚴，紛紛轉移重要物品，搶運糧食。7 日中午，薛岳指令各軍追殲逃敵，並作了新的部署。8 日，各軍積極行動，分途向指定目標前進。9 日，我第 72 軍越新牆河向忠防、臨湘一線急進。第 58 軍、第 4 軍猛攻桃林、西塘之敵，敵負隅頑抗，我軍攻擊甚烈。

此時，第六戰區方面司令長官陳誠率第 2、第 8 兩軍逼近宜昌城，華中敵軍便紛紛調動。為了適應新的形勢，我軍各部位置亦重新調整，不再窮追潰敗之敵。於是，第二次長沙會戰，在 1941 年「雙十節」前夕結束。10 月 1 日，長沙近郊之敵開始全面崩潰，洞庭湖之敵亦因之動搖，但仍然不時以飛機及汽艇四處騷擾，防我進擊。5 日，敵軍大部經湘陰、營田北逃，湖上敵艦亦遠遁。7 日正午，我軍遂全部收復失地。第二次長沙會戰告捷。

1942 年 5 月 31 日敵第 11 軍於沿浙贛路東犯，以配合敵第 13 軍的作戰。敵第 34、第 3 師團及今井、井平兩個支隊渡過撫河右岸。守撫河的 100 軍第 75 師及江西保安縱隊，對由撫河東進之敵岩永支隊節節抵抗。敵第三師團南下攻陷臨川，敵第 34 師團由宜黃、崇仁南進。6 月 6 日，軍事委員會急令第九戰區趕調第 79 軍、第 4 軍、第 58 軍，先後投入攻擊已陷臨川之敵第 3 師

團，以策應第 3 戰區的作戰。第 3 戰區以第 100 軍會同第九戰區友軍會攻臨川，日軍不得不轉用第 34 師團增援第 3 師團，抗擊我各軍，並向南攻陷豐城、南城，以減輕我對其第 3 師團右側背的威脅。敵續與我各軍轉戰於上述各地及宜黃、崇仁一帶，後敵又轉用第 34 師團於進賢、東鄉、鷹潭等浙贛路東段與岩永支隊聯合向東進犯。敵平野支隊與海軍配合，在鄱陽湖東岸登陸，陷瑞洪，繼續東進，相繼攻陷進賢、東鄉。

1944 年參加湘東醴陵戰鬥，第 58 軍魯道源指揮新 10 師、新 11 師、183 師與日軍第 27、64 師團作戰。

解放戰爭被殲於粵桂邊界一帶，魯道源化裝逃往越南。

第五十九軍　抗戰名將張自忠指揮該軍立戰功

西北軍宋哲元的 29 軍，在七七事變後擴編三個軍，即 59 軍、68 軍和 77 軍。59 軍軍長先後分別由張自忠、黃維綱、劉振三擔任。

1935 年第 29 軍進駐平津，張自忠的 38 師師部設在北平的南苑，北苑，廊坊各駐守一旅。天津是華北的門戶，市在周圍到大沽口一線駐有李致遠獨立 26 旅，黃維綱 112 旅、手槍團。因天津市內按《辛丑條約》規定，中國軍隊不能駐軍，第 38 師也只是將一部兵力改頭換面穿上保安隊服裝，在市內維持治安。另外，還有些警察。在天津市內和附近，總的兵力共約 5000 餘人。

日軍在天津市區主要駐軍地點：海光寺日軍兵營，東局子飛機場，天津總站和東站，日租界。大沽口外有日軍軍艦和海軍陸戰隊。山海關至廊坊鐵路沿線也駐有日軍。

7 月 26 日晨 4 時，駐廊坊 113 旅旅長劉振三來電話報告，廊坊已經失守。當時駐天津是 38 師副師長李文田，師長張自忠在北平。廊坊失守以後，獨立 26 旅旅長李致遠匆匆趕到天津請戰。29 日凌晨 1 時，天津抗敵的槍聲響了，由於中國軍隊主動出擊，日軍倉皇應戰，所以初戰的幾個小時打得很順利。寧殿武率領的保安隊一中隊包圍了火車東站並發起攻擊。日軍守備隊 1 個小隊和日航空兵團約 400 人拼死抵抗，退守到一個倉庫中。日軍援軍趕來，因法租界拒絕日軍通過，援軍又與倉庫中的日軍通訊斷絕。襲擊天津火車總站的獨立第 26 旅一團團長朱春芳先指揮布置在北寧公園的大炮，轟擊總站。炮擊過後，步兵發起攻擊，一鼓作氣光復總站。中國軍隊又乘勝攻佔日軍盤據的北寧鐵路總局。

攻擊東局子飛機場的部隊，因相距較遠，十幾架飛機起了火。已經起飛的飛機，因黑夜看不清地面，只是在機場上空亂轉，最後也不知道飛到哪兒去了。士兵們又去攻擊機場守軍，將日兵壓迫在機場的辦公樓和工事裏。天亮了，形勢大變，中國軍隊暴露在機場的平地上，中國士兵只得撤離機場。

撲向海光寺日軍兵營的手槍團和保安隊，攻擊並不順利。凌晨 2 時，在祁光遠團長的指揮下這一夜戰鬥，雖然給日軍很大殺傷，但終未拿下海光寺。

凌晨 2 時，中國軍隊又對日租界實施包圍，日軍把警官推到戰鬥前沿。並把日本僑民組織起來作「義勇隊」衝到前面，戰鬥部隊卻躲在堅固的工事裏，準備負隅頑抗。

凌晨 3 時，海河河面的日本海軍艦艇和海河堤岸 20 多門大炮，突然向守衛在大沽口的黃維綱旅 224 團二營陣地轟擊，並猛轟大沽炮臺、造船廠。隨後，敵登陸艇 10 餘艘強渡海河，企圖登陸攻佔大沽口鎮。第二營官兵奮起還擊。

29 日，還發生了攻打公大七廠的戰鬥。凌晨，100 多名保安隊員從工廠西牆缺口攻進工廠，之後，兵分三路：第一路佔據發電機房和水塔，第二路攻佔日本人的辦公室，第三路到廠門口襲擊廠內日軍。戰鬥打響，日軍坦克出動，機槍火力壓制住保安隊的行動。繼之，日軍發動猛烈反攻，兩軍僵持，倖存下來的保安隊員只有 4 名與圍在水塔下的日兵一個對一個地拼刺。這種精神也符合武士道要求，日軍同意，展開單兵白刃拼刺。他們刺死 6 名日兵，3 人犧牲，1 人被俘。南開大學是具有 40 年歷史的北方著名高等學府，精心建造的秀心堂、思源堂、中山堂，在日機的轟炸下被毀。

29 日中午，天津守軍已經孤立無援，天津外圍的黃維綱旅則因在大沽口和其它地方與日軍交戰，已無兵力支持市區。日軍不斷調來援軍，飛機在天津市區猛烈轟炸，守軍付出了慘重代價，總指揮部只剩下兩個連的預備隊，已無法分配。日軍包圍圈漸漸合攏。李文田等人知力不能支，如再死戰，必然全軍覆沒，決定下午 3 時撤退。部隊向靜海縣、馬廠兩地集中。7 月 30 日天津淪陷。本來廊坊劉振三旅也準備前來支持天津，現在已經無法趕到，轉向靜海縣集中。第 38 師的官兵與日軍在靜海一帶又展開了拉鋸之戰。

1938 年該師擴編爲 59 軍，張自忠爲軍長，李文田爲副軍長，轄黃維綱 38 師、劉振三 180 師、張德順騎兵第 9 師。2 月，奉命支持淮北于學忠部。在固鎮指揮 59 軍與日軍血戰七天，奪回曹老集、小蚌埠，穩定了淮河防線。臺兒莊會戰中首挫敵於淝北，又在臨沂戰敗板垣師團。正當龐炳勳 40 軍與日軍在臨沂外圍激烈爭奪的危急關頭，李宗仁就已電令張自忠的第 59 軍「即日由滕縣輸送到嶧縣轉赴臨沂，接龐（炳勳）任務，擊破莒、沂方面之敵，恢復莒、沂兩縣而扼守之」。此時，第 59 軍正向臨沂轉進中。李宗仁爲了使龐炳勳軍與張自忠

張自忠將軍

軍能更好地協同作戰，特派戰區參謀長徐祖詒代表戰區司令長官去臨沂指導作戰。並致電龐炳勳，大意爲：臨沂爲臺兒莊及徐州屏障，必須堅決保衛，拒敵前進。除已令張自忠部來增援外，並派本部參謀長前往就近指揮。龐炳勳接電後大喜。重新調整部署，縮短了戰線，以第 115 旅防守桃園至蔣家莊之線，以第 116 旅防守蔣家莊至黃山之線，以第 229 團、補充團及軍、師直屬隊爲總預備隊，控制於臨沂城關地區，以第 39 師師長馬法五爲前線總指揮。

　　3 月 11 日，徐祖詒和張自忠率第 59 軍從嶧縣以一晝夜 180 里的速度急行軍，於 12 日到達臨沂城西地區。3 月 12 日下午，59 軍主力全部抵達臨沂西郊，並集結完畢。正在與日軍激戰的龐炳勳的第 3 軍團官兵，忽聞張自忠大部隊趕到，陣地上頓時歡聲雷動，軍心大振。其實，龐炳勳自得知戰區將派張自忠應援臨沂後，心中一直擔心他是否願意前來增援。一幕幕不愉快的往事浮現在眼前……。1930 年 5 月中原大戰時，龐炳勳倒戈。而他反戈一擊的第一個目標，便是陣容整齊、訓練有素的第 6 師張自忠部。龐炳勳的一個精銳團包圍第 6 師師部。最後，張自忠總算殺出一條血路而逃。發誓，「此仇不報，我張自忠誓不爲人！」

　　此刻，龐炳勳想起這段往事，悔恨當初鬼迷心竅，反戈相向，同室操戈，現在想想真對不起張自忠。如今張自忠來了，不要說他老弟會報一箭之仇，

就是按兵不動，自己今天也死無葬身之地了。正在沉思中的龐炳勳，當他遠遠看到身軀高大的張自忠走向自己的指揮所，心中高懸了幾天的石頭終於落了地。他又吃驚又感動，急忙迎上前去，久久握住張自忠的手。倆人相視，默然良久，數年積怨，頃刻冰釋。張自忠大度地說：「大哥你放心，我決心盡力幫你打贏這一仗！當日召開聯席作戰會議，商討作戰計劃。龐炳勳要求張自忠接替城防，但張自忠主張與其坐待敵攻，不如主動出擊，以攻爲守，並表示願意承擔主攻。他對龐炳勳說：「在敵攻勢之下，貴軍可以徐徐後撤，誘敵深入，把敵人的右側翼暴露在中國軍隊的正面，這樣有利於中國軍隊的攻擊。」徐參謀長深以爲是，並與張自忠商定 14 日拂曉發起攻擊。統一認識後，由徐祖詒以第 5 戰區司令長官的名義於 13 日下達了作戰命令。

第 59 軍以第 38 師附野炮第 1 營爲左翼，於 13 日 16 時出發，先以 1 個營佔領茶葉山，掩護師主力在石家屯、劉家湖、釣魚臺地區向東展開；第 113 旅、第 112 旅爲第一攻擊部隊，進攻張家莊、白塔、沙嶺一帶敵人；第 114 旅爲預備隊，隨師部位於劉家湖。第 180 師附山炮第 1 營爲右翼，13 日 16 時 30 分出發，至前安靜莊、大小妾莊地區向東展開；以第 26 旅擔任第一線攻擊部隊，進攻徐太平、亭子頭一帶的敵人；第 39 旅爲預備隊，隨師部位於中安靜附近。軍部在進攻開始時位於朱潘村。第 40 軍的第 39 師以第 115 旅與第 59 軍協同，向尤家莊之敵側擊，以第 117 旅向東、西旺一帶之敵進攻。

14 日淩晨 3 時許，59 軍強渡沂河，向日軍第 5 師團發動猛烈進攻。一時間，槍炮大作，地動山搖。張自忠率軍部推進至朱潘，就近指揮作戰。當記者請他預測戰役勝負時，他坦率地說：「這次攻擊是成功，還是失敗，現在沒有把握。板垣的部隊實力很強。不過我將盡全力去做，以求良心之所安。」左翼 38 師渡河後，一路衝殺，連剋日軍堅固陣地四、五處。但板垣師團確實是日軍精銳，他們迅速停止了對龐炳勳部的攻擊，轉而全力向 38 師反撲，雙方展開混戰，往來幾個回合，38 師傷亡 400 餘人，被迫退回沂河西岸。張自忠震怒之下，當即將擔任主攻的 122 旅旅長李金鎭撤職，命新兵團團長李九思升任旅長，並令其準備再次渡河攻擊。右翼 180 師渡河後，分兩路向前攻擊。日軍出動增援部隊與我展開激烈爭奪，陣地失而復得者數次。經過奮戰，180 師以傷亡 800 餘人的代價將敵擊退。15 日一早，該師乘勝向前推進，日軍陣腳混亂，向東西水湖涯潰退。退回沂河之 38 師 15 日晨再次渡河攻擊，正激戰中，忽聞日軍偷渡沂河向該師後方迂迴。張自忠被迫將 38 師一部調回，

打擊偷渡之敵。由於日軍將主力用於對付 59 軍，龐炳勳部正面日軍兵力大減。龐炳勳抓住有利戰機，率部猛襲日軍側背，有力地配合了 59 軍的正面攻擊。

16 日拂曉前，日軍增援兵力到達，轉爲反擊，由沙嶺從 2 個旅的結合部渡過沂河，向第 38 師後方「崖頭、劉家湖、苗家莊、釣魚臺之線猛攻，並以飛機 10 餘架轟炸」，與第 38 師預備隊第 111 旅激戰於崖頭、苗家莊地區，並攻佔了船流、劉家湖。張自忠根據當時的戰況迅速採取措施，調整部署：令第 38 師以有力的 1 個團加強茶葉山的防守，作爲軍的主要支撐點；令軍部騎兵營由石家屯東渡沂河，向葛溝、湯頭間出擊，襲擾敵之後方；令進至河東的部隊全部撤回河西，阻擊渡至河西的敵人。雙方在劉家湖一帶展開激烈的肉搏爭奪戰，劉家湖失而復得者四次，崖頭失而復得三次。茶葉山一度被敵佔領，旋即奪回。夜 10 時，59 軍向敵發起空前猛烈的攻擊。拼殺至 17 日淩晨 4 時，59 軍勝利攻剋日軍全部主陣地。在茶葉山戰鬥中，228 團的 3 位營長一死兩傷。第 2 營營長冉德明在率部向高地突擊時連中數彈，被隨身護兵抬下火線。冉營長自知不救，對護兵囑咐說：「我這傷是救不了啦，我有三個願望：一是希望張軍長能親自看一看我的屍體；二是給我立一塊小碑；三是不要將我的死信告訴老婆孩子，戰事平定，希望能把他們送回河北完縣老家。」張自忠得到報告，立即趕來看望。此時，冉營長已停止了呼吸。冉德明是跟隨張自忠多年的老兵，曾任張之衛隊連連長，彼此親如手足。張自忠抱起冉營長渾身是血的遺體，連聲呼喊著冉德明的名字，淚流滿面。按冉德明的遺願，張自忠派人將他的遺體運往河南鄭州，埋在西北軍專門安葬死難官兵的「義地」裏，爲他立了高 2 米、寬 1 米的墓碑，碑銘由張自忠親自題寫。此後，張自忠還以冉德明的名義定期給他的家屬郵寄生活費。

至 17 日上午，第 59 軍已傷亡 6000 餘人，第一線作戰部隊的營長傷亡三分之一，但該部隊仍堅守陣地，頑強戰鬥。徐祖詒參謀長鑒於 59 軍傷亡過重，建議張自忠撤出戰鬥，轉往都城休整。但張自忠殺得性起，不肯撤退。他說：「中國軍隊傷亡很大，敵人傷亡也大。敵我雙方都在苦撐，戰爭的勝利，決定於誰能堅持最後五分鐘。既然同敵人干上了，我們就要用精神和血肉拼命幹一場，不打敗敵人誓不罷休！」眾將領非常贊同軍長的意見，紛紛求戰。張自忠當即下達命令：除李文田副軍長留軍部主持工作外，其餘各級部隊主官一律到前線督戰指揮；軍總預備隊 114 旅投入戰鬥；全軍所有山炮、野炮和重迫擊炮全部推進至第一線，帶上所有炮彈，在黃昏前，將全部炮彈傾向敵

陣；攻擊重點為茶葉山、劉家湖、小苗家莊。顯然，張自忠決心傾盡全力，與板垣徵四郎一決雌雄。他斬釘截鐵地對幾位旅長說：「這次攻擊，只許勝，不許敗，否則軍法無情！」此時日軍因傷亡甚眾，亦已無力發動強攻。張自忠掌握戰機，集中全力組織反擊，於當日黃昏後，利用敵人得不到飛機支持而又不慣夜戰的有利條件，向河西之敵發動進攻。激戰竟夜，以肉搏戰將渡至河西的日軍擊殲近半。在日軍遺棄的屍體中發現有第 11 聯隊聯隊長長野佐一郎大佐、第 3 大隊大隊長牟田中佐及第 9 中隊中隊長等多名軍官。又據在劉家湖所俘一等兵陸夫說，這次沂河兩岸戰鬥，第 5 師團阪本支隊傷亡約 3000 餘人。日軍大部退向莒縣，一部退至湯頭。張自忠令第 38 師的第 114 旅向湯頭方向追擊，停止於湯頭以南李家五湖一線。其餘部隊除一部沿沂河西岸茶葉山一帶警戒外，全部集結到劉家湖一帶休整。沂河以東日軍在其主力北撤後，亦向傅家池、草坡一帶撤退。

　　就在中國軍隊準備向敵發起追擊之時，不料日軍於 17 日凌晨 5 時發起瘋狂反撲，中國軍隊陣地多處告急。但官兵們咬牙與敵死拼，劉家湖失而復得者四次，崖頭失而復得者三次，茶葉山也一度失守，旋復奪回。素來頑強的日軍，在 59 軍痛擊之下，終於喪失了繼續戰鬥的意志，狼狽撤回河東，然後掉頭向北逃竄。臨沂大捷至此告成。張克俠參謀長興奮地在日記中寫道：「昔日所向披靡不可一世的皇軍之板垣師團，為我中華好男兒已打得威風掃地，『鐵軍』碰到了打鐵漢！」17 日上午 11 時，蔣介石致電李宗仁、張自忠、龐炳勳，嘉勉臨沂之捷。電報說：「臨沂捷報頻傳，殊堪嘉慰。仍希督率所部，確切協同，包圍敵人於戰場附近而殲滅之。如敵脫逸須跟蹤猛追，開作戰以來殲敵之新紀錄，借報國軍之氣勢，有厚望焉。」各部遵命而動，迅速向北追擊。18 日，59 軍將日軍第 5 師團阪本支隊包圍於湯頭一帶。正要發起圍殲之時，張自忠卻突然接到戰區命令：「59 軍著留一旅歸龐軍團長指揮，拒止臨沂以北之敵。其餘即開赴費縣待命。」張自忠只好放棄眼前有利戰機，將 112 旅留歸龐炳勳指揮，自己則率其餘部隊於 21 日下午冒雨向費縣開進。第一次臨沂之戰就此結束。

　　當張自忠、龐炳勳兩軍於第一次擊破進犯臨沂的板垣第 5 師團所部進而向莒縣追擊後，因津浦鐵路正面之敵陷滕縣南下，當時為徹底集中兵力擊破鐵路正面之敵，決定將張自忠軍轉移於滕縣方面。當張軍開始西移時，敵又由莒縣方面侵入，龐軍告急，張軍不得不又由費縣附近回師臨沂，揭開了第

二次臨沂之戰的序幕。在這同時，第 5 戰區又令在海州方面的繆澂流第 57
軍派一個旅增援臨沂，歸張自忠指揮作戰。敵自 3 月 25 日起向臨沂猛攻，
張、龐兩軍與敵激戰至 29 日，適繆澂流軍增援到達臨沂，就決定於 30 日拂
曉出其不意實行反攻。反攻部隊將敵截斷爲兩部分，敵主力被迫向北潰退，
其一部竄入臨沂西側的朱陣，閉寨困守。從而，取得了第二次臨沂之戰的勝
利。

　　臨沂之戰，第 59 軍及第 40 軍以傷亡 1 萬餘人的代價造成日軍第 5 師團
傷亡約 4000 餘人，挫敗了日軍攻佔臨沂的企圖。有資料說：「日軍以載重汽
車運回莒縣屍體約一百餘車。敵在湯頭、葛溝屢次焚化屍體，來不及運回者、
就地掩埋者達七、八百具。」這是該師侵人中國以來，繼平型關受挫後遭到
的第二次嚴重挫折。日軍第 5 師團從 3 月 3 日發起臨沂作戰，苦戰至月底，
仍未能越雷池半步，這對於日本「鐵軍」來說，實在是太難堪了。板垣徵四
郎寢食難安，惱羞成怒，幾欲自殺。更重要的是通過臨沂之戰，第 5 戰區砍
斷了津浦路北段日軍的左臂，粉碎了日軍會攻臺兒莊的計劃，促成了以後臺
兒莊會戰中，圍殲孤軍深入臺兒莊的磯谷師團的契機。

　　張自忠以其卓越表現，徹底洗刷了他抗戰前期在北平曾與日軍和的屈
辱。3 月 30 日國民政府以張自忠建樹奇功，特頒令撤銷對他的「撤職查辦」
處分。這樣，張自忠就由 59 軍代理軍長而成爲名副其實的軍長。4 月上旬，
宋哲元第 1 集團軍番號撤銷，集團軍直轄部隊分撥張自忠、馮治安、劉汝明、
石友三各部。其中姚景川之騎兵第 13 旅劃歸 59 軍。至此，原 29 軍部隊完全
被拆散，宋哲元將軍專任第 1 戰區副司令長官。4 月 8 日，姚旅及中央軍李仙
洲第 92 軍第 13 師開抵臨沂，歸張自忠指揮。4 月 13 日，張自忠升任第 27 軍
團軍團長，轄第 59 軍和第 92 軍。

　　同年 5 月中旬，在徐州突圍時，奉命掩護友軍撤退。在戰鬥人員不足的
情況下，59 軍在蕭縣南部地區頑強阻敵。完成任務後，到河南信陽稍事整補
之後，又投入武漢會戰，在潢川、大別山一帶阻擊敵人。東久邇宮稔彥率領
的第 2 軍於 8 月底，日軍攻佔六安、霍山，並繼續向固始、潢川推進。9 月初，
第 59 軍開赴潢川佈防，阻敵西進，要求張自忠死守潢川至 9 月 18 日，以掩
護胡宗南等部在信陽、武勝關等地集結。張自忠將 180 師獨立 39 旅放在潢川
守城；以獨立 26 旅前出至城東七里崗佈防；以 38 師 113 旅至七里崗以東的春
和集先頭阻敵；以 38 師主力配置於潢川城西二十里鋪地區，擔任預備隊，防

止日軍迂迴。潢川戰役，59 軍孤軍苦戰 12 晝夜，殲敵 3000 人，自身傷亡 4000 餘人，爲後方友軍的集結爭取了寶貴的時間。

10 月率部安全撤回鄂西，升任第 33 集團軍總司令。後兼第五戰區右翼兵團總司令。1939 年 5 月，敵酋岡村寧次調集 10 餘萬日軍進犯隨縣、棗陽。他率 33 集團軍從外線夾擊敵人，並率領騎兵第九師及總部手槍營出敵不意，冒險東渡襄河（漢水的一段），攔腰截擊敵軍主力，在田家集大敗日軍，取得了襄東戰役的勝利。

1940 年 5 月，日軍集結重兵向宜昌發動進攻。他率部從右翼打擊向棗陽地區進犯的日軍主力。出擊前，召集軍事會議，鼓舞士氣，全軍士氣高昂，與敵激戰，連連告捷。5 月 7 日，率總部手槍營和 74 師的兩個團，從宜城東渡襄河，給敵人以極大威脅。日軍調集主力，折回反撲。經過七、八天的苦戰，部隊減員甚重，糧彈兩缺。5 月 16 日，被困在南瓜店的杏兒山，缸子口。從早晨到中午，他奮勇督戰，不肯退避。在戰鬥中，肩部中彈，仍指揮若定。18 日，日軍衝上杏兒山，他身中七彈，仍呼喊「殺敵報仇」，爲國爲民流盡最後一滴血。1940 年 5 月 28 日，國民政府爲他舉行國葬。中共中央在延安也舉行了隆重的追悼會，並在祭文中給以高度評價。1956 年以來，人民政府幾次撥款重修了南瓜店等地的張公祠、衣冠冢、殉國處紀念碑。在重慶北碚梅花山，還建立了張自忠將軍陵園和張自忠將軍生平事蹟陳列館。後由黃維綱爲第 59 軍軍長，率領全軍再戰南陽、唐河，又挫敗日寇。在保衛鄂西戰鬥中也立戰功。1944 年黃維綱解職，由劉振三繼任。

解放戰爭時，在淮海戰場上和第 77 軍同時起義。當時劉振三回家省親，未在現場。

第六十軍　過崇山峻嶺抗戰　揚護國靖國榮光

該軍爲滇軍的主力軍。抗日戰爭中盧漢、安恩溥先後爲軍長。1937 年 9 月底整編完成，並於昆明集結完畢後徒步集中於長沙。此時南京保衛戰即將開始，60 軍沿浙贛鐵路開赴南京。剛到金華，南京已淪陷，便又轉赴南昌。1938 年 1 月中旬又抵達武漢、孝感整訓。駐紮期間盧漢、張沖等 60 軍的高級軍官，同許多抗日救亡團體保持了密切的聯繫。許多進步文化團體經常到部隊駐地演出話劇、放映電影，爲鼓舞士氣做了大量工作。最讓雲南子弟歡迎的是冼星海譜曲和田漢夫人安娥作詞的六十軍軍歌，歌詞爲：

我們來自云南起義偉大的地方
走過了崇山峻嶺，
開到抗日的戰場。
弟兄們用血肉爭取民族的解放，
發揚我們護國、靖國的榮光。
不能任敵人橫行在我們的國土，
不能任敵機在我們領空翺翔。
雲南是六十軍的故鄉，
六十軍是保衛中華的武裝！
雲南是六十軍的故鄉，
六十軍是保衛中華的武裝！

4月19日第60軍分乘火車開赴第5戰區徐州戰場，至車輻山車站下車。60軍在臺兒莊與日寇幾經激戰，軍長盧漢命令184師全部佔領禹王山。部隊抵達禹王山後決定544旅防守山頭，543旅協防。4月28日晚，日軍一個大隊在炮兵的支持下開始進攻544旅1087團陣地。旅長王秉璋親自率領進行反擊，山頭陣地經過幾次反覆拉鋸終於被守住。544旅旅長王秉璋卻因胸部負傷被抬下火線，山頭陣地改由543旅接防。4月30日晨日軍又以飛機大炮協攻，第1085、1086團兩個團在師長張沖的親自指揮下經過兩次激戰始擊退進攻之敵。但是離山頭約50公尺處仍有日軍一股約160人依靠偏岩死角頑抗，經1086團第3營連續衝鋒仍未能奪回。543旅旅長萬保邦命1086團第3營再次進攻固守日軍之殘部。戰至5月4日又有1085團的一個連增援，始將山頂日軍殘部殲滅。經過幾次激烈的拉鋸戰，日軍的攻勢稍有減落。

5月14日，軍長盧漢接到戰區司令長官部命令，開始撤往車輻山東南處的邊山羊地區進行整理，所留陣地由黔軍王文彥140師接防。其中第182、183師傷亡較大，建制殘破不全，各被縮編爲一個團，團長分別由182師539旅1077團團長余建勳、183師541旅副旅長蕭本元擔任。184師建制仍在，乃將王開宇的1087團並編入其餘三個團。縮編的五個團全由184師師長張沖負責指揮。182師師長安恩溥回雲南補訓新兵，第183師師長高蔭槐率編餘軍官隨60軍軍部行動。第五戰區放棄徐州，而將所指揮的五、六十個師的各軍部隊，分爲七個縱隊向皖、鄂方面實行總退卻。1938年元月，到達武漢的六十軍歸武漢衛戍司令部指揮。

　　由於 60 軍爲地方軍隊遠道出征，同鄉情誼甚重，故有官顧兵、兵顧官，所有各部官兵及參謀人員、後勤軍需、醫務人員、戰地服務團人員均相互勉勵，隨軍突出重圍，最後於 6 月上旬到達武漢轉黃陂宋埠進行整補。整補時將 182 師、183 師老兵全部編入 184 師，所有士兵皆遭受戰火洗禮，戰鬥力極強，故該師在以後的戰役中一直作爲主力使用。

　　1938 年 9 月 60 軍轉戰湘贛調赴陽新參加武漢外圍對日軍的戰鬥。此時 182 師只補充了一個新兵旅，而 183 師還未補充。故 60 軍軍部主要以 184 師擔任作戰任務。9 月 25 日日軍第 9 師攻擊湯公泉陣地，雙方反覆爭奪陣地。至 10 月 1 日陣地工事盡毀，60 軍棄守現有陣地，向後轉移。10 月 8 日 60 軍開赴白土塘。15 日進行部隊整編，將 182 師所部編入 183、184 師。是役，184 師共傷亡中下級軍官 67 人，士兵 2236 人。

　　1939 年 2 月底第 60 軍奉命由湖南瀏陽開赴江西奉新、高安地區，參加南昌會戰，負責阻擊沿湘贛公路進犯的日軍。團長曾澤生仍堅守住了陣地，並擊退日軍先遣部隊，斃日軍炮兵聯隊少佐鈴木孝。後在得知反攻南昌的 29 軍失利，其軍長陳安寶也於 5 月 6 日的撤退途中陣亡，於 4 月 30 日奉命撤出陣地。

　　奉新戰後調赴上高、宜豐整補。9 月 14 日整補完畢後又再次調赴奉新前線參加第一次長沙會戰，並奉命防守大禾嶺東面陣地。10 月 1 日第 9 戰區後方之預備部隊開始全部投入長沙戰場，日軍開始潰敗。

　　1940 年秋日軍在越南海防登陸，進窺我國西南邊境。爲加強滇南防線，雲南省主席龍雲經向重慶國民政府請示後將 60 軍之 182 師、184 師於 1941 年 2 月調回雲南蒙自、屏邊駐防。安恩博爲 60 軍軍長。楊宏光的 183 師歸新 3 軍，留贛，後楊宏光升爲新 3 軍長。

　　1945 年 8 月 15 日日本宣佈無條件投降。盟軍最高統帥部決定將越南日軍佔領區分爲南北兩部受降，北緯十六度以北地區由中國軍隊受降。由第 1 方面軍盧漢率領所部以及中央軍一部入越受降。第 60 軍入越受降。9 月 3 日受降順利結束。9 月 6 日 184 師被指派駐防越南順化、土倫。

　　1946 年初 184 師移駐海防待命，4 月奉命北調中國東北與解放軍作戰，60 軍已分割使用。184 師已經脫離 60 軍建制，改歸新 6 軍指揮。後一部於海城起義，一部逃脫回天津。由 184 師原師長楊朝綸請求，恢復了 184 師番號。被陳長捷布置於天津南區右翼陣地。1 月 14 日解放軍發動全面總攻，師長楊

朝綸被俘，殘部投降。182 師則由師長曾澤生帶領亦海運東北，孤軍守永吉。後升爲 60 軍軍長，守長春。1948 年 10 月曾澤生率部起義。

第六十一軍　失天鎮李軍長承罪　戰平型程團長殉國

屬晉綏軍。七七事變後李服膺爲軍長。28 日進駐雁門關內嶺口村指揮對日軍作戰。9 月 1 日，時任關東軍參謀長的東條英機親自指揮關東軍察哈爾派遣兵團開始進攻山西，首先打響的是天鎮戰役。該役由晉綏軍第 61 軍軍長李服膺任總指揮，獨立阻擊日軍。閻錫山企圖用 61 軍阻擊贏得時間，以便部署其它部隊：傅作義的第 35 軍後撤至雁門關內構築陣地；高桂滋的第 17 軍、劉奉濱第 73 師退守平型關既有陣地；第 14 集團軍司令衛立煌正率中央軍第 14、第 9 軍攜第 85 師、獨立第 5 旅晝夜兼程從石家莊趕來。

但第 61 軍剛由第 68 師擴編而成，僅轄 101 師和獨立 200 旅。如此微薄兵力抗擊日軍精銳部隊，本身就是閻錫山的部署失誤。第 61 軍於 8 月底進入天鎮、盤山、陽高一線既設陣地佈防。9 月初，日寇開始進攻，閻錫山電令 61 軍：「在原線堅守三天，拒敵西進。」該軍僅以單兵掩體抗擊日寇飛機、坦克配合下的進攻，犧牲慘烈。到第四日，閻錫山又電令：「續守三天，掩護大同會戰。」李服膺倉促率幕僚人員進抵天鎮城西村莊指揮作戰，不斷請求支持。但因日寇完全出乎閻錫山預料，繞開大同沿板垣一年前借旅遊五臺山爲名偵查的路線，直接指揮其師團經察南撲向平型關。閻錫山精心策劃的「大同會戰」不僅泡湯，所部署的迎戰部隊還有被抄後路的危險。爲了應急，閻錫山慌忙調兵遣將迎堵板垣師團，於是也顧不上李服膺的求援，只顧命令其「續守」。

李部守至第七天，下屬之第 400 團因傷亡慘重而潰於盤山。第 425 團團長李在溪居然陣前裝病請假，雖經李服膺責以大義，第 213 旅楊維垣旅長增援其一個營，仍棄守陣地。如此，儘管第 61 軍已經完成六天阻敵任務，但日寇佔領綏東與雁北大片國土，天鎮、盤山、陽高一線又失守致使輿論譁然，也對閻錫山大同會戰落空而重新部署兵力極其不利。爲應付國內輿論和蔣介石的責難，原擬槍斃首先敗陣的第 400 團團長李生潤。卻因執法的副軍長賈學明徇私放跑李生潤，閻錫山於是殺李服膺以示眾。這是抗戰以來在戰場上首次處決的軍長。

因天鎮戰役失敗而被撤銷番號的第 61 軍，轉由陳長捷預備第 1 軍頂替恢復，並接收原 61 軍收容回來的殘部，陳長捷繼任軍長，隨即參加平型關戰鬥。

陳長捷 61 軍行至齊城即接敵並開始戰鬥，救出困守該處之郭宗汾部新編獨立第一旅。接著梁春溥旅與西泡池出擊之敵激戰，敵軍潰敗逃回鷂子澗及東、西泡池。梁旅解救出被困於西泡池之郭軍陳光斗旅後，衝上迷回北山，隨即夜攻鷂子澗。程繼賢第 434 團氣勢如虹，一舉克敵拿下鷂子澗，佔領 1386.6 高地。從而把團城口與東、西泡池之敵分割開來，並直接威脅東、西泡池之敵後方。程團隨即派員分別聯絡八路軍林師、晉綏軍梁旅、陳旅；但被解圍的陳光斗旅全無鬥志，非但不配合程團擴大戰果，反而乘機快速南移，致使程團孤懸於日軍包圍之中。

陳軍呂瑞英旅拼死奮戰，攻克西泡池全部陣地，又連續攻打東泡池。日軍增援部隊發動攻勢猛攻呂旅左翼，決心奪回西泡池。呂旅頑強抵抗，接二連三粉碎敵軍攻勢。敵軍重炮兵開到，立即以強大炮火轟擊東、西泡池及鷂子澗我軍。28 日，東泡池陣地幾次易手，呂旅劉崇一第 415 團犧牲慘重卻反覆衝殺。剛與八路軍林彪師合力殲滅敵輜重部隊的孟憲吉旅，除主力整理平型關正面陣地之外，旅長親率兩營兵力奔襲增援，配合呂旅攻佔東泡池日軍陣地。

孤軍奮戰的程繼賢團，實際兵力不足兩營，卻拼死抵抗日軍一個旅團兩面夾擊，反覆爭奪 1386.6 高地。最終程繼賢及全團官兵除派出聯絡增援的團副郭唐賢、營長張景舜及一通訊排長三人外，其餘均為國捐軀。梁春溥旅長因被陳光斗拉住，誤以為程團有援而失機，被陳長捷給予戴罪立功的處分。直至後來忻口戰役表現出眾才得取消，但勇謀兼備的程團長陣亡，卻是我軍重大損失。

接著忻口會戰開始，第 61 軍接到參戰命令，派于鎮河旅由金山鋪立即開到忻口以北的紅溝，配合友軍逆襲向忻口深入之敵。經半日激戰，奪回第 21 師晨間所失的紅溝以西第二線陣地，加以改造增強，作了縱深的部署，和侵佔南懷化東北高地上之敵相對峙。接著，第 61 軍第 72 師繼于旅之後，進到石合子。當時，敵炮兵大部展開在東、西泥河一帶，對著南懷化、紅溝間高地集中轟擊，敵飛機於泥河村北開闢前進機場，對忻口肆行強烈轟炸，均在協助從南懷化楔入之敵向忻口突進，企圖瓦解我軍全陣線。遂命第 72 師展開於忻口以西高地，支持處於高地的于旅，防敵強攻突進。郝夢齡的軍部設指揮所於紅溝，61 軍軍部設指揮所於石合子，均緊接前線只千餘公尺。第 21 師餘部退出戰場後，第 61 軍注入前線，傅作義、衛立煌兩集團軍所部交互參插，

更形混亂。於是傅、衛兩總司令聯合指派第 9 軍軍長郝夢齡為前敵總指揮，陳長捷為副總指揮，統一指揮從界河鋪迄秦家莊間地區的前線各部作戰。忻口戰役殲敵甚眾。

忻口戰役結束後，1939 年 2 月，日軍出動 2 萬餘兵力，分數路進攻呂梁山北部根據地，閻錫山令陳長捷第 61 軍，於黑龍關圍殲頑敵，王靖國第 19 軍向中陽、離石公路之敵發起襲擊，截斷了敵後交通，趙承受第 1 騎兵軍在離石、方山、苛崗一帶誘敵深入，苦戰旬餘，斃敵 2000 餘人，再次粉碎了日軍的瘋狂掃蕩抗戰。12 月 1 日，閻以發動對日軍冬季攻勢為名，挑起內戰。命令共產黨領導的決死二縱向靈石、霍縣間同蒲路的日軍進攻，卻命王靖國的 19 軍和陳長捷的 61 軍跟進。3 日，19 軍和二縱 196 旅旅長白英杰相勾結，突將 196 旅旅部包圍，抓捕政工幹部 44 名，並對地方抗日政權和犧盟會等組織進行摧殘。二縱政治部主任韓鈞即電閻：「總座伯川先生：61 軍欺我太甚，甘作漢奸……將在外君命有所不受，此是生報告恩師之最後一言，勝利的結果將見。」閻立即召開高幹會，說「韓鈞對我不稱長官而稱老師，……韓鈞反了！」宣佈韓鈞「叛變」，命令陳長捷為「討叛」總指揮，通電全國「討伐」，「十二月事變」就此爆發。二縱經過一個月苦戰，於月底轉移到了晉西北臨縣，與接應的決死四縱共同發起反擊。結果趙承綬幾乎全軍覆沒，郭宗汾的 33 軍損失過半，舊軍反而完全退出了晉西北。後陳長捷去職，呂瑞英繼任，駐軍晉西。1940 年日軍向鄉寧、吉縣大舉進攻，搶奪夏收糧食。61 軍在鶴坡、峪口一帶打退日軍進攻。

解放戰爭中在臨汾被擊潰。陳長捷指揮守天津各軍被俘。1959 年，陳長捷成為首批獲得特赦的 10 名戰犯之一，喜獲新生，後在上海市政協工作負責文史資料的編撰。短短幾年時間，他寫了 10 餘篇 30 多萬字的文稿，留下珍貴的歷史資料。文革期間，陳長捷被當作「牛鬼蛇神」捲入橫掃之列，幾乎天天都要遭到批鬥。不堪忍受的他，先用菜刀殺死了妻子，然後自殺，死時已是 70 多歲的老人，當人們推開他的家門時，看見的是立在牆邊的瘦弱身軀，一碰他才倒下。

第六十二軍　長期守粵援湘失利

為在抗戰開始擴編的粵軍之一。張達、黃濤、林偉儔先後任軍長。1938 年 6 月中旬，日軍飛機不斷窺視潮汕沿海，並用軍艦炮擊潮陽、惠來及澄海

南北港和饒平的柘林半島，以試探我守軍之虛實。6 月 20 日，日海軍陸戰隊 300 餘人，在 29 艘軍艦和 4 架飛機的炮火掩護下，由錢澳一帶登上南澳島。國民黨守軍保安營營長羅靜濤，率 300 餘官兵與日軍稍作抵抗，即全部撤退，逃往饒平縣的柘林。縣長林捷之也棄職逃往內陸。南澳自衛中隊因缺乏武器，抵擋不住日軍的衝擊，或撤往海山，或藏匿於島上。日軍長驅直入，佔領了縣城隆澳。潮汕守軍最高長官、第 157 師師長黃濤很快將羅靜濤和林捷之扣押，羅被就地槍決，林被解送廣州囚禁。抗日戰爭期間，第 62 軍、63 軍先後兩次奉命在從化境內及以北一帶抵抗日本侵略軍，史稱為第一次和第二次粵北戰役。其中發生在 1938 年冬的第一次粵北戰役，是當時廣東戰區規模最大、時間最長、戰鬥最激烈的戰鬥，歷時近一個月，最後以日軍的敗退結束。

　　1940 年 5 月，日軍又發動了第二次粵北戰役，經過 20 多天的激戰，也是以日軍的敗退而告終。兩次粵北戰役粉碎了日軍北上曲江、韶關，打通粵漢線的侵略計劃，保衛了粵漢鐵路和粵北地區，挫敗了日偽逼降的陰謀，支持了桂南的抗日作戰。將士們打退了日軍的多次進攻。對兩次粵北戰役中英勇犧牲的原國民黨陸軍 62 軍 157 師和 63 軍抗日將士，後人修建了紀念碑和公墓以作紀念。曾參加粵北會戰，牛背脊、良口戰役予敵以重創，並孤軍堅守湘桂路五十天。

　　1944 年衡陽城防戰最激烈之際，軍委會派李玉堂將軍組織進援兵團。粵軍精銳第 62 軍這支解圍的主力拖延時日，在包圍圈外「磨蹭」，坐觀第 10 軍覆沒。在第 10 軍到最危急之際，蔣委員長親電黃濤軍長，給第 62 軍三個師訂下最後軍令，黃軍長才率部沒命地猛烈衝殺，第 62 軍整個砸在日軍陣線上，不到一日便砸得支離破碎，第 151 師副師長余子武將軍在督陣中壯烈殉職。

　　解放戰爭中，曾在東北打內戰，在天津被殲一部。後為守海南島主力，戰敗殘部逃臺。

第六十三軍　在粵北守土　參加惠廣、粵北諸戰役

　　原東北軍張作相部，在熱河戰役中，被日軍擊潰。抗戰時番號給予粵軍，張瑞貴為軍長，曾參加惠廣、粵北諸戰役。第 62 軍、63 軍先後兩次奉命在從化境內及以北一帶抵抗日本侵略軍，史稱為第一次和第二次粵北戰役。其中發生在 1938 年冬的第一次粵北戰役，是當時廣東戰區規模最大、時間最長、戰鬥最激烈的戰鬥，歷時近一個月，最後以日軍的敗退結束。

1940 年 5 月，日軍又發動了第二次粵北戰役，經過 20 多天的激戰，也是以日軍的敗退而告終。兩次粵北戰役粉碎了日軍北上曲江、韶關，打通粵漢線的侵略計劃，保衛了粵漢鐵路和粵北地區，挫敗了日僞逼降的陰謀，支持了桂南的抗日作戰。對兩次粵北戰役中英勇犧牲的原陸軍 62 軍 157 師和 63 軍抗日將士，後人修建了紀念碑和公墓以作紀念。

1945 年 1 月中旬至 2 月上旬，中國軍隊與日本侵略軍在粵北地區進行了團一級規模的戰鬥。參戰部隊：中國方面有第 12 集團軍轄 63 軍、65 軍，第 7 戰區直屬部隊，以及樂仁（樂昌、仁化）、曲江兩個守備軍，兵力合計 3.6 萬多人；日軍方面有第 40 師團、第 104 師團和第 8 獨立旅團各一部分，兵力合計 2 萬多人。從百順東犯的日第 40 師團 234 聯隊先頭部隊 500 餘名於 2 月 2 日進入蒼石附近，中國守軍 560 團第一營的第一部在蒼石東端 216 高地西北面佔領陣地，阻擊日軍，激戰 3 小時，216 高地失守。與此同時，另一股日軍向連塘西端高地進犯，中國守軍集中優勢火力壓制日軍，多次打退日軍進攻，雙方傷亡慘重。2 月 3 日 1 時，守軍 560 團除留下一個連堅守原陣地外，第三營經虎頭進入蒼石西南面包圍日軍，第一營的第一部分從 216 高地北側向日軍出擊，激戰到 4 時左右，日軍傷亡較大。正當守軍圍殲這股日軍時，日軍後續部隊 600 餘人趕來增援，作戰雙方陷於混戰狀態。到 9 時左右，又有兩股日軍增援，對中國守軍實行反包圍，一架日機對守軍陣地實馳轟炸，使守軍陷於險境之中。但守軍官兵奮勇衝殺，激戰至 13 時 30 分左右，主動撤離陣地。在轉移中又遭加一股日軍包圍，守軍官兵與日軍血戰至 17 時，才突出包圍，向水口方向轉移。

1946 年軍隊整頓，所部改編爲 63 師，張瑞貴退役。解放戰爭期間，林湛、陳章先後主軍，該軍在淮海戰役被消滅。陳章戰死。後莫福如爲軍長，在海南戰敗逃臺。張瑞貴妻子韋秀英在廣西十萬大山組織、領導反共救國軍，與解放軍對抗，後被擊斃。即電影「英雄虎膽」的原形。

第六十四軍　粵軍請纓北上抗日參加武漢會戰

亦爲粵軍擴編的五個軍之一。李漢魂任軍長。1937 年，日本侵略軍發動「七‧七盧溝橋事變」，繼而「八‧一三」進攻上海。在國共第二次合作的推動下，全國軍民奮起殺敵抗日，全面開展。李漢魂升任 64 軍軍長，請纓北上抗日，1938 年春，奉准開赴隴海線。5 月 16 日，日軍土肥原師團主力萬餘人，

大炮七八十門，向歸德、蘭封進犯，企圖截斷隴海路，阻止我國軍隊從徐州南下的通道。李漢魂奉命爲薛岳第一兵團第一路總指揮，部署所部分三路防守，親率 64 軍主攻盤踞羅王寨之敵，用重炮直射敵據點，戰鬥異常激烈。5 月 27 日奪回了羅王寨。同時，71 軍也克復了蘭封，從而打通了隴海線，使徐州會戰後的主力部隊得以沿隴海線西進。國民政府最高當局特授予他「華胄榮譽獎章」。

　　1938 年 7 月 22 日，日軍進攻武漢，李漢魂奉調參加武漢保衛戰，負責指揮南潯線的戰鬥。25 日，日軍又在九江附近登陸，守軍 64 軍預備第 9 師及 68 軍第 119 師雖竭力抗擊，終以火力、兵力處於劣勢，難以支持。當晚全線後撤，向牛頭山、金官橋、十里山等陣地轉移，放棄九江。27 日晨，日軍佔領九江城區。九江失守後，敵軍又沿南潯線星子洲登陸，向德安進犯。7 月下旬至 8 月初，日軍第 106 師團沿南潯鐵路兩側向德安方向推進，在沙河鎮、南昌鋪一帶與薛岳部第 8 軍及第 64 軍進行了 7 天 7 夜的反覆爭奪，遭受重創，參與進攻的 16000 多人傷亡過半，岡村寧次不得不下令第 106 師團暫時停止進攻，在沙河鎮附近休整。李漢魂調集 8 個師的兵力，運用「一鼓作氣」的戰術，把敵 1 萬多人壓到縱深不到 3 里的張古山的狹地之中，取得了德安大捷。所部獲「鋼軍」錦旗獎 1 面。8 月 24 日，日軍第 9 師團攻陷瑞昌，並由瑞昌向西南推進。爲配合第 9 師團作戰，第 106 師團又開始發起進攻。8 月 27 日零時起，在空軍及炮兵的火力支持下，日軍第 106 師團向薛岳部第 70 軍、第 64 軍及第 4 軍正面陣地展開猛攻，9 月 4 日佔領馬回嶺，因傷亡過大，又被迫停止進攻，在馬回嶺地區進行休整，並補充兵源。

　　1938 年 10 月 21 日，廣州失守。11 月，李漢魂受任廣東省政府主席，12 月率師回粵。1939 年 3 月，國民黨廣東省黨部改組，李漢魂當選爲主任委員。1939 年 12 月旬，日軍 2 個師團和 1 個旅團分三路向粵北進攻，李漢魂受任 35 集團軍總司令，指揮暫編的第 2 軍、63 軍、64 軍及中央軍增援部隊，在北江西岸追剿敵軍，取得勝利。爲此，廣東各界在曲江召開了勝利祝捷大會。

　　1940 年 1 月，李漢魂辭去 35 集團軍總司令職，全力從事廣東政務。他在廣東任省政府主席 6 年 8 個月。鄧龍光、陳公俠、張馳先後主軍曾參加粵北、桂南會戰。後在魯西南、河南、江西等地與日軍對抗。又調回廣東韶關、廣西平樂駐軍。1945 年 4 月至 8 月中國軍隊在廣西省龍州、南丹、全州、陽朔地區對日軍進行的反攻作戰。4 月，日軍第 22、第 58 師團及第 13 師團一部，

根據撤退西江兩岸及南寧的計劃，準備縮短防線，集中兵力，以防中國守軍反攻。守軍為把握時機，乘勢收復桂柳，乃集中 6 個軍 14 個師和地方團隊，在陸軍總司令何應欽指揮下，發動桂柳反攻作戰。第 64 軍一部向龍州追擊，連克思樂、江明，在地方團隊協同下，到 7 月 3 日，克復龍州、憑祥，將日軍驅於國境之外。8 月 17 日全州收復時日本業已投降，作戰遂告結束。此戰，中國軍隊共擊斃日軍 4000 餘人、擊傷 5000 餘人。

解放戰爭中，劉鎮湘為軍長，參加淮海戰役在碾莊被殲。1949 年容有略接任重建的 64 軍軍長，退守海南島。容提升後，張其中主軍，海南解放去臺。

第六十五軍　參加惠廣戰役　失守廣州有責

擴編的粵軍。李振球、繆培南、黃國梁先後任軍長。曾參加惠廣、粵北諸戰役。

1938 年 9 月，日軍決定進攻廣州。10 月上旬，日軍第 21 軍下轄第 5、第 18、第 104 師團分別從青島、上海、大連出發到達澎湖集結待命，企圖在大亞灣登陸，攻佔廣州。中國第 4 戰區第 12 集團軍部隊集中部署在大亞灣至廣州、珠江東岸一線。9 日，日軍第 21 軍主力船隊出發，於 11 日晚抵達廣東大亞灣。12 日凌晨，日軍第 18 師團在大亞灣左面和正面蝦湧一帶登陸；及川支隊在鹽灶背登陸；第 104 師團在大亞灣右面玻璃廠登陸：第 18 師團一部在蝦湧以西澳頭登陸後，繼向淡水進攻。中國守軍抵抗後於當晚棄城撤退。日軍第 18 師團另一部登陸後即向惠州推進，13 日攻佔平山，14 日佔領橫瀝，並進至惠陽南郊。第 104 師團登陸後於 12 日佔領平海；13 日占稔山、吉隆，到達惠州南面，尾隨第 18 師團推進。14 日黃昏，日軍以優勢兵力向惠州發動猛烈攻擊；中國守軍第 151 師稍作抵抗後於當晚撤退。15 日，惠州失陷。16 日，日軍攻陷博羅後，主力向增城突進；及川支隊由惠州向廣州作大迂迴行動。第 4 戰區命令各部向廣州附近集結，第 65 軍增防東江。17 日，第 153 師在福田一線擊潰日軍一個聯隊，迫使日軍退回博羅；獨立第 20 旅在正果擊潰日軍少數偵察部隊。於是，第 4 戰區決定以第 186 師固守增城正面，並調集戰車、炮兵支持；以第 153、第 154 師從右翼，獨立第 20 旅從左翼合圍日軍，企圖將日軍聚殲於增（城）博（羅）公路間浮羅山下。19 日晨，日軍第 18 師到達增城。中國軍隊與日軍激戰竟日，當晚撤退，增城失陷。20 日，日軍第 18 師團發動全面攻勢，中國守軍防線被突破，守軍向後潰退。日軍迂迴部隊及川支隊進攻從化、花縣，以圖截斷廣州至韶關間聯繫。是日晚，第 4 戰區在

廣（州）增（城）公路兩側佈防，阻擊日軍，將主力撤至粵北的翁源、英德一線，而以一部防守廣州。21 日，日軍攻佔沙河，並佔領廣州市區。日軍第104 師團向廣州以北推進，攻佔太平場；23 日佔領從化。與此同時，第 5 師團與海軍配合，於 23 日攻佔虎門要塞，25 日攻陷三水，26 日又陷佛山，於29 日到達廣州南郊。至此，日軍控制了廣州及附近要地。廣州戰役結束。

1945 年 1 月中旬至 2 月上旬，粵北地區展開了一場激戰。南始戰役中的南雄戰鬥自 2 月 2 日 21 時起至 2 月 3 日晚上止。3 日晨，沿湞江東岸及公路向古錄進犯的一股日本侵略軍約 600 人，在 4 門大炮，1 架飛機的掩護下，向廟背嶺陣地猛烈進攻。守軍 651 團第二營全體官兵英勇抵抗，斃日軍數十名。日軍不支回竄，轉攻觀音嶺第三營陣地。三營官兵竭力抵抗，日軍未得逞。另一股日軍約 300 人，分向黃竹塘、譚爺地等陣地進攻，與第一營激戰。日軍死亡 10 多人後撤退，轉向河嶺，迂迴至守軍背後，突起襲擊，日軍又死亡數十名。14 時，日軍的 700 人復犯廟背嶺、觀音嶺一線，加有 200 餘名日軍由古錄對岸向守軍側翼逼進，守軍兩面受敵，乃向南轉移，古錄陷落。在南雄城附近，中國守軍預備隊 65 軍第 187 師 559 團於 2 月 3 日 8 時，沿凌光左岸佈防。下午，日軍 300 餘名沿凌江右岸進犯，佔領江邊堤岸，與守軍隔江對峙。黃昏，中國守軍獲報，有大批日軍分別從始興、百順向南雄城逼近。守軍預感腹背受敵，遂東撤江頭一帶，戰鬥結束。這場戰役中國守軍陣亡 742 名，傷 103 名。斃傷日軍數百名，俘 1 名，繳槍 2 支，繳獲彈藥、軍用品一批。

1945 年 2 月，日本侵略軍進逼南雄，南始。曲江守備司令李振下令燒毀飛機場倉庫，炸毀河南橋。3 日下午 4 時，日軍圍攻南雄城，6 時城陷，縣政府撤至寶江鄉長潭尾村（3 月遷至龍口圩），並在百順成立辦事處。6 月 5 日，駐縣城日本侵略軍分兩路進犯，一路沿雄信公路前進，7 日陷湖口，8 日占長甫橋、黃坑圩，曾一度進擾新田，遭國民革命軍阻擊，退回黃坑。另一路走鄉道，7 日陷水口，8 日占弱過，主力由水口經江頭、南甫入江西龍南。月底，駐大餘縣和黃坑圩日本侵略軍均退入南雄城。7 月 12 日，縣地方武裝配合國軍 187 師 560 團，向盤踞南雄的日本侵略軍反攻。23 日深夜，日軍向始興撤退，國民革命軍收復南雄縣城。

解放戰爭該軍進攻蘇北、山東，在平度幾被殲滅。後在成都由軍長李振率部起義。

第六十六軍　番號經過三變　一粵系二遠征三歸暫九

第 66 軍番號經過三次變化，而且並無連續關係。抗戰開始至 1939 年 12 月崑崙關戰後爲粵軍系統；1941 年至 1944 年由張軫新組建的 66 軍參加遠征軍；1944 年由暫 9 軍改爲 66 軍由方靖爲軍長。

番號以粵軍使用較早，葉肇爲軍長。八一三參加淞滬抗戰，爲左翼兵團主力，戰鬥激烈，損失慘重。後退南京參加保衛戰，在湯山阻擊從京杭公路北上之敵兩晝夜。南京失守，只有該軍和鄧龍光軍——兩個粵軍按計劃撤出日軍包圍。12 日夜，部隊出太平門，沿京杭公路向皖南突圍，159 師少將副師長羅策群奉命率 159 師打前鋒，在紫金山北麓的岔路口遇敵阻擊，數次衝擊不果，乃親自率隊向敵衝鋒，不幸中彈殉國。

1938 年 4 月奉調參加蘭封會戰。後又參加武漢保衛戰。在金輪峰、萬家嶺諸戰役中，戰績卓著。66 軍原守衛廬山南部，萬家嶺戰鬥打響後，被調來前線。日軍 106 師團 101 聯隊聯隊長飯冢國五郎大佐兇悍、狡詐，其作戰兇猛、靈活，在日本華中軍裏享有「猛將」的稱號。8 月 23 日，王敬久軍團冷欣的 52 師在殲滅飯冢聯隊的前衛隊後，撤向東孤嶺。飯冢惱羞成怒，率數千官兵緊追不捨。但追至隘口、黃塘埔一線時，葉肇 66 軍一部突然殺出。飯冢聯隊猝不及防，死傷慘重，聯隊 3000 餘人被中國軍 2 個師緊緊地纏住無法脫身。9 月 1 日，飯冢大佐受命向廬山南麓推進，在牛毛尖、缽盂山地區突圍，又遭葉肇軍 160 師伏擊。飯冢急忙調整部署，以 2 個中隊正面佯攻，主力則繞至側翼，全線開始反擊。但廬山是守軍的大兵營，處處無弱點。從清晨戰至傍晚，飯冢連飯也沒顧得上吃，接連組織了 5 次大規模衝鋒，但都被華振中少將指揮的 160 師梁佐勳團擊退。9 月 2 日晨飯冢組織步、炮協同，調上了援兵，猛攻梁佐勳團陣地。激烈的戰火燒紅了滿地的焦土。日軍不顧傷亡，跨過遍野的死屍，一浪一浪地向上猛衝。戰鬥中，團長梁佐勳上校中彈殉國，丟了陣地。飯冢又率部撲向東孤嶺。東孤嶺上，160 師師長華振中作戰鬥動員：「消滅飯冢，爲梁團長報仇。」飯冢發了瘋似地親率三四百人的殘部向山上衝去。一陣密集的槍聲中，飯冢身中數彈倒在血泊中，結束了他的帝國武士夢。至此日軍第 101 聯隊被中國守軍全殲。

接著 74 軍第 51 師在師長王耀武指揮下，向日軍佔據的長嶺北端和張古山制高點發起了數度攻擊，第 305 團團長張靈甫率一支精幹的小部隊，從日軍疏於防範的後山絕壁上進攻，經過白刃格鬥，佔領張古山主陣地。激戰至

10月9日，在中國軍隊的打擊下，日軍第106師團損失慘重，特別是日軍基層軍官傷亡慘重，華中派遣軍司令官畑俊六大將親自組織向萬家嶺地區空投了200多名聯隊長以下軍官，以加強力量。同日，蔣介石命令薛岳，務必在10月9日24時前全殲該敵，結束戰鬥，作為給「雙十節」的獻禮。15時，薛岳命令各部隊選拔勇壯士兵200至500人組成奮勇隊，擔任先頭突擊。同時各部長官一律靠前指揮，薛岳自己也親臨一線。18時，炮火準備。19時，奮勇隊出擊，各主力部隊緊隨其後，向箭爐蘇、萬家嶺、田步蘇、雷鳴鼓劉、楊家山等地全線攻擊。各部隊前赴後繼，踏屍猛衝。經一夜血戰，106師團的防禦陣地徹底崩潰。激戰至10日晨，第66軍收復萬家嶺、田步蘇，第4軍收復大金山西南高地和箭爐蘇以東高地，第74軍收復張古山，第91師收復楊家山東北無名村，第142師收復楊家山北端高地。11日，第106師團殘部千退守雷鳴鼓劉、石馬坑劉、桶漢傅、松樹熊等不到5平方公里的地方。此次戰役中表現出的機動靈活、組織嚴密的特點，和中國士兵英勇頑強、不怕犧牲的精神，大大震驚了日軍上下、朝野內外和國際社會。而日軍整整一個師團幾遭滅頂之災，在日本陸軍歷史上從未有過。

在1939年11月崑崙關戰役前，葉肇已升任37集團軍總司令，陳驥為軍長。在桂南會戰後期，因葉肇擅自命令所部稍微抵抗即向黎塘、陶圩撤退，根本不理會他們的防線背後沒有設置預備隊。這導致中國軍隊陣線徹底崩潰，日軍不費吹灰之力便向賓陽長驅直入。戰後第37集團軍總司令葉肇扣留交軍事法庭會審；第66軍軍長陳驥撤職查辦；66軍番號撤消。該軍159師編入64軍，160師編入65軍，仍均屬粵軍系統部隊。

1941年由前13軍軍長張軫組建新的66軍，共轄新編28師、新編29師和新編38師三個師，以便入緬作戰。第66軍軍部由四川的第1補訓總處改編，新28師（師長劉伯龍）與新29師（師長馬維驥）係由康澤別動隊與第16補訓處的補充團合編，戰力較弱。但新38師戰鬥力強，原為財政部在重慶重組稅警總團到貴州都勻，經過兩年嚴格的訓練建立的，這支非正規部隊最後成為最精銳部隊。孫立人任少將師長。1942年66軍由雲南入緬，四月中旬該軍新38師孫立人部突破安仁羌日軍防地，解救了英緬軍七千多人。英軍在這期間已全部集結於西路。英軍士無鬥志，一經與敵接觸即行潰退，4月1日放棄普羅美，5日放棄阿蘭廟，以後逐日撤退不停。4月13日，英軍提出要求中國軍隊在英軍方面沙斯瓦、唐德文伊、馬格威接防，掩護英軍撤退。這

等於全部向我交防，而毫未提及英軍以後的任務。到 17 日英軍在仁安羌的一師及裝甲旅約七千餘人就被敵人一個大隊包圍。

當 4 月 18 日晨我遠征中路放棄平滿納會戰時，正是西路英軍第一師及裝甲第七旅在仁安羌被圍的第二日。這時第 66 軍新 38 師主力已到達喬克巴當，第 113 團孫繼光部，星夜用汽車輸送到英軍被圍前線。到後發現敵人僅有一大隊，迂迴至仁安羌以北大橋附近，戴斷英軍後路。而英緬軍第一師及裝甲 7 旅共七千多人輜重車百餘輛，竟至束手無策。經我軍猛烈攻擊，至午即將敵擊退，英軍全部解圍。我遠征軍的這一英勇行動，轟動英倫三島。以後英方曾發給新 38 師師長孫立人、團長孫繼光及營長多人勳章。

放棄平滿納會戰，改守梅克提拉、敏揚之線，準備曼德勒會戰。66 軍新編 28 師固守瓦城，先一步佔領敏揚、棠沙，對西南警戒；令 66 軍新編 38 師前方兩團逐次阻敵，會合於喬克巴當，以棠沙為後路，節節阻敵前進。4 月 18 日，史迪威與羅卓英決定部署曼德勒會戰，杜聿明認為這樣分散兵力，但未受史、羅採納，杜只得服從命令，放棄了棠吉。日軍趁勢佔領裳吉。當 4 月 27 日西路英軍已全部退至伊洛瓦底江以西，正準備向印度英普哈爾撤退中，我新 38 師直接擔任英印軍的撤退掩護。中路我新 22 師的一部在他希以北三十公里處的溫丁與敵對峙。新 28 師四個營守曼德勒核心，以新 38 師守瓦城以西伊洛瓦底江的北岸（彎曲部）。並於 4 月 29 日日軍佔領臘戍。遠征軍陷入三面被圍困境。英軍宣佈：英國准許中國遠征軍到印度避難，但入境前須申報難民身份。對這一帶有侮辱性的「邀請」極為憤慨。4 月 30 日，遠征軍各部分頭實行總撤退，66 軍沿著滇緬公路，節節抵抗，撤至國內龍陵、保山。劉伯龍新 28 師、馬維驥新 29 師回國駐守雲南，後兩個師番號撤消。而孫立人率新 38 師掩護第 5 軍撤退後，隨史迪威、羅卓英撤往印度，組建了新 1 軍。1944 年張軫改任鄂豫皖邊區副總司令，66 軍亦不存在。

暫編第 9 軍後使用了 66 軍番號。1939 年浙江省保安部隊三個師組建了暫編第 9 軍，浙江省保安處處長馮聖法為軍長。1942 年 5 月浙贛會戰軍事行動即將開始，日軍編成第 13 軍，直轄五個師團、三個混成旅團，由敵酋澤田茂指揮，並在 5 月 14 日以前分別完成一切作戰準備。中國則部署第 10 集團軍王敬久部守金華，並派出有力部隊支援第 88 軍，努力阻擊敵人，消耗敵人有生力量，逐步向遂昌方向轉移。第 74 軍王耀武部三個師控置於龍遊，以龍遊為衢州外圍堅強據點，配合暫編第 9 軍夾擊進出龍遊之敵，重創其有生力量。

曾指示如敵進犯衢州，應以全力從靈山鎮、遂昌向衢州東南的敵人側背猛攻。第 100 軍劉廣濟部兩個師及預備第 5 師擔任撫河東岸、臨川的防務，警備南昌和撫河西岸的日軍。第 100 軍逐步消耗敵人，滯阻敵人東進。調第 21 軍之第 147 師歸其指揮。第 25 集團軍使用暫編第 9 軍之主力，配合第 10 集團軍夾擊犯抵龍遊之敵。如敵越龍遊南犯，應從武義西北山地向龍遊以東擊敵側背；第 25 集團軍指揮第 88 軍和暫編第 9 軍在浙贛線金華至杭州段、富春江東岸及浙南地區展開游擊戰，不斷襲擊牽制敵人，策應戰區主力作戰。

　　長官司令部積極部署，充分備戰。我第 49 軍暫編第 13 師在北界鎮；第 74 軍在湖山鎮、溪口街、黃壇口一帶；第 49 軍主力在衢州以西招賢鎮附近。浙贛線被敵打通以後，第三戰區根據軍事委員會的命令，對部署作如下變更：戰區主力第 74 軍轉移至衢江南岸之峽口、仙霞嶺一帶及廣豐、上饒間信江南岸至汪二渡之線，歸第 32 集團軍指揮，其任務是阻敵南犯，確保浙閩邊境及浦城要地，並派出有力部隊對佔領浙贛線之敵，襲擾游擊，消耗、牽制敵人。八月底，敵第 13 軍各部退縮金華、蘭溪一角之地；敵第 11 軍放棄臨川，退過撫河，據守西岸及南潯路之線。浙贛戰役至此結束。第 100 軍調歸駐臨川的第 32 集團軍指揮，守臨川撫河東岸。第 10 集團軍指揮第 49 軍、第 88 軍駐衢州，與金華、蘭溪之敵相對峙。

　　由暫 9 軍編成的 66 軍，為中央軍系統，方靖為軍長。該軍後曾在湖北松滋、枝江與日軍作戰。屬第六戰區。

　　1945 年又由宋瑞珂主軍。解放戰爭中進犯魯西南，在金鄉戰敗。後守江防又在青弋江被擊潰。

第六十七軍　求合作王軍長遇害　戰上海吳軍長殉國

　　為東北軍系統。軍長王以哲（1896～1937）字鼎芳，吉林省賓縣人，陸軍中將，東北軍的主要將領。1933 年長城抗戰開始，王以哲升任 67 軍軍長，率部參加了古北口方面的抗戰。為阻敵西進，北平軍分會乃令駐古北口一帶的第 107 師北上，在青石樑一帶佔領陣地，掩護後方部隊集中；令第 112 師及附屬炮兵營歸 67 軍軍長王以哲指揮，向古北口推進。當第 107 師北進之時，因熱河軍潰敗過快而致青石樑失守，該師乃在黃土梁附近進行抵抗。經過 4 天激戰，終因敵我力量懸殊，官兵傷亡過多，彈藥將盡，於 3 月 9 日下午 2 時向古北口撤退。此時，第 112 師張廷樞（張作相之子）部已在古北口附近的將軍樓、二道溝之線部署防禦。自 9 日起，敵步兵在炮兵和空中飛機的掩護

下向守軍陣地發起進攻。該師戰到 10 日，因傷亡過重，敵軍衝入陣地，不得已向南天門撤退。王以哲指揮第 112 師、第 25 師向密雲集中。騎兵第三師從沙河向白馬關推進，接替古北口長城 112 師防務。但 112 師必須擔任河西鎮及八道樓子防務。3 月 11 日拂曉，日軍第八師團川原旅團向守軍陣地發起總攻。第 112 師不戰而退。

長城抗戰後移軍陝西，王以哲通過與陝北紅軍的接觸，思想發生很大變化，促成了張學良與中共領導人的會見和兩軍的友好合作。1936 年 2 月中共代表李克農與東北軍第 67 軍軍長王以哲在洛川密談，達成口頭協定：紅軍與67 軍互不侵犯、各守原防；恢復 67 軍在富縣、甘泉、延安馬路上之交通運輸及經濟通商；恢復紅白通商，往來蘇區和白區的辦貨人員均穿便衣等。

1936 年 12 月，西安事變發生，王以哲力主和平解決。1937 年張學良被蔣介石軟禁南京後，東北軍內部在與中央軍是戰是和的問題上發生了分歧，少壯派軍人認為王以哲是主和的頑固派，便設計於 2 月 2 日對正在臥病家中的王以哲連開數槍，竟不治身亡。年僅 41 歲。王以哲被刺後，由副軍長吳克仁繼任。該軍抗日心切，積極奔赴抗日戰場。在河北前線奮勇抗敵時各軍保存實力，得不到支持，憤而請准到淞滬前線殺敵。13 日，16 師團等又從白茆口登陸朝常熟方向推進，淞滬一役到此已成定局。國軍且戰且退，一直到 11月 13 日才完全撤離淞滬戰場。67 軍軍長吳克仁在掩護金山衛守軍撤退時壯烈成仁，他是抗戰八年間一位殉國的中將軍長。

1938 年 67 軍番號轉給川軍系統。蔣介石想釜底抽薪，便以抗戰名義，給予較高職位，把甫系（即劉湘系）留川將領調上前線。許紹宗為 67 軍軍長，轄官焱森 161 師、張竭誠 162 師和一個獨立新 14 旅，在第五戰區參加武漢會戰。棗宜會戰第 67 軍擔任東橋鎮地區守備。1940 年 12 月許紹宗陞遷，佘念慈任軍長，曾在湖南西部等地與日軍作戰。1944 年佘念慈因盜賣軍糧被免職，該軍併入王澤濬 44 軍，番號撤消。1944 年胡宗南所轄新 26 師擴編為 67 軍，何文鼎任軍長，受傅作義第八戰區指揮。

解放戰爭時 67 軍 26 師被我殲滅於卓資山，餘部在陝北被擊潰，何文鼎被俘。1961 年何文鼎被特赦，「文革」時在西安某工廠自殺身亡。

第六十八軍　舊二十九軍擴編　兵敗張垣　轉戰豫鄂

西北軍宋哲元部隊在七七事變後擴編的三個軍之一。劉汝明、劉汝珍兄弟先後為軍長。七七事變曾守廣安門，予敵重創。後該軍守張家口。8 月，傅

作義率部參加平綏路東段作戰。由於第 68 軍軍長劉汝明作戰不力，加之傅部動作遲緩，未能給在南口、居庸關、延慶、懷來一線的湯恩伯部有力支持，平綏路東段各據點於 8 月下旬相繼失守。關東軍參謀長東條英機為打開通往山西的道路，沿平綏線進攻南口。8 月 2 日於張北擊敗了劉汝明的軍隊，越過長城線，攻佔了萬全縣，奪取了八角屯。8 月 24 日佔領了張家口。9 月初日軍板垣第 5 師團由宣化南下攻取廣靈。

後該軍參加徐州會戰。臺兒莊戰役後，不敢利用稍縱即逝的戰機，運用優勢的兵力，對日軍殘部，進行加強的猛烈打擊。一直等到日本的大軍源源到達徐州外圍，對華軍形成南北夾擊的態勢，李宗仁在 5 月 17 日才一聲令下，整個司令部與所有華軍全部西撤。此時掩護撤退的是由張自忠 59 軍與劉汝明 68 軍擔負重任。劉汝明部在蕭縣一帶伏擊日軍第 9 師團的北上，對日軍造成重大傷亡。由於掩護得法，撤退的決斷又十分的清楚，所以大軍能夠順利的退出日軍的包圍。5 月 19 日，日軍的華中派遣軍的 13 師團部隊，首先攻入徐州空城，又令一心想爭功的華北方面軍大受挫折。程潛調集了大量精銳部隊置於蘭封、商丘、碭山之間的隴海鐵路附近。日軍兵分東、北兩路向隴海路東段的中國守軍發起攻勢。東路日軍第 16 師團於 5 月 18 日攻陷豐縣後，其快速縱隊沿豐碭公路直撲碭山、商丘，攻勢兇猛。5 月 27 日，程潛命黃杰第 8 軍、劉汝明 68 軍率部死守商丘、亳州，在蘭封之敵未消滅前不得放棄。不料黃杰臨陣脫逃，日軍一個旅團於 5 月 29 日凌晨佔領了商丘。

武漢會戰後期 68 軍奉命扼守平靖關，掩護大軍通過平漢路向西轉移。中國守軍劉汝明部守衛廣濟鳳凰寨、貓兒山、大風寨一帶，與日軍大本聯隊血戰二十餘天，覃連芳部、王纘緒部死守廣濟，與日軍激戰數日。68 軍大刀隊白刃肉搏殲滅日軍 300 人，但遭日軍毒氣襲擊，中毒達 400 餘人。日軍前進不得，便施放毒氣數十次。廣濟為一盆地，易中毒氣，守軍遂移到廣濟以西之界嶺南北之線阻擊敵人。日軍占廣濟後，又並力攻打田家鎮要塞。武漢會戰後期奉命扼守平靖關，掩護大軍通過平漢路向西轉移。隨棗會戰時，第 1 戰區第 68 軍以第 143 師守確山、明港；以第 119 師守桐柏，阻擊日軍後，於 11 日退守桐柏西北及西南陣地，掩護第 5 戰區各部撤退。日軍騎兵第 4 旅團向唐河進擊，於 12 日攻陷唐河縣。棗宜會戰第 68 軍擔任桐柏以東、平昌關、明港一帶守備。

守衛南陽是 68 軍參加抗日的最後一次激戰，也是抗日史上的光輝篇章。1945 年 3 月，日軍集結五個師團並騎兵第 4 旅團共 7 萬多人，戰車百餘輛，於 21 日分路向南陽、老河口、襄樊進犯。68 軍 143 師師長黃樵松，受命固守南陽。他一面督促部隊整修城防工事，一面屯積糧秣彈藥，還備棺材一口，親筆書寫「黃樵松靈柩」，表示決心與南陽共存亡。戰鬥打響後，黃率部頑強抵禦，當獨山為日軍佔領時，黃樵松遷師部於一醬菜店的頂樓上，白天憑欄指揮，入夜親臨前沿陣地。日軍集中火力攻打小西關，黃部連續打退敵人四次進攻；東關、北關的守軍與日軍展開了巷戰。守衛馬武冢、臥龍崗、元妙觀的 429 團三個排，在戰鬥中殲敵近千人，直到彈盡援絕，全部壯烈殉國。經七晝夜激戰，頂住了敵人的壓力，陣地巍然未動。日軍以兩個師團和坦克師團以及吉武支隊，在飛機的大力配合下猛攻兩天，未能突破城防。敵總指揮第 12 軍司令官感到南陽一時難以攻下，為了加快向老河口和陝南方向的進攻，不得不改變原計劃，令一部兵力繞過南陽向老河口進攻；以另一股兵力向西峽口方向進攻，其餘部隊仍向南陽猛攻，勢必拿下該城。3 月 30 日，上午。日軍坦克衝進守軍一個陣地，發現守軍只有一個受傷的士兵尚在喘息，其它全部戰死。敵人將他抓起來，用刺刀逼著要他引路，那傷兵拖著受傷的身子，掙扎著朝城裏走去。他把敵人帶進地雷區，在一連串的爆炸聲中，與敵人同歸於盡。這個傷兵名叫葛子明，是一個班長。後來黃部受命突圍。4 月 1 日夜晚，士兵身穿棉衣涉水渡過白河。此時杏花初綻，河水仍寒。黃樵松回覆再三，依依不捨地告別戰地：「別矣南陽城，回顧復回顧，紅杏暗送香，白水牽衣訴。」

抗戰勝利後黃樵松代理第 30 軍軍長。在太原密謀起義失敗，被蔣介石處決。

解放戰爭該部在江西祈門地區受挫，後又在廈門被殲，殘部逃臺。

第六十九軍　常叛之將　石友三終受戮

為西北軍，石友三為軍長。石友三曾當過安徽省主席、四方面軍總司令、十三路軍總指揮等，他一生投機鑽營，反覆無常，三次背叛馮玉祥，二次背叛蔣介石，1932 年又曾投降日軍，組織偽軍在冀東一帶活動。次年，又被國民黨收編。

1937 年 7 月抗日戰爭爆發後，石友三部改編為宋哲元的第一集團軍第 181 師，石友三任師長。年底，石友三又被任為第 69 軍軍長，高樹勳的新 6 師劃歸該軍建制。土肥原師團主力約 3 個聯隊 1 萬餘人由安陽向第一集團軍攻擊。

在第一集團軍豫北有近 10 萬人，依據著堅固的國防工事，竟面對日軍一個混成旅團的攻擊，卻不問敵情，聞風而逃。1938 年 2 月 14 日，濮陽日軍一個混成聯隊 5000 餘人，攜帶大量架橋器材和渡河工具迅速南下，當天侵入長垣，次日攻陷封丘，並向新鄉南之平漢路急進。日軍所到之處，如入無人之境，連陷新鄉、獲嘉、獅子營、修武。守軍一退而不可收拾，毫無抗敵鬥志，急先逃跑。宋哲元在從獲嘉西逃時，差點被日軍裝甲車追上，當了俘虜。19 日，日軍數百人，坦克 4 輛，向焦作進攻，守軍石友三的 3 個師 1 個旅在陣地遭到炮擊後即棄城而去。

1938 年石友三部受命在冀魯敵後抗戰，石友三明白，這是蔣介石拿他作擋箭牌使用。爲求自保，他積極和共產黨八路軍取得聯繫，並聘請共產黨人張克威、張友漁任軍政治部主任，吸引一些進步青年到團、營、連充當政工人員。這年底，石友三兼任第 39 集團軍司令，轄第 69 軍和高樹勳新 8 軍。由於石友三和共產黨八路軍合作抗戰，蔣介石極不放心，1939 年 4 月把親信臧伯風、畢廣垣等派往第 69 軍。並帶去口信，清除共產黨、八路軍，則華北由石友三主持。石友三即搖身一變，由聯共變爲反共，大力排斥和清除共產黨人及進步人士，以臧伯風爲政治部主任，強迫全體官兵一律加入國民黨。蔣介石見石友三積極反共，大加嘉獎，除補充彈藥、餉銀外，還加委他爲冀察戰區副總指揮兼察哈爾省主席。石友三見蔣介石對自己如此器重，受寵若驚，更加賣力反共。在 1939 年底至 1940 年初蔣介石發動的第一次反共高潮中，石友三不斷派兵進襲抗日根據地，殺害抗日軍民，被時人稱爲「石閻王」。

1940 年 3、4 月，石友三率部進犯冀南八路軍，遭到八路軍的迎頭痛擊，激戰三晝夜，所部損失慘重，最後突圍撤往山東曹縣一帶。石友三在反共失敗後，又在爲自己謀劃退路：與八路軍已經鬧翻，蔣介石只是利用自己反共，要保存實力，唯有與日僞勾結。他派石友信往見僞軍的日本顧問松室孝良和日本駐軍司令佐佐木，在開封簽訂了互不侵犯、互通情報、互相協助爲內容的「共同防共協定」。石部暫不改換僞軍名義，先聯合打走八路軍，再談投降問題。之後，石友三積極配合日僞軍，進犯八路軍根據地，乘機再發展自己的勢力。

石友三與日僞軍勾結後，其部屬十分不滿。師長米文和、張雨亭等不願當漢奸，準備伺機除去石友三。受石友三節制的新八軍軍長高樹勳，因不願進攻八路軍，石友三便挑動日軍襲擊高部，這樣，石、高之間的矛盾日深。

石友三第 69 軍政治部主任臧伯風及總參議畢廣垣，利用這些矛盾，與高樹勳策劃，尋機殺掉石友三，以除大患。1940 年 11 月，石友三與日方商談投降條件，石友三投敵只是時日問題。臧伯風、畢廣垣、高樹勳等感到形勢緊迫，決心趕快下手。他們請出原西北軍將領、時任魯西行署主任兼游擊主任的孫良誠，由他出面請石友三到高樹勳部面談，以消除兩人的隔閡。石友三見是老長官出面邀請，便表示同意。12 月 1 日，石友三率一連騎兵隨孫良誠到高樹勳部駐地河南濮陽柳下屯。高樹勳率旅長以上軍官將他們迎進會議室，大家談笑風生，共敘往事。不一會，有一勤務兵入內對高樹勳說：「太太有事相請」，高樹勳即離室而去。突然，四名衛兵進入會議室，將石友三架走。孫良誠這時才知受了利用，大罵高樹勳不講信義，但已無可奈何，只得獨自離去。當天夜裏，高樹勳命士兵將石友三活埋於黃河岸邊。隨即，高樹勳等人又設計殺掉了石友信，掌握了石友三的部隊。

畢廣垣原為第 69 軍參議，石友三死後得以升任軍長。他既參與了處決石氏兄弟，反而又找到石友三的屍體為其開追悼會，準備與高樹勳決一死戰。1941 年 11 月第 69 軍軍長畢廣垣澤於山東韓城率領所部文大可教導師投敵。

此後 69 軍 181 師師長米文和繼任軍長，隸屬第 2 集團軍，曾參加常德戰役。1944 年又隸屬孫震第 22 集團軍。敵寇 115 師團對老河口攻擊時，在襄沙路方面的敵人一個縱隊，又由荊門、宜城北進直攻襄陽，遭到我 69 軍的攻擊，戰鬥經日，陣地終被敵擊破。其時第 22 集團軍總部在樊城曾家灣，眼見襄陽為敵所陷，69 軍已西退，總部又被對岸敵炮火不斷轟擊，知在襄樊繼續指揮作戰，勢不可能，於是決心暫向大洪山方面撤退，再策後圖。正在開始行動之際，又接劉峙急令，要集團軍根據當時情況與今後任務，立命 41 軍 122 師由樊老公路間之朱家坡渡河，在茨河附近向東南方向佔領陣地，以阻襄陽方面之敵由泥咀、茨河向谷城前進，並掩護總部渡河。

總部移到谷城後，即令由襄陽撤退之 69 軍殘部速到茨河接管 122 師任務，將 122 師調集谷城附近，作為機動部隊。敵於攻佔襄樊以後，復經泥咀、茨河向谷城前進。當到達茨河附近時即遭我 69 軍阻擊。此時總部以 41 軍業已在太平店附近安全渡過我岸，並在白虎山一帶佔領陣地。乃以 123 師 368 團（另配屬一個營組成加強團）及 127 師之 380 團撥歸 125 師師長汪匣鋒指揮，以加強老河口之作戰力量。同時命令 69 軍於不得已時撤至茨河以西山地，相機牽制敵人。

進到茨河之敵與我 69 軍戰鬥之後，繼續向谷城前進。當進至茨河與廟灘之間的白虎山一帶時，即受我 41 軍有力的阻擊。激戰數日，敵以目的難達，且另有企圖，乃向茨河方面撤退。固守老河口之 125 師背水作戰，在補給、交通極為困難的情況下，與進攻之敵連續激戰了十一晝夜之後，由於傷亡甚重，外圍支持又未能起到有力的牽制作用，以致無力再守；集團軍遂准該師師長汪匣鋒率領殘部退出該城。同時則令 41、45 兩軍除留一部在老河口附近從事游擊活動與擔任敵情的偵察外，將主力全部撤過我岸，從事整補。集團軍總部由谷城移駐谷城與均縣間的石花街。

在這次戰役中，69 軍傷亡營長孫子後、董志遠等以下官兵三千餘人，有兩個營在襄陽戰鬥中被殲，一部士兵在潰散中泅渡襄河時淹死。125 師傷亡中校團附周啓強以下官兵二千餘人。其餘各部共傷亡官兵四千餘人。至於敵人傷亡情形雖不詳悉，但估計亦在千人以上。在這一戰役中，人民的生命財產亦受到相當損失。在老河口城的攻守戰中，我軍為了掃清射界，曾將西關民房燒毀數百間。為了消滅衝入城中之敵一個中隊所佔的據點，也燒毀了民房數十間。此外，進攻襄陽之敵一股迂迴到了隆中，擊傷逃難中的襄陽中學學生數人。

解放戰爭據守菏澤，後在商丘受挫。1949 年胡長青任軍長，駐軍陝西。後退走，在西康被殲。

第七十軍　湘西部隊　抗戰出山

盤聚在湘西二十餘縣的地方軍隊，其頭領為陳渠珍，曾被委為 34 師師長，屬何鍵第四路軍，但是始終不離湘西。抗戰爆發，國民政府委以陳渠珍為新 6 軍軍長，調出顧家齊 128 師、周變卿暫 11 師兩個師赴上海參戰，歸劉建緒第十集團軍序列。後被陳誠吃掉，併入另一部湘軍 70 軍李覺部。李覺自兼第 19 師師長，段珩任第 107 師師長。武漢會戰時，8 月 3 日敵 106 師團沿南潯鐵路南下進攻南昌，到達盧山西麓馬回嶺附近，遭到以金官橋為主陣地的薛岳部隊迎頭痛擊，薛岳命令第 70 軍、第 8 軍、第 4 軍參戰部隊不許後退半步，否則軍法從事！日軍以戰車、飛機、大炮配合步兵強攻，兼以施放毒氣，硬是不能越雷池半步！戰鬥打得異常慘烈，持續到 15 日，雙方均死傷慘重，但 106 師團已處於薛岳部隊包圍之中，師團中小隊長半數傷亡，敵 113 聯隊長田中大佐、145 聯隊長川大佐均陣亡於金官橋前沿。後來繳獲的敵軍日記記載：「幾

次進攻中，廬山上的迫擊炮彈如雨點般從天而降，皇軍大受威脅，死傷可怕」。還有一個敵軍專科學校畢業的士兵日記道：「廬山是支那名勝之地，『難見廬山眞面目』名不虛傳，皇軍在此遭到支那軍精銳部隊第 19 師的堅強抵抗，前所未有的激戰，中隊、小隊長死亡很多，戰鬥仍在艱苦進行，與家人團聚的希望是困難的。」第 106 師團被殲滅半數，達 8000 人以上。在南昌會戰結束之後第 70 軍與第 73 軍調瀏陽，作爲第九戰區在湘北贛北兩大戰場之間的總預備隊。這兩支湘軍部隊已經以其輝煌的實戰戰績證明自己的戰力，而獲薛長官青睞，視爲能在危難戰局中扭轉乾坤的關鍵力量。

陳孔達、陳頤鼎先後任軍長。參加第一次、第二次長沙會戰、上高會戰、浙贛會戰。後與日軍在福建對恃。

內戰中高吉人、鄧軍林先後爲軍長，於淮海戰役被擊潰。後由廣東退臺。